四年生の復習《ふくしゅう》①

1 □と反対の意味の言葉を、（　）に書きましょう。（一つ4点）

① 雨がふりそうなので、友人にかさを［かす］。（　　）
② 会場には百人［以上］の人が集まった。（　　）
③ ［登校］するとき、神社の前を通る。（　　）
④ ［自然］のままの海岸が続いている。（　　）
⑤ 実験は、何度も［失敗］をくり返した。（　　）

2 （　）に合う言葉（慣用句《かんようく》）を、[　]から選んで書きましょう。（一つ4点）

① たくさんの荷物を持った老人に（　　）。
② 弟は（　　）から、ひみつの話はできない。
③ おかに立つと、湖にいる白い鳥が、（　　）。
④ 準備《じゅんび》の（　　）ので、友達《ともだち》をよんだ。
⑤ 一日じゅう歩き回って、（　　）。

口が軽い・口が悪い・足がぼうになる
手をかす・手が足りない・目にとまる

6年生の漢字 画数さくいん

数字はページを表します。

5 年生で習った漢字

5年生の漢字を部首別に分けています。
部首の読み方は、主なものを取り上げています。

亻（にんべん）仮・価・件・個・似・修・像・停・任・備・仏・保
𠆢（ひとやね・ひとがしら）舎・余
土（つち・つちへん）圧・基・境・均・型・在・増・堂・墓・報
女（おんな・おんなへん）妻・婦
弓（ゆみ・ゆみへん）張
彳（ぎょうにんべん）往・得・復
阝（こざとへん）険・限・際・防
心（こころ）応・志・態
忄（りっしんべん）快・慣・情・性
扌（てへん）技・採・授・招・接・損・提
木（き・きへん）桜・格・検・構・査・枝・条
水（みず）永
氵（さんずい）液・演・河・潔・減・混・準・測
火（ひ・ひへん）災・燃
片（かたへん）版
犬（いぬ）状
犭（けものへん）独・犯
王（たま・おう・おうへん）現
田（た・たへん）略・留
目（め・めへん）眼
石（いし・いしへん）確・破
示（しめす）禁・示
礻（しめすへん）祖

禾（のぎへん・のぎ）移・税・程
米（こめ・こめへん）精・粉
糸（いと・いとへん）紀・経・織・績・絶・素・総・統・編・綿
耒（すきへん）耕
耳（みみ・みみへん）職
月（にくづき）能・肥・脈
舟（ふね・ふねへん）航
衣（ころも）製
衤（ころもへん）複
角（つの・つのへん）解
言（いう・ごんべん）許・護・講・識・謝・証・設・評
貝（かい・かいへん）財・賛・資・質・賞・責・貸・貯・費・貧・貿
車（くるま・くるまへん）輪
酉（とりへん・さけのとり）酸
金（かね・かねへん）鉱・銅
食（しょく・しょくへん）飼

刂（りっとう）刊・制・則・判
力（ちから）効・勢・務
攵（ぼくにょう）救・故・政
斤（おのづくり）断
殳（ほこづくり・るまた）殺
隹（ふるとり）雑
頁（おおがい）額・領

宀（うかんむり）寄・容
⺍（つかんむり）営
罒（あみがしら・よこめ）罪
⺮（たけかんむり）築

廾（にじゅうあし）弁
皿（さら）益

厂（がんだれ）厚
尸（しかばね・かばねたれ）居・属
广（まだれ）序
⻌（しんにゅう・しんにょう）過・逆・述・造・適・迷

冂（けいがまえ）再
囗（くにがまえ）囲・因・団
行（いく・ゆきがまえ）衛・術

丿（の）久
口（くち）可・喜・句・告・史
士（さむらい）士
夕（た）夢
寸（すん）導
巾（はば）師・常・布
干（かん・いちじゅう）幹
支（し）支
日（ひ）易・旧・暴
止（とまる・とめへん）武・歴
毋（なかれ）毒
比（ならびひ）比
玄（げん）率
羊（ひつじ）義
臼（うす）興
見（みる）規
豆（まめ）豊
豕（いのこへん）象
非（あらず）非

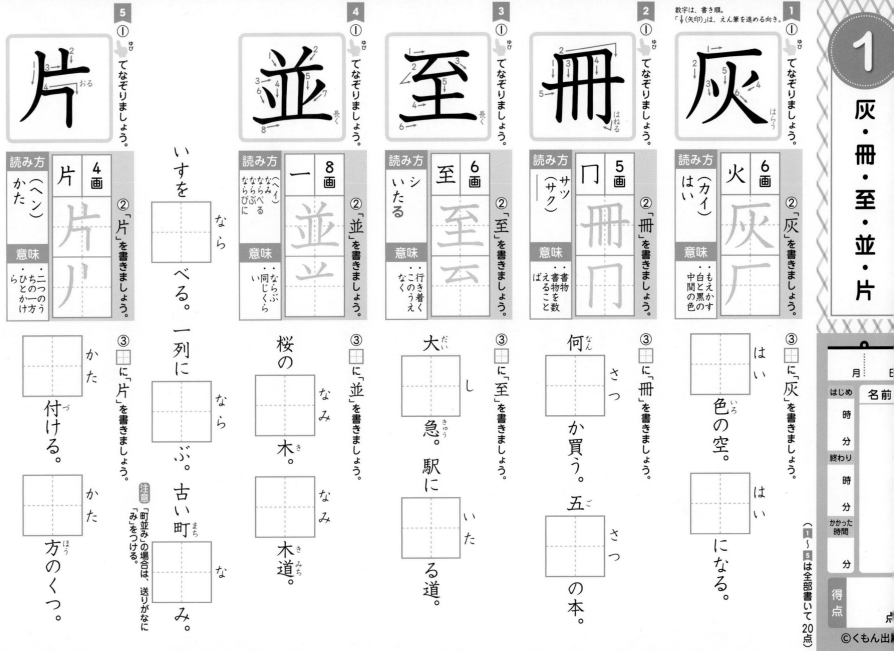

1 灰・冊・至・並・片

月　日

名前

はじめ　時　分
終わり　時　分
かかった時間　分

得点　点

（1〜5は全部書いて20点）

数字は、書き順。
「↓(矢印)」は、えん筆を進める向き。

1

① ゆび《ゆび》でなぞりましょう。

灰（はらう）

② 「灰」を書きましょう。

部首	画数	読み方	意味
火	6画	（カイ） はい	・もえかす ・白と黒の中間の色

③ □に「灰」を書きましょう。

□《はい》色《いろ》の空。

□《はい》になる。

2

① ゆび《ゆび》でなぞりましょう。

冊（はねる）

② 「冊」を書きましょう。

部首	画数	読み方	意味
冂	5画	サツ （サク） ―	・書物 ・書物を数えることば

③ □に「冊」を書きましょう。

何《なん》□《さつ》か買う。

五《ご》□《さつ》の本。

3

① ゆび《ゆび》でなぞりましょう。

至（長く）

② 「至」を書きましょう。

部首	画数	読み方	意味
至	6画	シ いたる	・行き着く ・このうえなく

③ □に「至」を書きましょう。

大《だい》□《し》急《きゅう》。

駅に□《いた》る道。

4

① ゆび《ゆび》でなぞりましょう。

並（長く）

② 「並」を書きましょう。

部首	画数	読み方	意味
一	8画	（ヘイ） なみ ならべる ならぶ ならびに	・ならぶ ・同じくらい

③ □に「並」を書きましょう。

桜の□《なみ》木《き》。

□《なみ》木《き》道《みち》。

いすを□《なら》べる。

一列に□《なら》ぶ。

古い町《まち》□《な》み。

注意 「町並み」の場合は、送りがなに「み」をつける。

5

① ゆび《ゆび》でなぞりましょう。

片（おる）

② 「片」を書きましょう。

部首	画数	読み方	意味
片	4画	（ヘン） かた	・二つのうちの一方 ・ちょっとかけら

③ □に「片」を書きましょう。

□《かた》付《づ》ける。

□《かた》方《ほう》のくつ。

6 ——の漢字の読みがなを書きましょう。（一つ4点）

① 五《ご》冊の本。（　）（　）

② いちょう並木。（　）

③ 灰色の雲。（　）

④ 何冊も本を読む。（　）

⑤ 片方のくつ。（　）

⑥ 至急集まる。（　）

⑦ 机《つくえ》を並べる。（　）

⑧ 目的地に至る。（　）

⑨ 机《つくえ》を片付ける。（　）

⑩ 灰になる。（　）

7 □に漢字を、（　）に送りがなを書きましょう。（一つ4点）

① いすを□（べる）《ならべる》。

② ノートを二《に》□《さつ》用意する。

③ 美しい桜《さくら》□木《なみき》。

④ 駅に□（る）《いたる》道。

⑤ ノートを何□《なんさつ》か買う。

⑥ □色《はいいろ》のズボン。

⑦ くつを□方《かたほう》なくす。

⑧ たばこの□《はい》。

⑨ 大《だい》□急《しきゅう》連らくをとる。

⑩ 道具を□付《かたづ》ける。

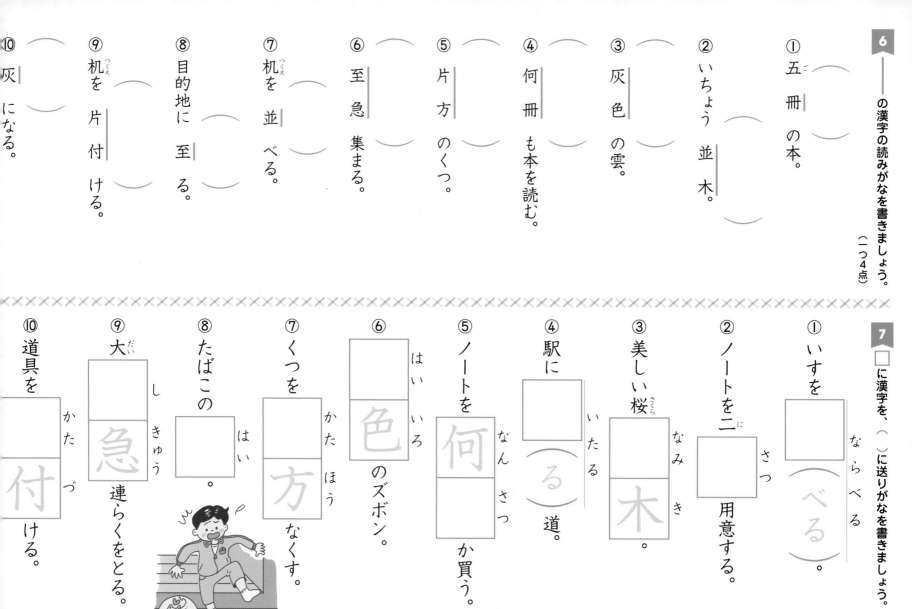

2 幼・看・班・頂・翌

★は、読み書きをまちがえやすい漢字です。

月　日

名前

はじめ　時　分
終わり　時　分
かかった時間　分

得点

（1～5は全部書いて12点）

1

① でなぞりましょう。

幼（出す）

② 「幼」を書きましょう。

5画	幺
読み方	ヨウ おさない
意味	・年れいが少ない

③ □に「幼」を書きましょう。

よう□児《じ》。

おさな□い妹。

2

① でなぞりましょう。

看（右から）

② 「看」を書きましょう。

9画	目
読み方	カン ―
意味	・気を配って見守る ・注意して見る

③ □に「看」を書きましょう。

かん□護《ご》師《し》。

かん□板《ばん》。

3

① でなぞりましょう。

班（右上へ）

② 「班」を書きましょう。

10画	王
読み方	ハン ―
意味	・一つ一つの組、グループ ・分ける

③ □に「班」を書きましょう。

はん□ごとにすわる。

はん□長《ちょう》。

4

① でなぞりましょう。

頂（はねる）

② 「頂」を書きましょう。

11画	頁
読み方	チョウ いただく いただき
意味	・いちばん高い所 ・物をもらう、いただく

③ □に「頂」を書きましょう。

ちょう□上《じょう》を目指す。

山《さん》ちょう□。

★ご飯をいただ□く。

山のいただき□。

5

① でなぞりましょう。

翌

② 「翌」を書きましょう。

11画	羽
読み方	ヨク ―
意味	・年、月、日などが次の

③ □に「翌」を書きましょう。

よく□週《しゅう》。

よく□日《じつ》。

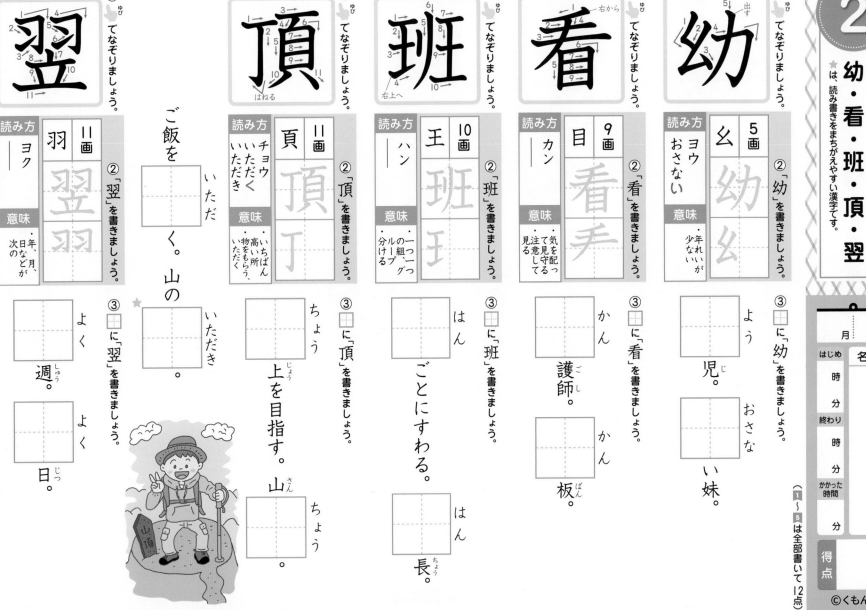

6 ―の漢字の読みがなを書きましょう。（一つ4点）

① 富士山《ふじさん》の頂上。（　　）
② 看護師になる。（　　）
③ 幼い弟。（　　）
④ ☆山の頂に立つ。（　　）
⑤ 三才くらいの幼児。（　　）
⑥ 店の看板が見える。（　　）
⑦ 翌日の予定。（　　）
⑧ おみやげを頂く。（　　）
⑨ 班ごとの班長。（　　）（　　）
⑩ 運動会の翌週。（　　）

7 □に漢字を、（　）に送りがなを書きましょう。（一つ4点）

① □板《かんばん》を出す。
② ☆山の□《いただき》に立つ。
③ 二《に》□《はん》の□長《はんちょう》。
④ □上《ちょうじょう》からのながめ。
⑤ おかしを□（く）《いただく》。
⑥ 遠足の□日《よくじつ》。
⑦ □（い）《おさない》弟や妹。
⑧ □週《よくしゅう》、返事をもらう。
⑨ やさしい□護師《かんごし》。
⑩ □児《ようじ》向《む》けの絵本。

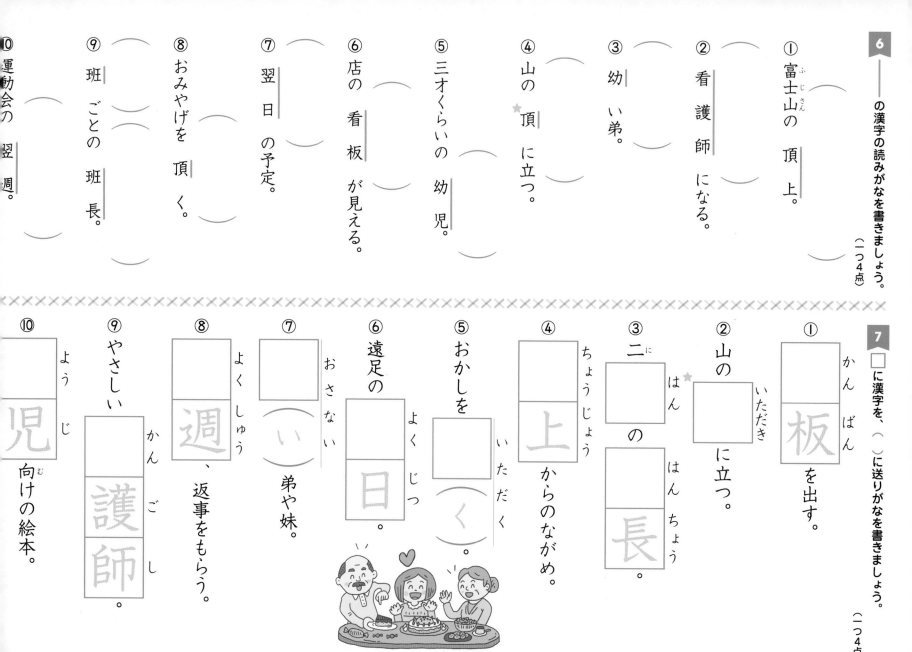

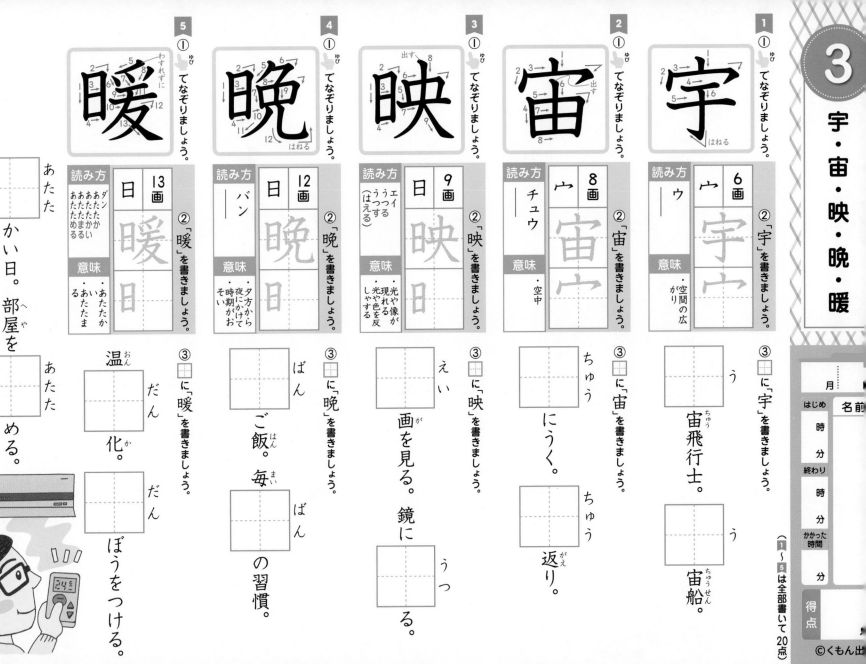

3 宇・宙・映・晩・暖

月　日

はじめ　時　分
終わり　時　分
かかった時間　分

名前

得点

（1～5は全部書いて20点）

1

①ゆび《ゆび》でなぞりましょう。

宇

②「宇」を書きましょう。

宀	6画

読み方：ウ

意味：・空間の広がり

③□に「宇」を書きましょう。

□《う》宙《ちゅう》飛行士。

□《う》宙《ちゅう》船《せん》。

2

①ゆび《ゆび》でなぞりましょう。

宙

②「宙」を書きましょう。

宀	8画

読み方：チュウ

意味：・空中

③□に「宙」を書きましょう。

□《ちゅう》にうく。

□《ちゅう》返《がえ》り。

3

①ゆび《ゆび》でなぞりましょう。

映

②「映」を書きましょう。

日	9画

読み方：エイ　うつる　うつす　（はえる）

意味：・光や像が現れる　・光や色を反しゃする

③□に「映」を書きましょう。

□《えい》画《が》を見る。

鏡に□《うつ》る。

4

①ゆび《ゆび》でなぞりましょう。

晩

②「晩」を書きましょう。

日	12画

読み方：バン

意味：・夕方から夜にかけて　・時期がおそい

③□に「晩」を書きましょう。

□《ばん》ご飯《はん》。

毎《まい》□《ばん》の習慣。

5

①ゆび《ゆび》でなぞりましょう。

暖

②「暖」を書きましょう。

日	13画

読み方：ダン　あたたか　あたたかい　あたたまる　あたためる

意味：・あたたかい　・あたたまる

③□に「暖」を書きましょう。

温《おん》□《だん》化《か》。

□《だん》ぼうをつける。

□《あたた》かい日。

部《へ》屋《や》を□《あたた》める。

6 ──の漢字の読みがなを書きましょう。（一つ4点）

① 宇宙（　　）旅行。
② 晩（　　）ご飯《はん》の準備をする。
③ 映画（　　）を見に行く。
④ 地球の温暖（　　）化《か》。
⑤ 毎晩（　　）、歯をみがく。
⑥ 暖（　　）かい部屋《へや》。
⑦ 暖（　　）ぼうを消す。
⑧ 計画が宙（　　）にうく。（計画が進まないままになる）
⑨ 水面に映（　　）る月。
⑩ 部屋《へや》の中を暖（　　）める。

7 □に漢字を、（　）に送りがなを書きましょう。（一つ4点）

① 鏡に顔が□《うつ》（る）。
② □《だん》ぼうをつける。
③ ボールが□《ちゅう》にうく。
④ □《ばん》ご飯《はん》の準備をする。
⑤ アクション□《えい》画《が》。
⑥ 室内を□《あたた》（める）。
⑦ □《う》□《ちゅう》飛行士になりたい。
⑧ □《あたた》（かい）毛布。
⑨ 毎《まい》□《ばん》、本を読む。
⑩ 温《おん》□《だん》な気候。

4 確認《かくにん》ドリル①

★は、読み書きをまちがえやすい漢字です。

月　日

名前

はじめ　時　分

終わり　時　分

かかった時間　分

得点　点

1 ――の漢字の読みがなを書きましょう。（一つ3点）

① 灰になる。

② 暖ぼうを消す。

③ 頂上の景色《けしき》。

④ 幼い考え。

⑤ 目的地に至る。

⑥ 体が宙にうく。

⑦ 手ぶくろを片方落とす。

⑧ 看護師にあこがれる。

⑨ 毎晩、日記をつける。

⑩ 宇宙旅行をしたい。

2 ――の漢字の読みがなを書きましょう。（一つ2点）

①
ご飯を頂く。
山の★頂に立つ。

②
映画の話をする。
鏡に姿《すがた》が映る。

③
温暖な気候。
部屋《へや》を暖める。

④
桜《さくら》並木が続く。
行列に並ぶ。

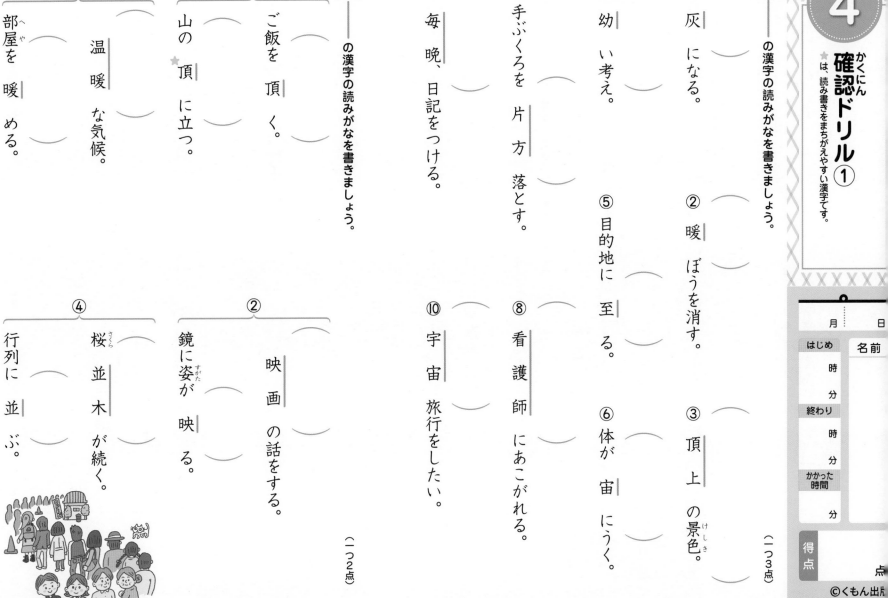

3 □に漢字を書きましょう。（一つ3点）

① 本を一《ひと》□《ばん》で読み終える。

② ノートを五《ご》□《さつ》買う。

③ □《はん》ごとに話し合う。

④ □□《はいいろ》の雲。

⑤ □□《うちゅう》飛行士。

⑥ □□《ようじ》から大人《おとな》まで。

⑦ 赤い□□《かんばん》が見える。

⑧ □□《しきゅう》出かける。

⑨ 部屋《へや》を□□《かたづ》ける。

⑩ 運動会の□□《よくじつ》。

4 ――のことばを漢字と送りがなで書きましょう。（一つ4点）

① カードを<u>ならべる</u>。 □

② 池に月が<u>うつる</u>。 □

③ <u>おさない</u>妹。 □

④ ケーキを<u>いただく</u>。 □

⑤ 東京に<u>いたる</u>道。 □

⑥ 晴れて<u>あたたかい</u>一日。 □

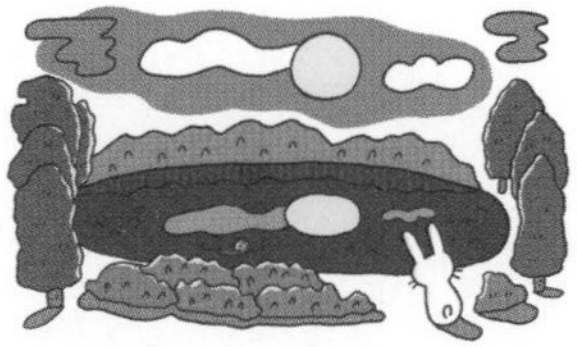

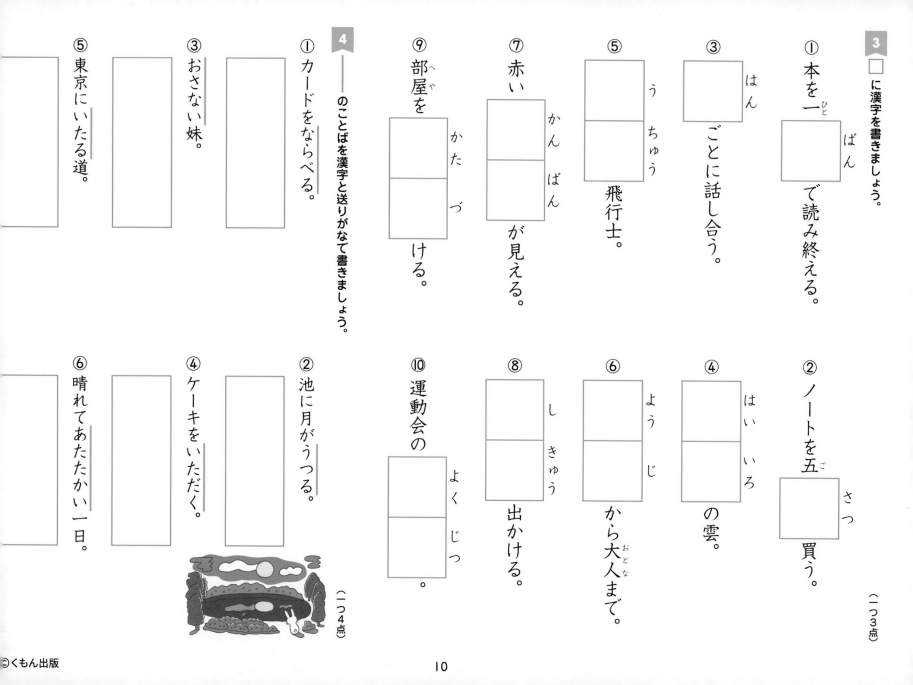

5 干・潮・処・朗・視

★は、読み書きをまちがえやすい漢字です。

月　日

はじめ	時　分
終わり	時　分
かかった時間	分

名前

得点　点

（1～5は全部書いて20点）

1

① ゆびでなぞりましょう。

干（上より長く）

読み方	干	3画
カン ほす （ひる）		

意味
・水がなくなる、かわかす
・かかわる

② 「干」を書きましょう。

③ □に「干」を書きましょう。

★ □《かん》たく。

★ □《かん》潮《ちょう》。（海水が引いて海面が低くなること）

ふとんを□《ほ》す。

梅《うめ》□《ぼ》しを食べる。

2

① ゆびでなぞりましょう。

潮（はねる）

読み方	氵	15画
チョウ しお		

意味
・満ち引きする海水
・世の中の動向

② 「潮」を書きましょう。

③ □に「潮」を書きましょう。

★ 満《まん》□《ちょう》。（海水が満ちて海面が高くなること）

□《しお》風《かぜ》。

3

① ゆびでなぞりましょう。

処（はねる）

読み方	几	5画
ショ		

意味
・始末する
・場所

② 「処」を書きましょう。

③ □に「処」を書きましょう。

□《しょ》分《ぶん》する。ごみの□《しょ》理《り》。

4

① ゆびでなぞりましょう。

朗（とめる）

読み方	月	10画
ロウ （ほがらか）		

意味
・明るい様子
・声が高くすんでいる

② 「朗」を書きましょう。

③ □に「朗」を書きましょう。

□《ろう》読《どく》会《かい》。

□《ろう》報《ほう》が届《とど》く。（よい知らせが入ってくる）

5

① ゆびでなぞりましょう。

視（はねる）

読み方	見	11画
シ		

意味
・目のはたらき
・よく見る
・みなす

② 「視」を書きましょう。

③ □に「視」を書きましょう。

□《し》力《りょく》の検査。

□《し》界《かい》。

6 ――の漢字の読みがなを書きましょう。（一つ4点）

① 洗《せん》たく物《もの》を干す。
② 詩を朗読する。
③ 問題を処理する。
④ ★干★潮の時刻《じこく》。
⑤ 視力が悪くなる。
⑥ 潮の満ち引き。
⑦ ★干たく工事。
⑧ 視界が広がる。
⑨ 朗報がまいこむ。
⑩ ごみの処分。

7 □に漢字を書きましょう。（一つ4点）

① 在庫を□分《しょぶん》する。
② □界《しかい》をさえぎる。
③ 広い★□《かん》たく地《ち》。
④ □《しお》風《かぜ》がふく。
⑤ 合格の□報《ろうほう》が入る。
⑥ ★□★□《かんちょう》の時刻《じこく》。
⑦ □力《しりょく》検査。
⑧ 教科書を□読《ろうどく》する。
⑨ ごみの□理《しょり》工場。
⑩ ふとんを□《ほ》す。

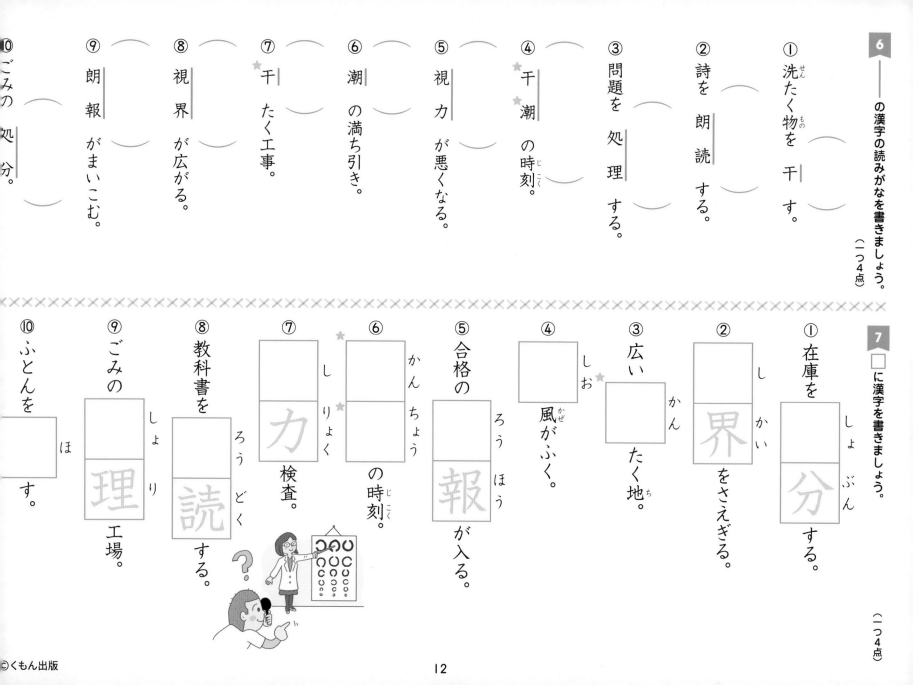

6 呼・吸・皇・后・陛

月	日
名前	
はじめ	時　分
終わり	時　分
かかった時間	分
得点	点

（1〜5は全部書いて20点）

1

① ゆび でなぞりましょう。

呼（はねる）

② 「呼」を書きましょう。

口	8画

読み方：コ　よぶ

意味：・よぶ　・招く　・息をはく

③ □に「呼」を書きましょう。

点《てん》□《こ》。

名前を□《よ》ぶ。

（ひとりひとりの名前をよび、返事を聞いて人数を調べる）

2

① ゆび でなぞりましょう。

吸（はらう）

② 「吸」を書きましょう。

口	6画

読み方：キュウ　すう

意味：・すいこむ　・取り入れる

③ □に「吸」を書きましょう。

呼《こ》□《きゅう》。

栄養を□《きゅう》収《しゅう》する。

空気を□《す》う。

息を□《す》う。

3

① ゆび でなぞりましょう。

皇（長く）

② 「皇」を書きましょう。

白	9画

読み方：コウ　オウ

意味：・天のうに関すること　・天のうにつけることば

③ □に「皇」を書きましょう。

□《こう》居《きょ》。

□《こう》室《しつ》。

天《てん》□《のう》。

注意　「天皇」では、「オウ」が「ノウ」という読み方になる。

4

① ゆび でなぞりましょう。

后（長く）

② 「后」を書きましょう。

口	6画

読み方：コウ

意味：・天のうの妻、きさき

③ □に「后」を書きましょう。

皇《こう》□《ごう》。

皇《こう》太《たい》□《ごう》。

（前の代のこうごう）

5

① ゆび でなぞりましょう。

陛（はねる）

② 「陛」を書きましょう。

阝	10画

読み方：ヘイ

意味：・天のうなどをうやまっていうことば

③ □に「陛」を書きましょう。

天《てん》皇《のう》□《へい》下《か》。

女《じょ》王《おう》□《へい》下《か》。

6 ――の漢字の読みがなを書きましょう。（一つ4点）

① 皇后（　）様《さま》。

② 友達《ともだち》を（　）呼（　）ぶ。

③ 天皇（　）誕生日《たんじょうび》。

④ 大きく息を（　）吸（　）う。

⑤ 皇居（　）の周り。

⑥ 呼吸（　）を整える。

⑦ 皇室（　）のニュース。

⑧ 天皇陛下（　）。

⑨ 栄養を吸（　）収（しゅう）する。

⑩ 女王《じょおう》（　）陛下（　）。

7 □に漢字を書きましょう。（一つ4点）

① 深《しん》□□（こきゅう）をする。

② 女王《じょおう》□下（へいか）。

③ 天□（てんのう）のお言葉。

④ 姉の名前を□（よ）ぶ。

⑤ □□（こうごう）陛下《へいか》。

⑥ □居（こうきょ）の前で写真をとる。

⑦ みつを□（す）う。

⑧ 知識を□収（きゅうしゅう）する。

⑨ □室（こうしつ）の行事。

⑩ 天皇《てんのう》□下（へいか）。

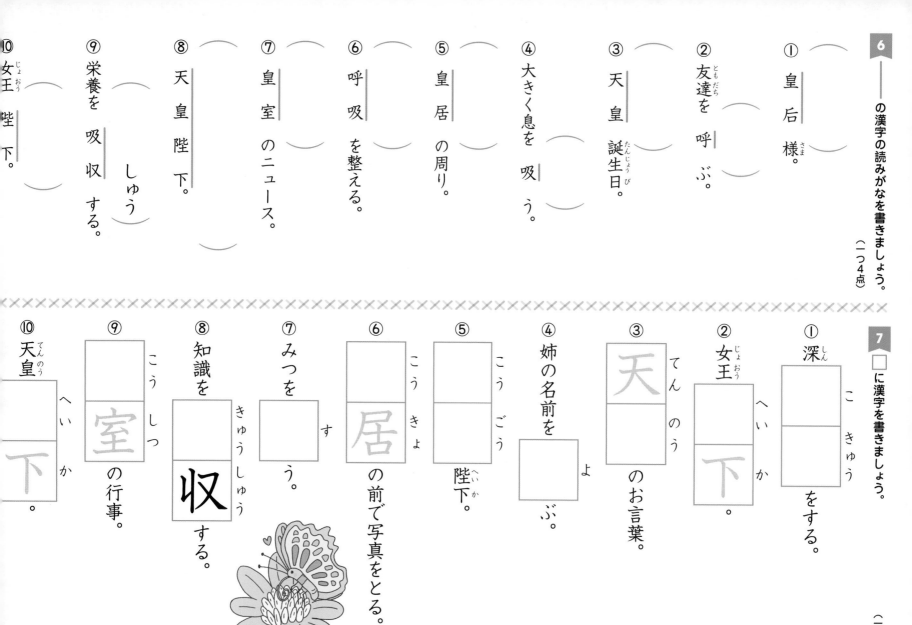

7 討・論・机・枚・株

月　日
はじめ　時　分
終わり　時　分
かかった時間　分
名前
得点

（1〜5は全部書いて20点）

1

①ゆびでなぞりましょう。

討（はねる）

②「討」を書きましょう。

言	10画

読み方：トウ（うつ）

意味：
・せめたてる
・問いただして調べる

討　言

③□に「討」を書きましょう。

□とう論《ろん》会《かい》。

検《けん》□とうする。

2

①ゆびでなぞりましょう。

論（はねる）

②「論」を書きましょう。

言	15画

読み方：ロン

意味：
・すじ道を立てて考えを述べる

論　言

③□に「論」を書きましょう。

議《ぎ》□ろん。

結《けつ》□ろんを出す。

3

①ゆびでなぞりましょう。

机（はねる）

②「机」を書きましょう。

木	6画

読み方：（キ）つくえ

意味：
・つくえ

机　木

③□に「机」を書きましょう。

□つくえに向かう。

勉強《べんきょう》□づくえ。

4

①ゆびでなぞりましょう。

枚

②「枚」を書きましょう。

木	8画

読み方：マイ

意味：
・紙などのうすいものを数えることば

枚　木

③□に「枚」を書きましょう。

一《いち》□まいの紙。

皿の□まい数《すう》。

5

①ゆびでなぞりましょう。

株（わすれない）

②「株」を書きましょう。

木	10画

読み方：かぶ

意味：
・草木の切り残した根元
・かぶ式

株　木

③□に「株」を書きましょう。

切《き》り□かぶ。

□かぶ式《しき》会社を設立する。

□かぶの取り引き。

6 ――の漢字の読みがなを書きましょう。（一つ4点）

① 切《き》り株。（　　）
② クラスで議論する。（　　）
③ 机の上。（　　）
④ 原こう用紙の枚数。（　　）
⑤ 株式会社。（　　）
⑥ 討論会《かい》を開く。（　　）
⑦ 紙を一《いち》枚もらう。（　　）
⑧ 内容を検討する。（　　）
⑨ 部屋《へや》の勉強《べんきょう》机。（　　）
⑩ 結論を出す。（　　）

7 □に漢字を書きましょう。（一つ4点）

① 二《に》□《まい》の画用紙。
② 切《き》り□《かぶ》にすわる。
③ □《つくえ》に向かう。
④ 内容の検《けん》□《とう》。
⑤ 議《ぎ》□《ろん》をする。
⑥ 勉強《べんきょう》□《づくえ》をきれいにする。
⑦ 結《けつ》□《ろん》を急ぐ。
⑧ □《かぶ》式《しき》会社を組織する。
⑨ コピーの□《まい》数《すう》を数える。
⑩ □□《とうろん》会《かい》を開く。

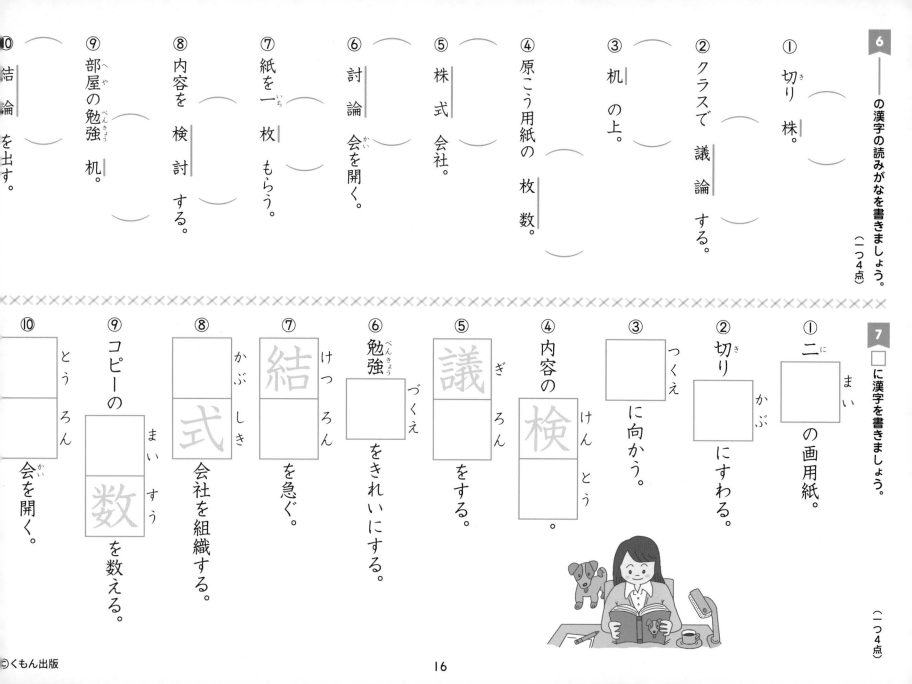

8 確認《かくにん》ドリル②

★は、読み書きをまちがえやすい漢字です。

月　日

名前

はじめ　時　分

終わり　時　分

かかった時間　分

得点　点

1 ―の漢字の読みがなを書きましょう。（一つ3点）

① 天皇 誕生日《たんじょうび》。

② 朗報 を待つ。

③ 女王《じょおう》陛下。

④ 皇太后。

⑤ 自分の机。

⑥ 視界が広がる。

⑦ 計画を検討する。

⑧ 株式会社を作る。

⑨ クラスで議論をする。

⑩ 在庫品を処分する。

2 ―の漢字の読みがなを書きましょう。（一つ2点）

①
★干たく地《ち》が広がる。
洗《せん》たく物《もの》を干す。

②
ビタミンを吸収《しゅう》する。
ストローで吸う。

③
満★潮の時刻《じこく》。
潮が引く。

④
呼吸が速い。
友達《ともだち》の名前を呼ぶ。

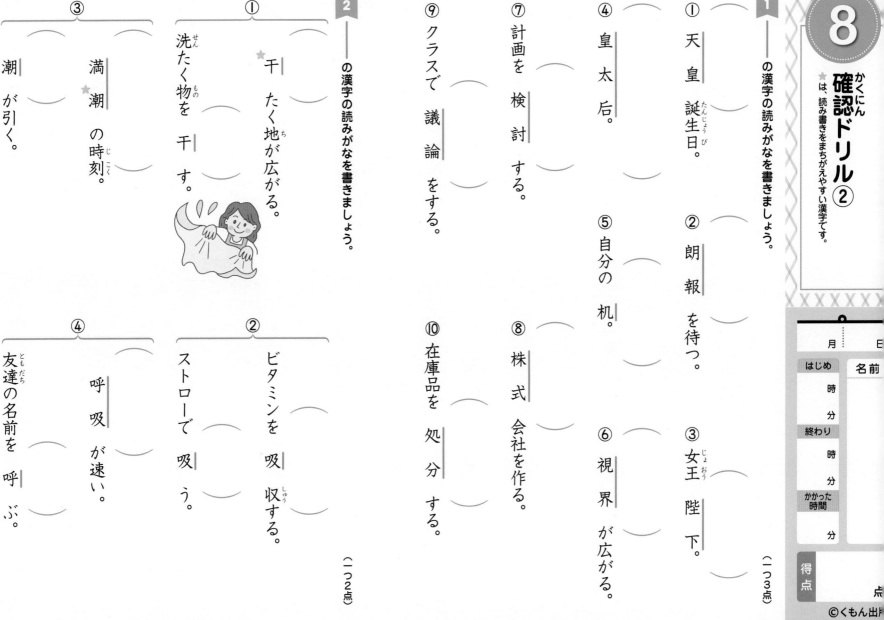

3 □に漢字を書きましょう。（一つ3点）

① □《つくえ》に向かう。

② 千円札を二《に》□《まい》わたす。

③ ふとんを□《ほ》す。

④ □《かぶ》の取り引き。

⑤ □□《こきゅう》を整える。

⑥ □《しお》の流れが速い。

⑦ □□《しりょく》が回復する。

⑧ □□《けつろん》を出す。

⑨ ごみを□□《しょり》する。

⑩ 大きな声で名前を□《よ》ぶ。

⑪ □□《こうごう》の写真。

⑫ 内容を□□《けんとう》する。

⑬ 詩の□□《ろうどく》会《かい》。

⑭ 大きく息を□《す》う。

⑮ □□《とうろん》会《かい》を開く。

⑯ ★□★□《かんちょう》の時《じ》刻《こく》。

⑰ □□□□《てんのうへいか》。

⑱ □□《こうきょ》の入り口。

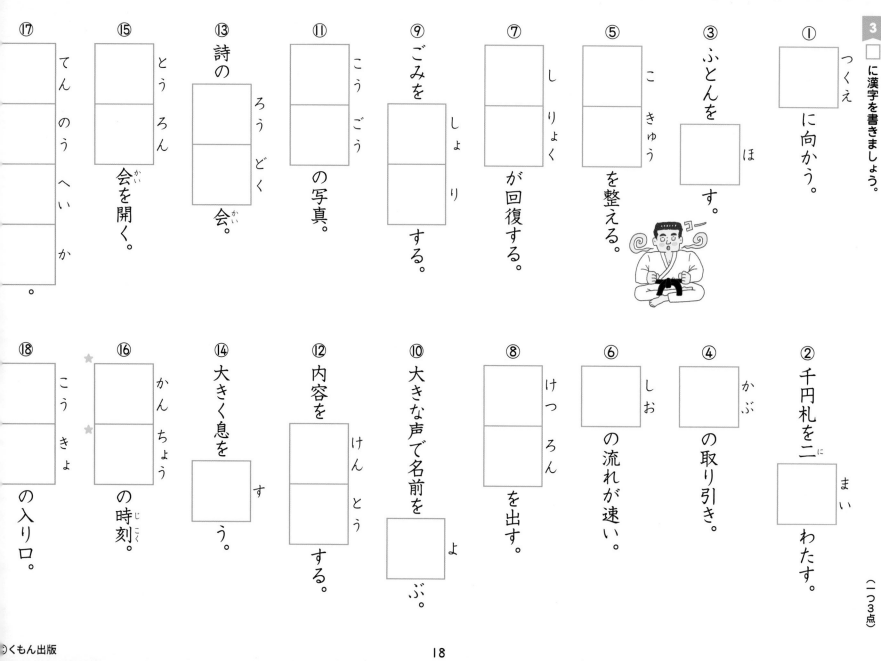

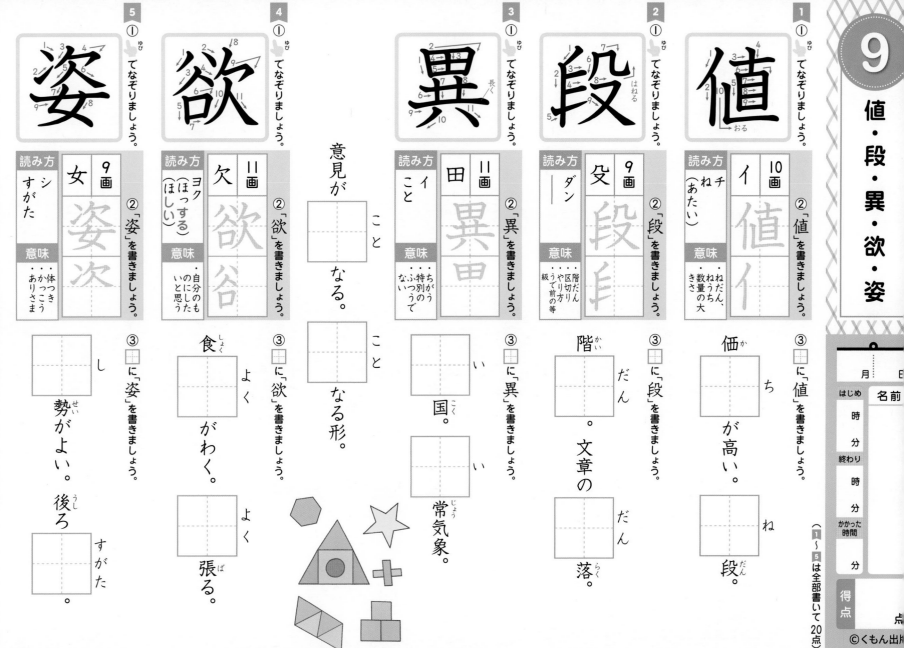

9 値・段・異・欲・姿

1 ①ゆびでなぞりましょう。

値

読み方	画数
チ ね （あたい）	亻 10画

意味
・ねだん、ねうち
・数量の大きさ

②「値」を書きましょう。

③□に「値」を書きましょう。

価《か》□《ち》が高い。

□《ね》段《だん》。

2 ①ゆびでなぞりましょう。

段

読み方	画数
ダン —	殳 9画

意味
・階だん
・区切り
・やり方
・うで前の等級

②「段」を書きましょう。

③□に「段」を書きましょう。

階《かい》□《だん》。

文章の□《だん》落《らく》。

3 ①ゆびでなぞりましょう。

異

読み方	画数
イ こと	田 11画

意味
・ちがう
・特別の
・ふつうでない

②「異」を書きましょう。

③□に「異」を書きましょう。

□《い》国《こく》。

□《い》常《じょう》気象。

意見が□《こと》なる。

□《こと》なる形。

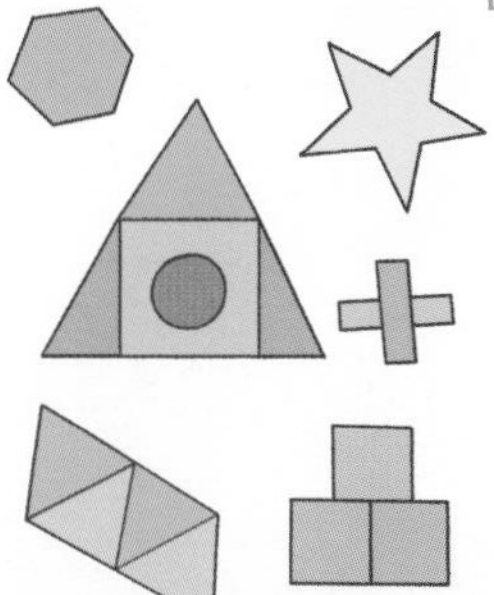

4 ①ゆびでなぞりましょう。

欲

読み方	画数
ヨク （ほっする） （ほしい）	欠 11画

意味
・自分のものにしたいと思う

②「欲」を書きましょう。

③□に「欲」を書きましょう。

食《しょく》□《よく》がわく。

□《よく》張《ば》る。

5 ①ゆびでなぞりましょう。

姿

読み方	画数
シ すがた	女 9画

意味
・体つき
・かっこう
・ありさま

②「姿」を書きましょう。

③□に「姿」を書きましょう。

□《し》勢《せい》がよい。

後《うし》ろ□《すがた》。

（1～5は全部書いて20点）

月　日

はじめ	時　分
終わり	時　分
かかった時間	分

名前

得点　点

6 ――の漢字の読みがなを書きましょう。（一つ4点）

① 姿をかくす。

② 階段を上る。

③ 異国の船。

④ 食欲の秋。

⑤ 段落ごとに読む。

⑥ 姿勢を正す。

⑦ 価値が高い絵。

⑧ 意見が異なる。

⑨ 大根の値段。

⑩ 欲張《ば》りな人。

7 □に漢字を書きましょう。（一つ4点）

① 意見が□《こと》なる。

② 説明文の□落《だんらく》。

③ 読む価□《かち》がある本。

④ □《よく》張《ば》って食べすぎる。

⑤ 目の前に□《すがた》を現す。

⑥ 品物の□□《ねだん》を調べる。

⑦ 食□《しょくよく》がわく。

⑧ □国《いこく》にわたる。

⑨ 階□《かいだん》の上。

⑩ よい□勢《しせい》で話を聞く。

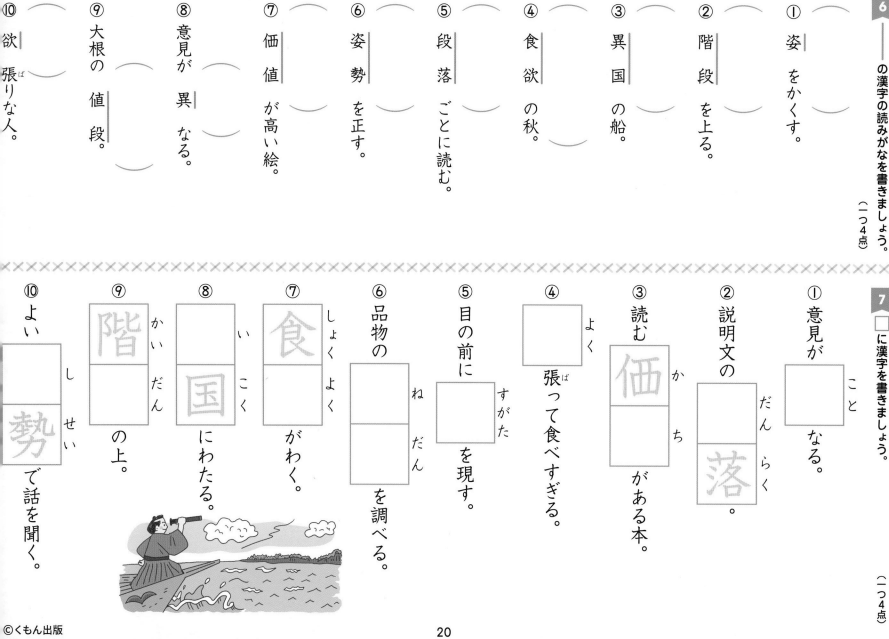

10 亡・忘・著・署・諸

（1～5は全部書いて20点）

月 日

はじめ 時 分

終わり 時 分

かかった時間 分

得点

名前

©くもん出

1

① ゆび《ゆび》でなぞりましょう。

亡

② 「亡」を書きましょう。

部首	画数	読み方	意味
亠	3画	ボウ（モウ）（ない）	・死ぬ ・いなくなる、ほろびる

③ □に「亡」を書きましょう。

死《し》□《ぼう》。

犯人がとう□《ぼう》する。（犯人がにげて、いなくなる）

2

① ゆび《ゆび》でなぞりましょう。

忘

② 「忘」を書きましょう。

部首	画数	読み方	意味
心	7画	（ボウ） わすれる	・覚えていたことが心から消える

③ □に「忘」を書きましょう。

かさを□《わす》れる。

□《わす》れ物《もの》をする。

宿題を□《わす》れる。

3

① ゆび《ゆび》でなぞりましょう。

著

② 「著」を書きましょう。

部首	画数	読み方	意味
艹	11画	チョ （あらわす） （いちじるしい）	・本を書く ・目立つ

③ □に「著」を書きましょう。

□《ちょ》者《しゃ》。

□《ちょ》名《めい》な作家。（よく知られている作家）

4

① ゆび《ゆび》でなぞりましょう。

署

② 「署」を書きましょう。

部首	画数	読み方	意味
罒	13画	ショ	・役所 ・役わり ・書き記す

③ □に「署」を書きましょう。

警察《けいさつ》□《しょ》。

□《しょ》名《めい》を集める。

5

① ゆび《ゆび》でなぞりましょう。

諸

② 「諸」を書きましょう。

部首	画数	読み方	意味
言	15画	ショ	・いろいろな

③ □に「諸」を書きましょう。

生徒□《しょ》君《くん》。

アジア□《しょ》国《こく》。

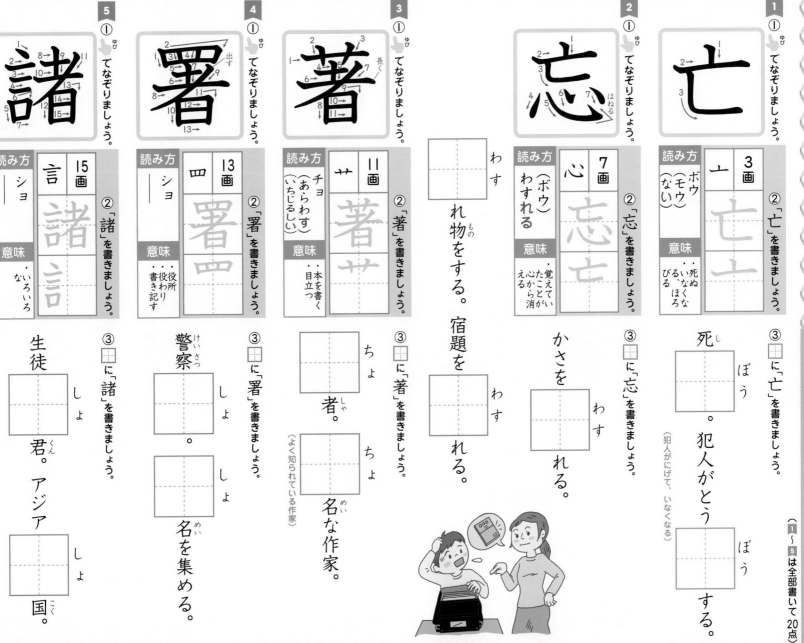

6 ——の漢字の読みがなを書きましょう。（一つ4点）

① 著名（　　）な作家。

② とう亡（　　）者《しゃ》。

③ 生徒　諸君（　　）。

④ 忘（　　）れ物《もの》を届《とど》ける。

⑤ 警察署（けい　　）の内部。

⑥ 死亡（　　）届《とどけ》を出す。

⑦ ヨーロッパ　諸国（　　）。

⑧ 本の　著者（　　）の写真。

⑨ 署名（　　）を集める。

⑩ 上着を　忘（　　）れる。

7 □に漢字を、（　）に送りがなを書きましょう。（一つ4点）

① 反対運動の□名《しょめい》を集める。

② 名前を□（れる）《わすれる》。

③ □名《ちょめい》な本。

④ 死□《しぼう》事故が減少する。

⑤ 生徒□君《しょくん》。

⑥ かさの□《わす》れ物《もの》が多い。

⑦ 警察□《けいさつしょ》。

⑧ 犯人がとう□《ぼう》する。

⑨ アジア□国《しょこく》。

⑩ 本の□者《ちょしゃ》に会う。

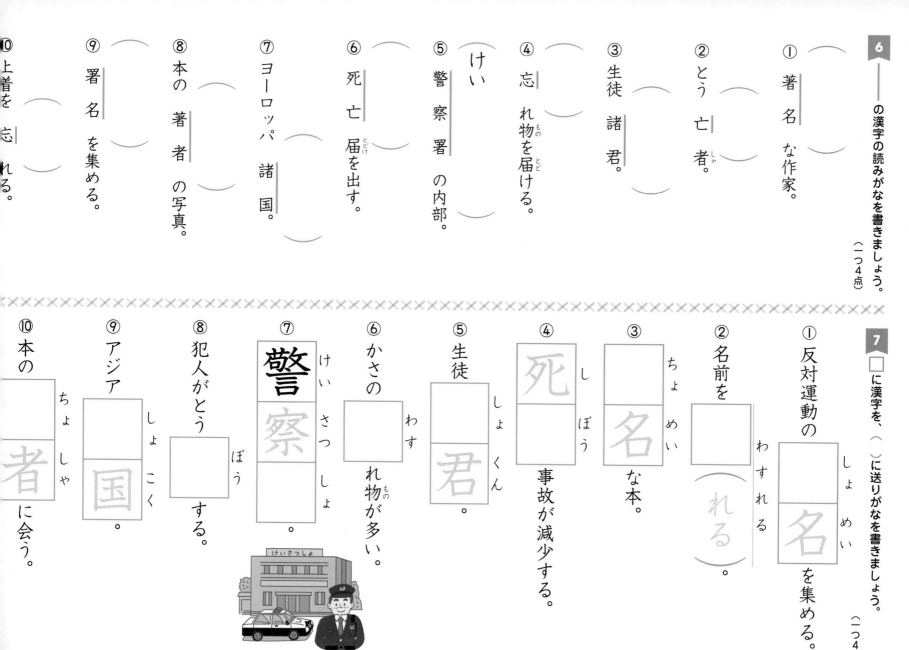

11 乱・乳・降・除・障

月　日
名前
はじめ　時　分
終わり　時　分
かかった時間　分
得点　点

（1〜5は全部書いて20点）

1
① ゆびでなぞりましょう。
乱（はねる）
② 「乱」を書きましょう。

乙	7画
乱	舌

読み方：ラン　みだれる　みだす
意味：・まとまりがなくなる　・もめごと

③ □に「乱」を書きましょう。
□《らん》暴《ぼう》。
列が□《みだ》れる。

2
① ゆびでなぞりましょう。
乳（はねる）
② 「乳」を書きましょう。

乙	8画
乳	孚

読み方：ニュウ　ちち　（ち）
意味：・ちち

③ □に「乳」を書きましょう。
牛《ぎゅう》□《にゅう》。
牛の□《ちち》をしぼる。

3
① ゆびでなぞりましょう。
降
② 「降」を書きましょう。

阝	10画
降	阝

読み方：コウ　おりる　おろす　ふる
意味：・おりる　・ふる　・あるときからあと

③ □に「降」を書きましょう。
□《こう》水量《すいりょう》。（雨や雪などがふった量）
明日《あす》以《い》□《こう》。
電車から□《お》りる。
雨が□《ふ》る。

4
① ゆびでなぞりましょう。
除
② 「除」を書きましょう。

阝	10画
除	阝

読み方：ジョ　（ジ）　のぞく
意味：・取り去る　・わり算

③ □に「除」を書きましょう。
□《じょ》外《がい》。
取《と》り□《のぞ》く。

5
① ゆびでなぞりましょう。
障
② 「障」を書きましょう。

阝	14画
障	阝

読み方：ショウ　（さわる）
意味：・じゃまをする　・あいだをさえぎる物

③ □に「障」を書きましょう。
故《こ》□《しょう》する。
□《しょう》子《じ》を開ける。

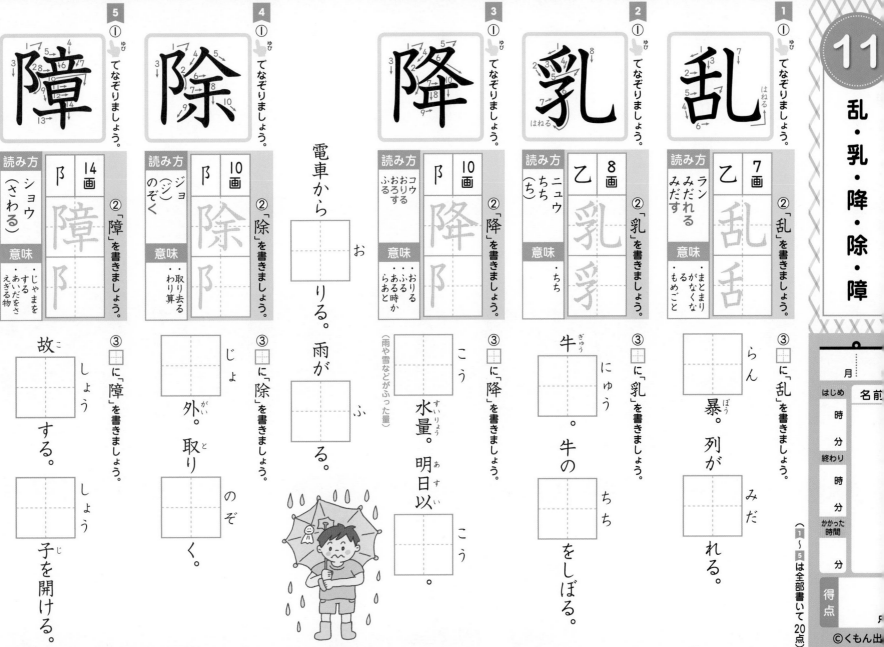

6 ――の漢字の読みがなを書きましょう。（一つ4点）

① 電車を降りる。（　　）
② セール除外品《ひん》。（　　）
③ かみの毛が乱れる。（　　）
④ 雪が降る。（　　）
⑤ テレビが故障する。（　　）
⑥ ドアを乱暴に閉《し》める。（　　）
⑦ 明日《あす》以降の天気。（　　）
⑧ 石を取《と》り除く。（　　）
⑨ 牛の乳。（　　）
⑩ 牛乳を飲む。（　　）

7 □に漢字を、（　）に送りがなを書きましょう。（一つ4点）

① 車が故□《こしょう》する。
② ごみを取《と》り□《のぞ》（く）。
③ 雨が□《ふ》る。
④ 列が□《みだ》（れる）。
⑤ 来週以□《いこう》の予定。
⑥ □《ちち》しぼりの仕事。
⑦ 不良品を□外《じょがい》する。
⑧ 本を□暴《らんぼう》にあつかわない。
⑨ 車を□《お》（りる）。
⑩ 牛□《ぎゅうにゅう》のびん。

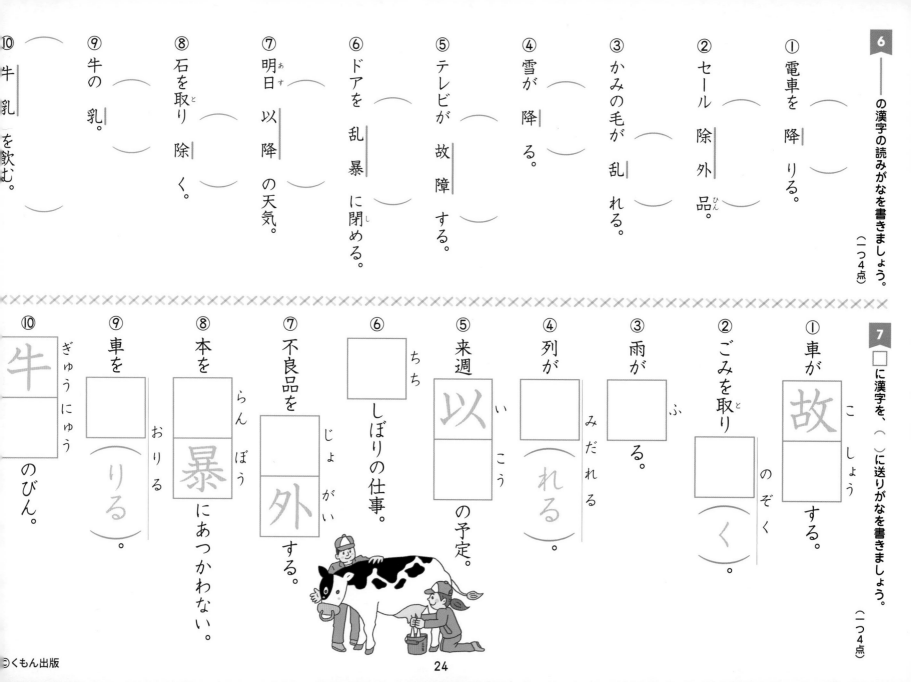

12 確認《かくにん》ドリル③

月	日
名前	
はじめ	時　分
終わり	時　分
かかった時間	分
得点	点

1 ―の漢字の読みがなを書きましょう。（一つ2点）

① 降水確率。

② 食欲の秋。

③ 著名な作家。

④ 警《けい》察署。

⑤ 故障を直す。

⑥ 階段を上がる。

⑦ 文章を段落に分ける。

⑧ 行進の列を乱す。

⑨ いたんだりんごを除く。

⑩ 姉の忘れ物《もの》を届《とど》ける。

2 ―の漢字の読みがなを書きましょう。（一つ3点）

① 異国のふんい気。
考えが異なる。

② 姿勢を正す。
柱のかげに姿をかくす。

③ 牛乳を飲む。
牛の乳しぼり。

④ 値段をきく。
価値がある古書。

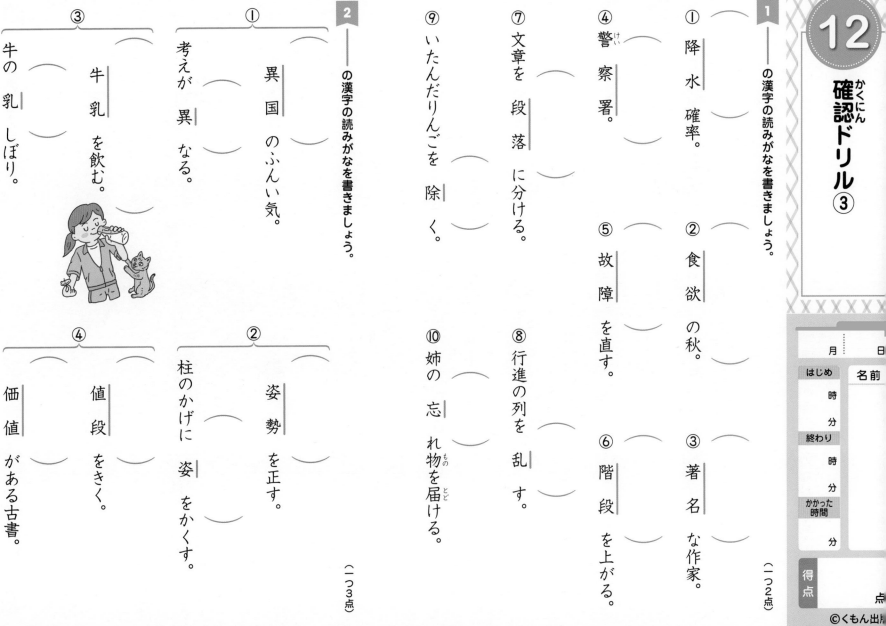

3 □に漢字を書きましょう。（一つ3点）

① 文書に□□（しょめい）する。

② アジア□□（しょこく）。

③ □（すがた）を現す。

④ 雪が□（ふ）り始《はじ》める。

⑤ 果物《くだもの》の□□（ねだん）。

⑥ 小説の□□（ちょしゃ）。

⑦ □□（らんぼう）な言葉づかい。

⑧ □□（しぼう）届《とどけ》を出す。

⑨ □□（ぎゅうにゅう）を飲む。

⑩ セール□□（じょがい）商品。

⑪ テレビが□□（こしょう）する。

⑫ □□（いこく）に向かう船。

4 ――のことばを漢字と送りがなで書きましょう。（一つ5点）

① 乗客がバスからおりる。

② 学校にかさをわすれる。

③ 道路の雪を取《と》りのぞく。

④ 風でかみの毛がみだれる。

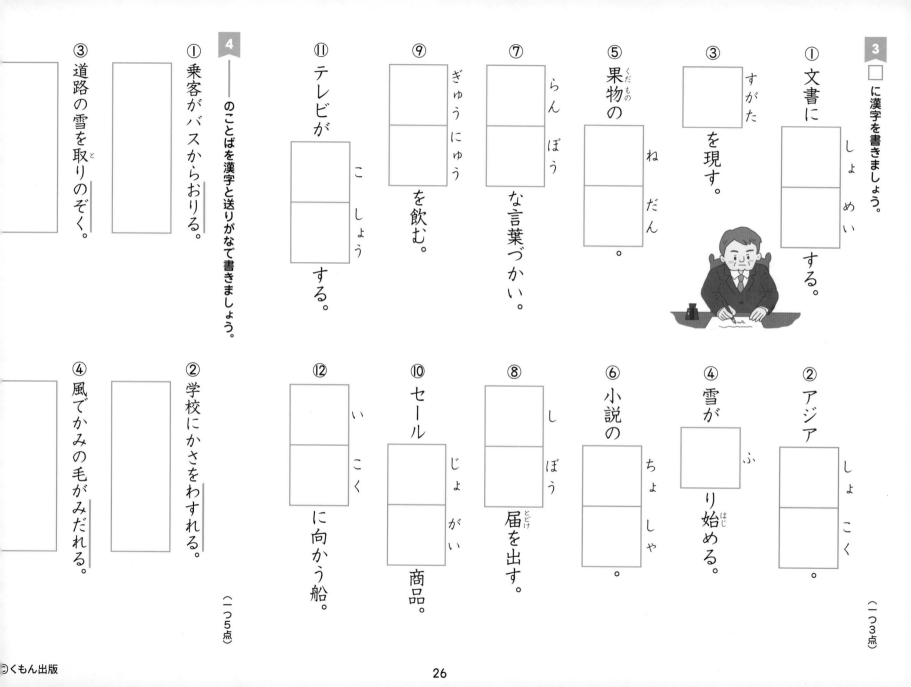

13 庁・座・訳・訪・詞

月　日　名前

はじめ　時　分
終わり　時　分
かかった時間　分
得点　点

（1～5は全部書いて20点）

1

① ゆびでなぞりましょう。

庁（はねる）

5画	广
読み方	チョウ
意味	・役所 ・行政機関の一つ

②「庁」を書きましょう。

③ □に「庁」を書きましょう。

県《けん》□《ちょう》。
気象《きしょう》□《ちょう》。

2

① ゆびでなぞりましょう。

座（とめる）

10画	广
読み方	ザ （すわる）
意味	・すわる ・人が集まる所 ・星の集まり

②「座」を書きましょう。

③ □に「座」を書きましょう。

□《ざ》席《せき》。
夏の星《せい》□《ざ》。

3

① ゆびでなぞりましょう。

訳（はらう）

11画	言
読み方	ヤク わけ
意味	・ことばの意味や理由 ・言いかえる

②「訳」を書きましょう。

③ □に「訳」を書きましょう。

通《つう》□《やく》。
言《い》い□《わけ》。

4

① ゆびでなぞりましょう。

訪（はねる）

11画	言
読み方	ホウ （おとずれる） たずねる
意味	・出かけていく ・やってくる

②「訪」を書きましょう。

③ □に「訪」を書きましょう。

家庭□《ほう》問《もん》。
友人の家を□《たず》ねる。
寺院を□《たず》ねる。

5

① ゆびでなぞりましょう。

詞（はねる）

12画	言
読み方	シ
意味	・ことば ・ことばを分類したもの

②「詞」を書きましょう。

③ □に「詞」を書きましょう。

校歌の歌《か》□《し》。
作《さく》□《し》作曲。

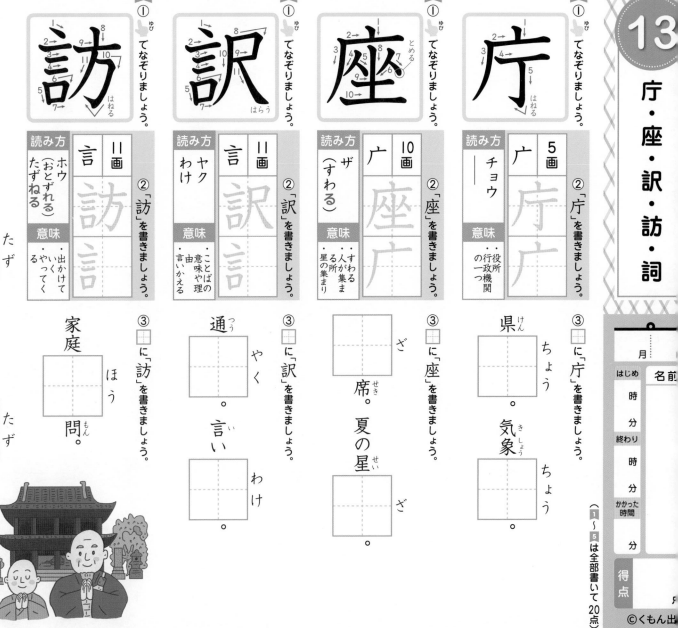

6 ――の漢字の読みがなを書きましょう。（一つ4点）

① 県庁所在地《しょざいち》。（　）（　）

② おばを訪ねる。（　）

③ フランス語の通訳。（　）

④ 気象《きしょう》庁の発表。（　）

⑤ 歌詞を暗記する。（　）

⑥ 言《い》い訳を考える。（　）

⑦ 野球場の座席。（　）

⑧ 作詞をする。（　）

⑨ 家庭訪問の日程。（　）

⑩ 冬の星座。（　）

7 □に漢字を、（　）に送りがなを書きましょう。（一つ4点）

① 言《い》い□《わけ》をする。

② 兄は県□《けんちょう》に勤《つと》めている。

③ 夏の星□《せいざ》。

④ □席《ざせき》を確保する。

⑤ 作□《さくし》作曲をする人。

⑥ 同時通□《つうやく》。

⑦ 家庭□問《ほうもん》。

⑧ 気象《きしょう》□《ちょう》の建物。

⑨ 知人の家を□（ねる）《たずねる》。

⑩ 歌の歌□《かし》を聞き取る。

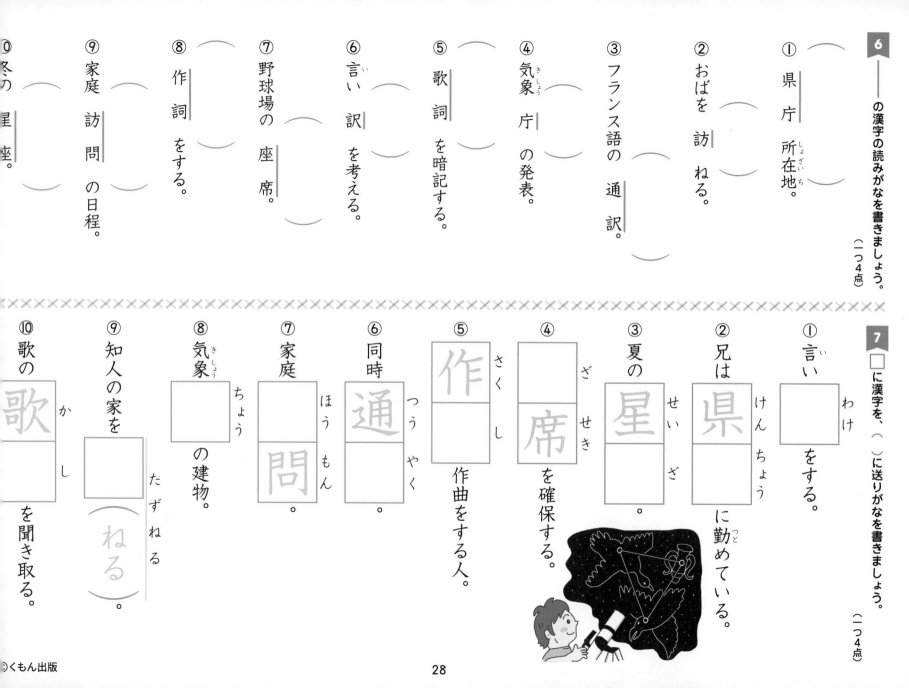

14 収・納・宅・宝・宣

★は、読み書きをまちがえやすい漢字です。

月	日
はじめ	時 分
終わり	時 分
かかった時間	分
名前	
得点	点

（1～5は全部書いて20点）

1

① ゆび でなぞりましょう。

収　（おる）

② 「収」を書きましょう。

4画　又

読み方：シュウ　おさめる　おさまる

意味：・集め入れる　・金が入る　・整える

③ □に「収」を書きましょう。

吸《きゅう》□《しゅう》する。成功を□《おさ》める。

2

① ゆび でなぞりましょう。

納　（はねる）

② 「納」を書きましょう。

10画　糸

読み方：ノウ　（ナッ）・（ナ）　（ナン）・（トウ）　おさめる　おさまる

意味：・しまいこむ　・役所などにさしだす

③ □に「納」を書きましょう。

★□《のう》税《ぜい》。荷物を収《しゅう》★□《のう》する。

税金を□《おさ》める。税金が国庫に□《おさ》まる。

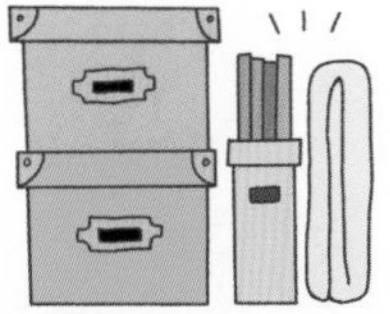

3

① ゆび でなぞりましょう。

宅　（はねる）

② 「宅」を書きましょう。

6画　宀

読み方：タク　—

意味：・家、すまい　・自分のうち

③ □に「宅」を書きましょう。

住《じゅう》□《たく》地《ち》。自《じ》□《たく》に呼《よ》ぶ。

4

① ゆび でなぞりましょう。

宝　（わすれない）

② 「宝」を書きましょう。

8画　宀

読み方：ホウ　たから

意味：・かちのあるもの　・大切なもの

③ □に「宝」を書きましょう。

□《ほう》石《せき》。妹の□《たから》箱《ばこ》。

5

① ゆび でなぞりましょう。

宣　（長く）

② 「宣」を書きましょう。

9画　宀

読み方：セン　—

意味：・すみずみまで知らせる　・告げる

③ □に「宣」を書きましょう。

□《せん》言《げん》する。新製品の□《せん》伝《でん》。

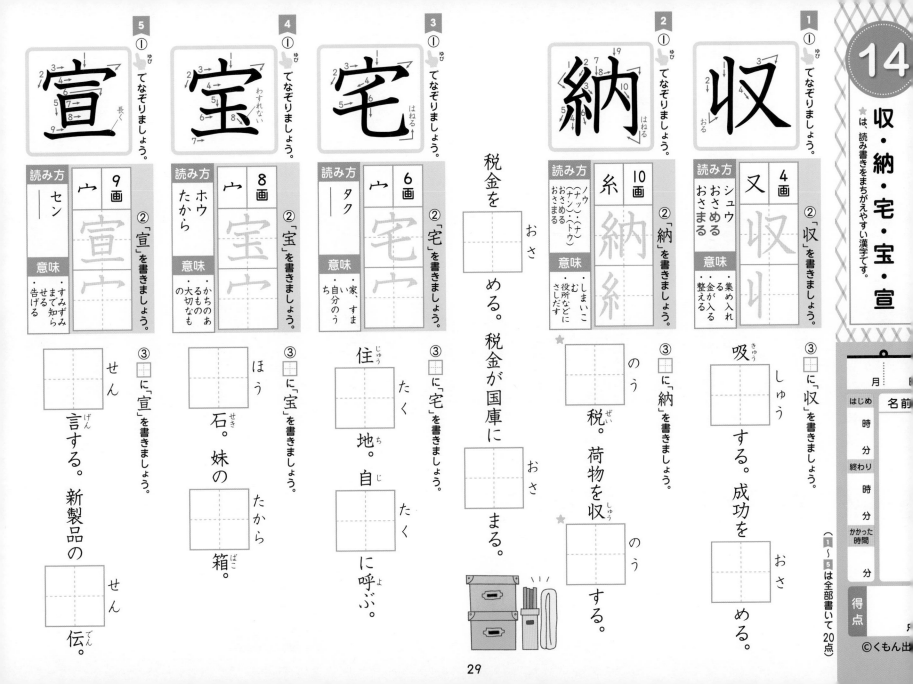

6 ―の漢字の読みがなを書きましょう。（一つ4点）

① 自宅（　）までの略図。

② 成功を収（　）める。

③ きれいな宝石（　）。

④ ★納税（　）の義務。

⑤ 商品を宣伝（　）する。

⑥ 開会を宣言（　）する。

⑦ 月謝を納（　）める。

⑧ 駅に近い住宅（　）地《ち》。

⑨ 知識を吸収（　）する。

⑩ 宝箱（　）にしまう。

7 □に漢字を、（　）に送りがなを書きましょう。（一つ4点）

① 百世帯ある集合住《じゅう》□《たく》。

② □《ほう》石《せき》のかがやき。

③ 大事な□《たから》箱《ばこ》。

④ 自《じ》□《たく》に友人を招く。

⑤ 水分を吸《きゅう》□《しゅう》する。

⑥ 会費を□（める）《おさめる》。

⑦ 勝利を□（める）《おさめる》。

⑧ テレビの□《せん》伝《でん》。

⑨ ★□《のう》税《ぜい》の義務。

⑩ 勝利を□《せん》言《げん》する。

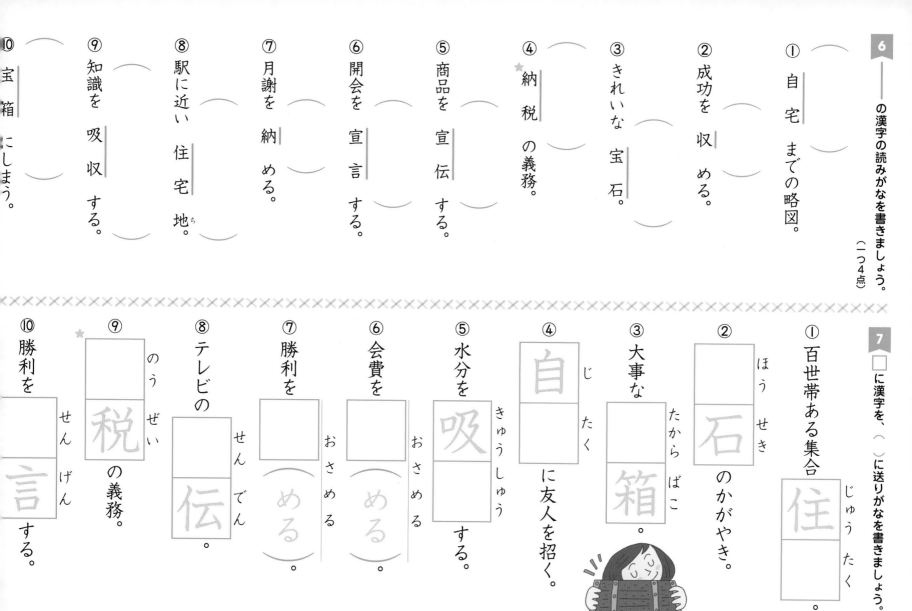

15 系・紅・純・絹・蚕

★は、読み書きをまちがえやすい漢字です。

月　日

はじめ　時　分
終わり　時　分
かかった時間　分

名前

得点

（1～5は全部書いて20点）

1

① ゆびでなぞりましょう。

系（右から）

② 「系」を書きましょう。

読み方	部首	画数
ケイ ―	糸	7画

意味
・つながりのある集まり
・つながり

③ □に「系」を書きましょう。

太陽《たいよう》けい。

藤原氏《ふじわらし》のけい図《ず》。

2

① ゆびでなぞりましょう。

紅（上より長く）

② 「紅」を書きましょう。

読み方	部首	画数
コウ （ク） べに （くれない）	糸	9画

意味
・あざやかな赤色
・赤い顔料

③ □に「紅」を書きましょう。

こう茶《ちゃ》を飲む。

こう白《はく》。

口《くち》べにをぬる。

べに色《いろ》のほお。

3

① ゆびでなぞりましょう。

純（はねる）

② 「純」を書きましょう。

読み方	部首	画数
ジュン ―	糸	10画

意味
・まじり気がない
・けがれがない

③ □に「純」を書きましょう。

単《たん》じゅんな問題。

じゅん白《ぱく》の雪。

4

① ゆびでなぞりましょう。

絹（はねる）

② 「絹」を書きましょう。

読み方	部首	画数
（ケン） きぬ	糸	13画

意味
・かいこのまゆからとった糸

③ □に「絹」を書きましょう。

きぬのブラウス。

きぬ糸《いと》。

5

① ゆびでなぞりましょう。

蚕（とめる）

② 「蚕」を書きましょう。

読み方	部首	画数
サン かいこ	虫	10画

意味
・かいこがのよう虫

③ □に「蚕」を書きましょう。

★養《よう》さん業《ぎょう》。

かいこのまゆ。

（まゆをとるために、かいこを飼い育てる仕事）

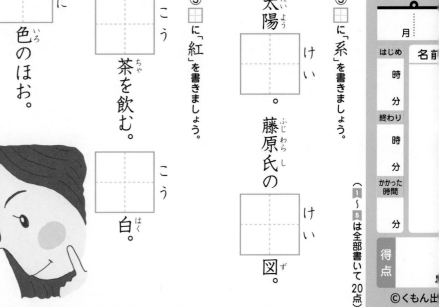

6 ―の漢字の読みがなを書きましょう。（一つ4点）

① 口紅をつける。

② ★養蚕業《ぎょう》を営む。

③ 徳川氏《とくがわし》の系図。

④ 紅茶を入れる。

⑤ 絹の着物。

⑥ 太陽《たいよう》系のわく星。

⑦ 単純に考える。

⑧ 蚕がまゆを作る。

⑨ 純白の衣しょう。

⑩ 絹糸でぬう。

7 □に漢字を書きましょう。（一つ4点）

① 単□《たんじゅん》な問題。

② □茶《こうちゃ》を飲む。

③ 手ざわりのよい□《きぬ》の布。

④ □《かいこ》がくわの葉を食べる。

⑤ 赤い口□《くちべに》。

⑥ □糸《きぬいと》でぬう。

⑦ ★養□《ようさん》の仕事。

⑧ 源氏《げんじ》の□図《けいず》。

⑨ 太陽《たいよう》□《けい》のわく星。

⑩ □白《じゅんぱく》のドレス。

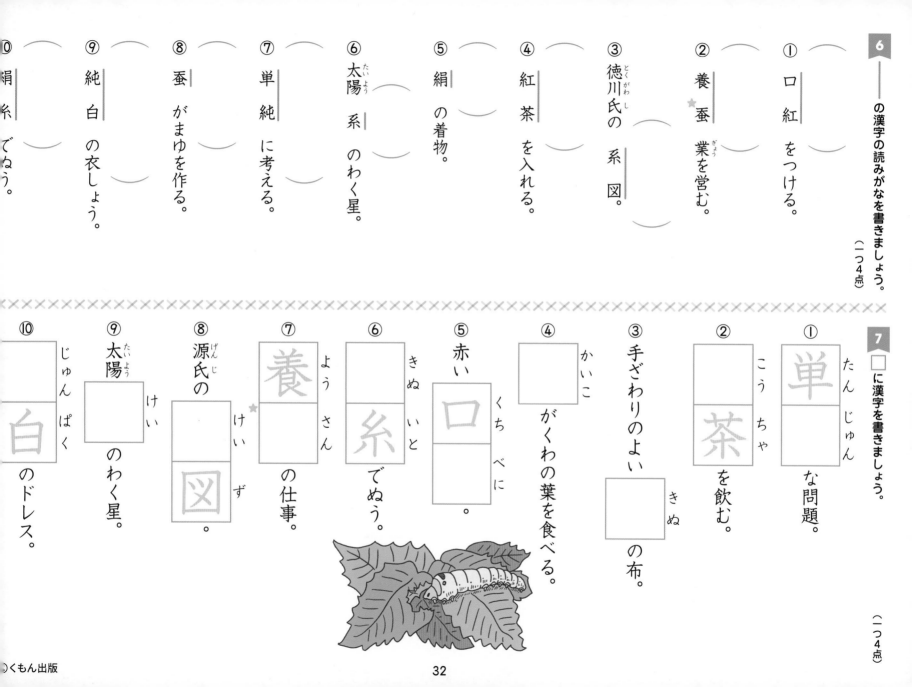

16 確認《かくにん》ドリル④

★は、読み書きをまちがえやすい漢字です。

月　日

名前

はじめ　時　分

終わり　時　分

かかった時間　分

得点　点

1 ——の漢字の読みがなを書きましょう。（一つ2点）

① 夏の星座。

② 純白のドレス。

③ 作詞 作曲。

④ 絹糸でぬう。

⑤ 系図の巻物《まきもの》。

⑥ ★納税の義務。

⑦ 気象《きしょう》庁の発表。

⑧ 友人を自宅に呼《よ》ぶ。

⑨ 梅雨《つゆ》明《あ》けを宣言する。

⑩ 知人の家を訪問する。

2 ——の漢字の読みがなを書きましょう。（一つ2点）

①
スペイン語の通訳。
おくれた訳を話す。

②
紅茶に砂《さ》糖《とう》を入れる。
母の口紅。

③
高価な宝石。
宝物をかくす。

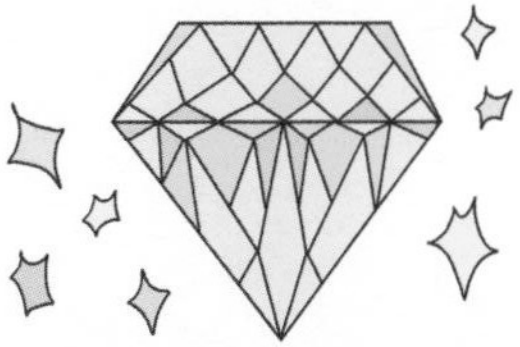

④
養★蚕業《ぎょう》がさかんな町。
蚕のまゆ。

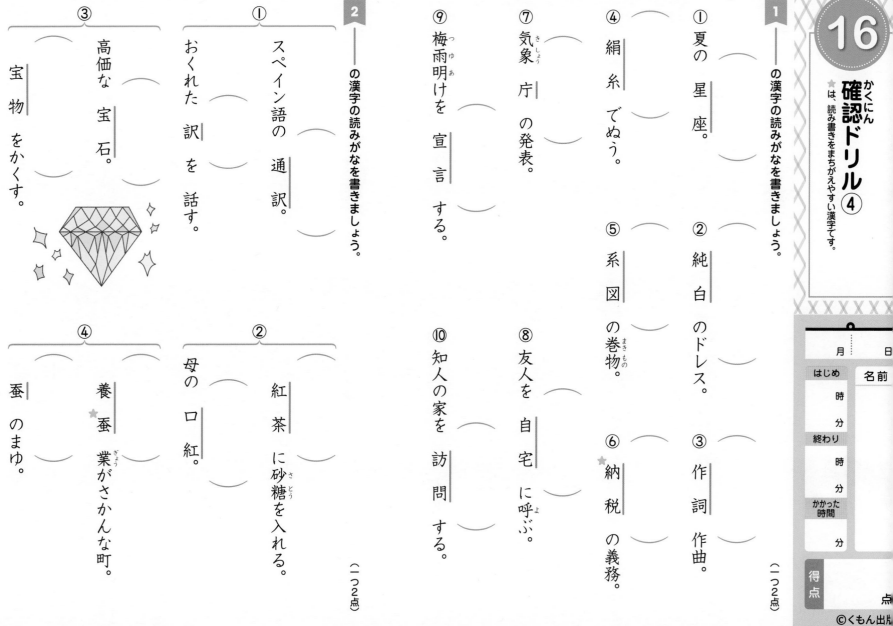

3 □に漢字を書きましょう。（一つ4点）

① 太陽《たいよう》□《けい》の星。

② □《きぬ》のドレスを着る。

③ □《かいこ》を育てる。

④ 言《い》い□《わけ》をする。

⑤ □□《じゅうたく》が集まる。

⑥ □□《こうちゃ》を飲む。

⑦ □□《けんちょう》をおとずれる。

⑧ 水分を□□《きゅうしゅう》する。

⑨ □□《たんじゅん》な作業。

⑩ □□《かし》に曲をつける。

⑪ 商品を□□《せんでん》する。

⑫ 前の□□《ざせき》にすわる。

⑬ 親類の家を□□《ほうもん》する。

4 ――のことばを漢字と送りがなで書きましょう。（一つ4点）

① 月謝をおさめる。 □

② 勝利をおさめる。 □

③ おじをたずねる。 □

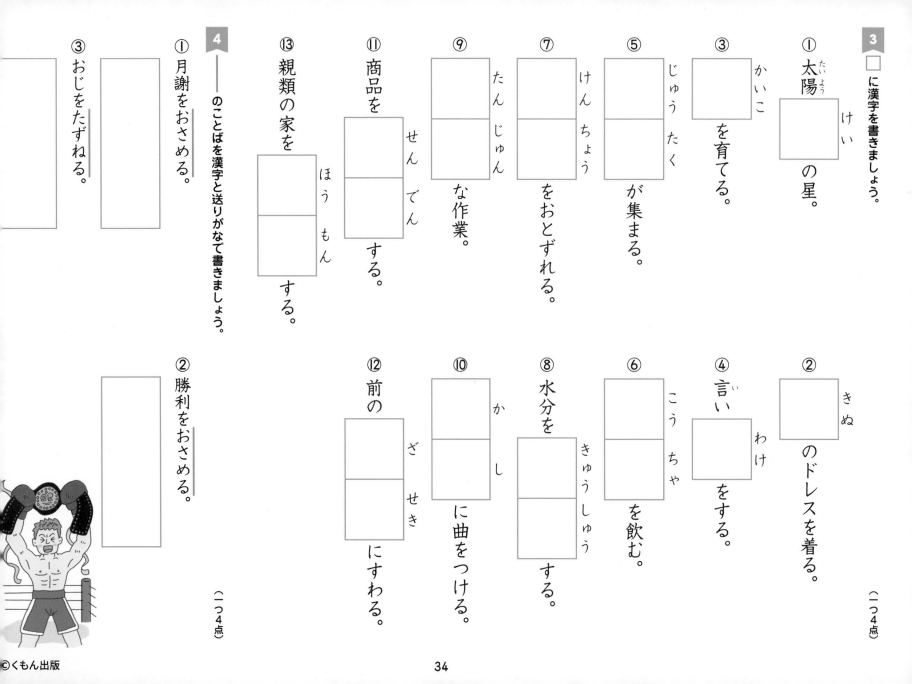

17 舌・背・胃・腸

★は、読み書きをまちがえやすい漢字です。

月　日

はじめ	時　分
終わり	時　分
かかった時間	分

名前

得点　点

1

① でなぞりましょう。

舌

② 「舌」を書きましょう。

部首	画数
舌	6画

読み方：（ゼツ）　した

意味：・口の中にある、した　・ことば

③ □に「舌」を書きましょう。

した□つづみ。（おいしい物を食べてしたを鳴らすこと）

した□を巻《ま》く。（とても感心したり、ひどくおどろいたりする）

（1～4は全部書いて20点）

2

① でなぞりましょう。

背

② 「背」を書きましょう。

部首	画数
月	9画

読み方：ハイ　せ・せい　（そむく）（そむける）

意味：・せなか　・身長　・うら側や後ろ

③ □に「背」を書きましょう。

はい□景《けい》。

はい□後《ご》に回る。

せ□中《なか》をかく。

★せい□比《くら》べをする。

3

① でなぞりましょう。

胃

② 「胃」を書きましょう。

部首	画数
月	9画

読み方：イ　―

意味：・いぶくろ

③ □に「胃」を書きましょう。

い□ぶくろ。

い□薬《ぐすり》。

4

① でなぞりましょう。

腸

② 「腸」を書きましょう。

部首	画数
月	13画

読み方：チョウ　―

意味：・ちょう

③ □に「腸」を書きましょう。

胃《い》ちょう□。

大《だい》ちょう□。

小《しょう》ちょう□。ちょう□の具合を調べる。

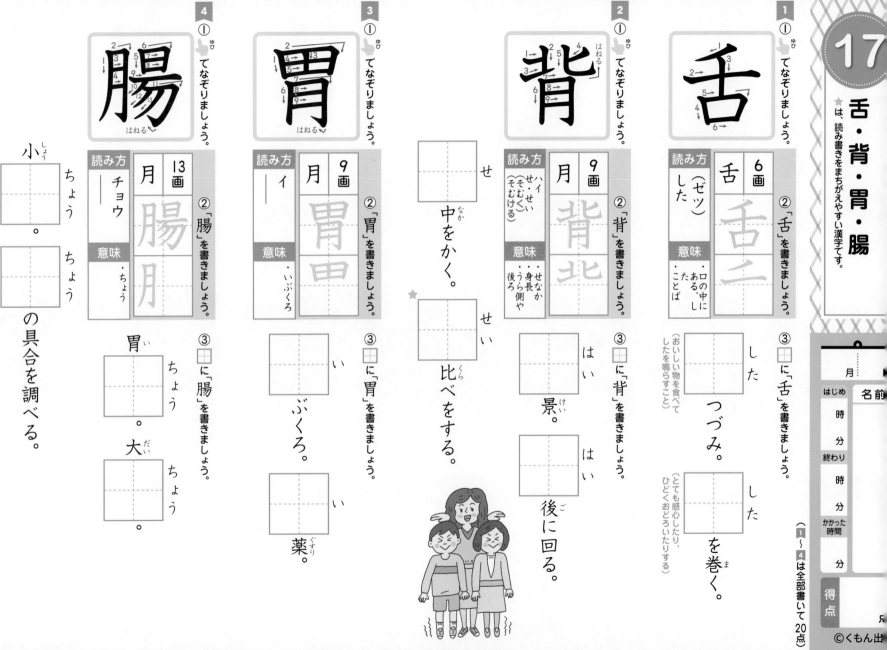

5 ——の漢字の読みがなを書きましょう。（一つ4点）

① 手品ショーに舌を巻《ま》く。（　）

② 胃薬を飲む。（　）

③ 父の広い背中。（　）

④ 大腸は消化器官《しょうかきかん》だ。（　）

⑤ 和食に舌つづみを打つ。（　）

⑥ 物語の背景。（　）

⑦ 胃腸の検査。（　）

⑧ 弟と★背比《くら》べをする。（　）

⑨ 胃ぶくろを満たす。（　）

⑩ 背後に本だなを置く。（　）

6 □に漢字を書きましょう。（一つ4点）

① □□《いちょう》の具合。

② 姉と★□《せい》比《くら》べをする。

③ 大□《だいちょう》を検査する。

④ ピアノの演奏《えんそう》に□《した》を巻《ま》く。

⑤ □薬《いぐすり》を買う。

⑥ 広い□中《せなか》。

⑦ 食事で□《い》ぶくろが満たされる。

⑧ 絵の□景《はいけい》をえがく。

⑨ 料理に□《した》つづみを打つ。

⑩ □後《はいご》に気をつける。

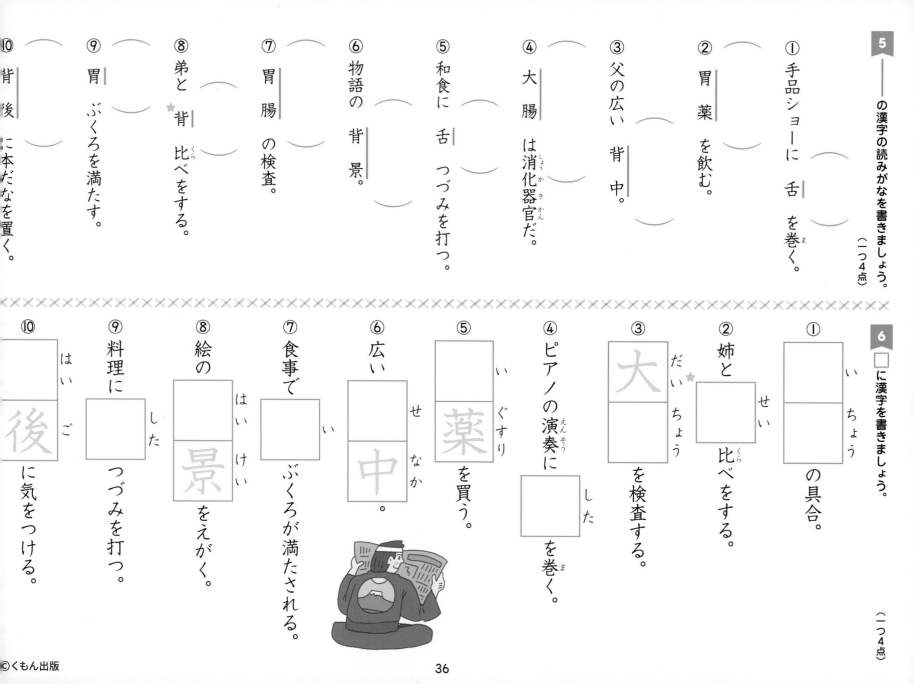

18 肺・脳・胸・腹

★は、読み書きをまちがえやすい漢字です。

月　日

はじめ	時　分
終わり	時　分
かかった時間	分

名前

得点　点

（1〜4は全部書いて20点）

1

① ゆび でなぞりましょう。

肺（はねる）

② 「肺」を書きましょう。

画数	部首	読み方	意味
9画	月	ハイ —	・はい

③ □に「肺」を書きましょう。

□《はい》で呼吸《こきゅう》する。

□《はい》活量《かつりょう》。

（息をできるだけすいこんではいた空気の量）

2

① ゆび でなぞりましょう。

脳

② 「脳」を書きましょう。

画数	部首	読み方	意味
11画	月	ノウ —	・のう ・頭のはたらき ・中心となる人物

③ □に「脳」を書きましょう。

頭《ず》□《のう》。

各国の首《しゅ》□《のう》。

（各国の政府などで中心となる人）

3

① ゆび でなぞりましょう。

胸（はねる）

② 「胸」を書きましょう。

画数	部首	読み方	意味
10画	月	キョウ むね （むな）	・むね ・心、気持ち

③ □に「胸」を書きましょう。

□《きょう》囲《い》を測る。

□《きょう》中《ちゅう》を話す。

□《むね》をたたく。

□《むね》が高鳴る。

4

① ゆび でなぞりましょう。

腹

② 「腹」を書きましょう。

画数	部首	読み方	意味
13画	月	フク はら	・おなか ・心の中 ・ものの中ほど

③ □に「腹」を書きましょう。

★山の中《ちゅう》□《ふく》。

★空《くう》□《ふく》になる。

（山のちょう上とふもとの間）

□《はら》が立《た》つ。

□《はら》を割《わ》って話す。

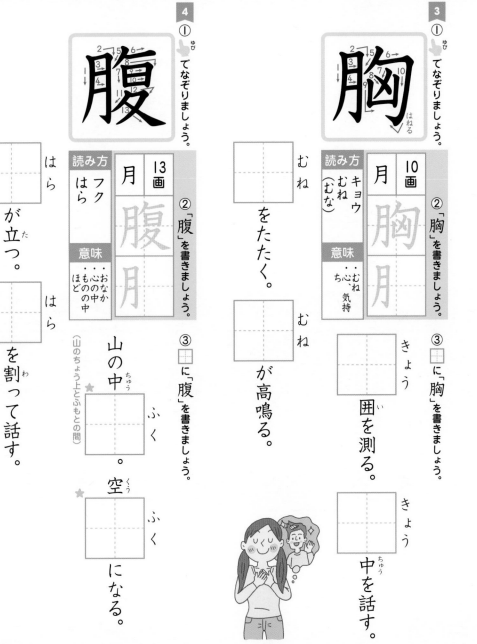

5 ―の漢字の読みがなを書きましょう。（一つ4点）

① 腹の底から笑う。（　　）

② 肺の機能。（　　）

③ 胸が高鳴る。（　　）

④ ★空腹を感じる。（　　）

⑤ 各国の首脳。（　　）

⑥ 胸囲を測る。（　　）

⑦ 肺活量を測定する。（　　）

⑧ すぐれた頭脳。（　　）

⑨ 山の★中腹。（　　）

⑩ 腹を割《わ》って話す。（　　）

6 □に漢字を書きましょう。（一つ4点）

① □《はら》をおさえる。

② □《はい》で呼吸《こきゅう》する。

③ 友と□《はら》を割《わ》って話す。

④ 各国の首《しゅ》□《のう》。

⑤ □《きょう》囲《い》を測る。

⑥ ★山の中《ちゅう》□《ふく》。

⑦ □《むね》がときめく。

⑧ □《はい》活《かつ》量《りょう》を調べる。

⑨ 人間の頭《ず》□《のう》。

⑩ 空《くう》□《ふく》を満たす。

19 批・拡・担・拝・捨

月　日

名前

はじめ　時　分

終わり　時　分

かかった時間　分

得点

(1～5は全部書いて20点)

1

① ゆびでなぞりましょう。

批

はねる　おる　まげる　はねる

② 「批」を書きましょう。

7画	扌

読み方：ヒ　—

意味：・よい悪いを明らかにする

③ □に「批」を書きましょう。

作品の□《ひ》評《ひょう》。

□《ひ》判《はん》する。

2

① ゆびでなぞりましょう。

拡

おる

② 「拡」を書きましょう。

8画	扌

読み方：カク　—

意味：・広げる

③ □に「拡」を書きましょう。

□《かく》大《だい》コピー。

□《かく》張《ちょう》工事。

3

① ゆびでなぞりましょう。

担

はなす

② 「担」を書きましょう。

8画	扌

読み方：タン　(かつぐ)(になう)

意味：・役目として引き受ける

③ □に「担」を書きましょう。

係の□《たん》当《とう》。

役《やく》割《わり》分《ぶん》□《たん》。

4

① ゆびでなぞりましょう。

拝

横ぼう4本

② 「拝」を書きましょう。

8画	扌

読み方：ハイ　おがむ

意味：・おがむ　・うやまうことば

③ □に「拝」を書きましょう。

絵を□《はい》見《けん》する。

□《おが》む。

5

① ゆびでなぞりましょう。

捨

長く

② 「捨」を書きましょう。

11画	扌

読み方：シャ　すてる

意味：・いらないものとして投げ出す

③ □に「捨」を書きましょう。

取《しゅ》□《しゃ》選《せん》たく。

(よいものを取り入れ、悪いものをすてること)

四《し》□《しゃ》五《ご》入《にゅう》。

ごみを□《す》てる。

ぬぎ□《す》てられたくつ。

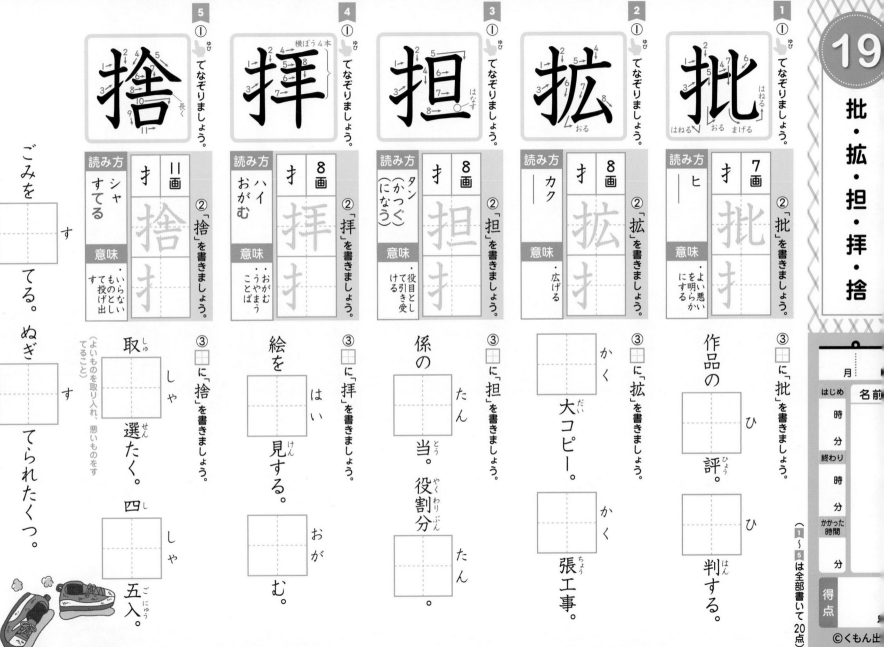

6 ——の漢字の読みがなを書きましょう。（一つ4点）

① 図書係を担当する。（　　）
② 空きかんを捨てる。（　　）
③ 作品を批評する。（　　）
④ 四捨五入《ごにゅう》する。（　　）
⑤ 写真を拡大する。（　　）
⑥ 仏像を拝む。（　　）
⑦ 写真を拝見する。（　　）
⑧ 批判的《てき》な考え。（　　）
⑨ 道路を拡張する。（　　）
⑩ 仕事を分担する。（　　）

7 □に漢字を、（　）に送りがなを書きましょう。（一つ4点）

① 手紙を□見《はいけん》する。
② 役割《やくわり》を分□《ぶんたん》する。
③ 地図を□大《かくだい》する。
④ 服をぬぎ□（てる）《すてる》。
⑤ 絵画の□評《ひひょう》。
⑥ 四□《ししゃ》五入《ごにゅう》する。
⑦ □張《かくちょう》工事が始まる。
⑧ □当《たんとう》を決める。
⑨ 作品を□判《ひはん》する。
⑩ 初日の出を□（む）《おがむ》。

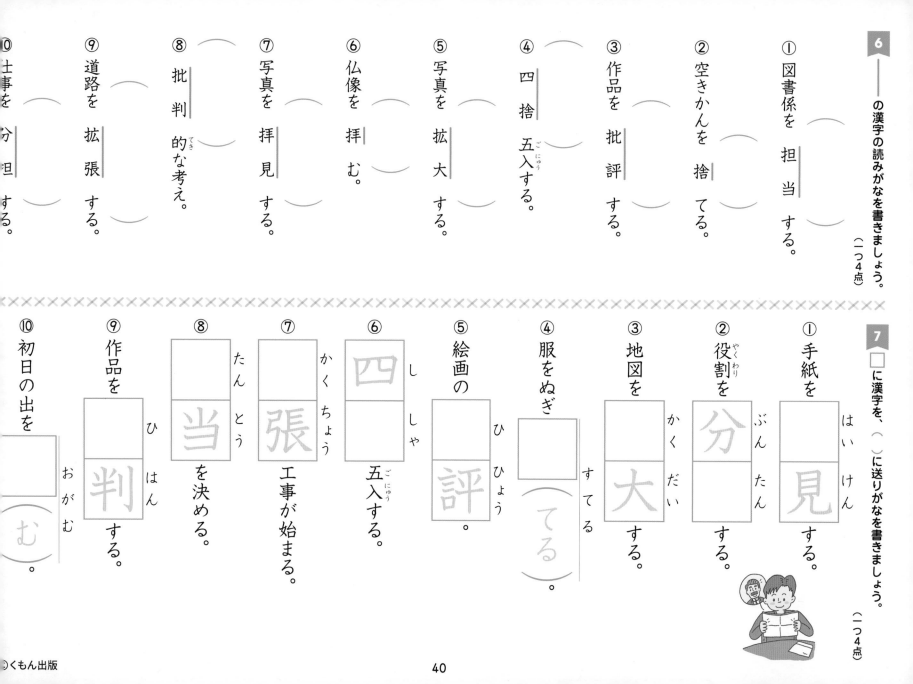

20 確認《かくにん》ドリル⑤

★は、読み書きをまちがえやすい漢字です。

月　日

名前

はじめ　時　分

終わり　時　分

かかった時間　分

得点　点

1 ―の漢字の読みがなを書きましょう。（一つ2点）

① 舌つづみを打つ。

② 胃薬を飲む。

③ 大腸の検査。

④ 仏像を拝む。

⑤ 映画《えいが》の批評。

⑥ 拝見する。

⑦ 肺呼吸《こきゅう》をする。

⑧ すぐれた頭脳。

⑨ 道路を拡張する工事。

⑩ 分担して荷物を運ぶ。

2 ―の漢字の読みがなを書きましょう。（一つ2点）

①
胸がどきどきする。
胸囲を測定する。

②
背中を向ける。
物語の背景。

③
不要な物を捨てる。
取捨選《せん》たくする。

④
山の中★腹で休む。
腹がへる。

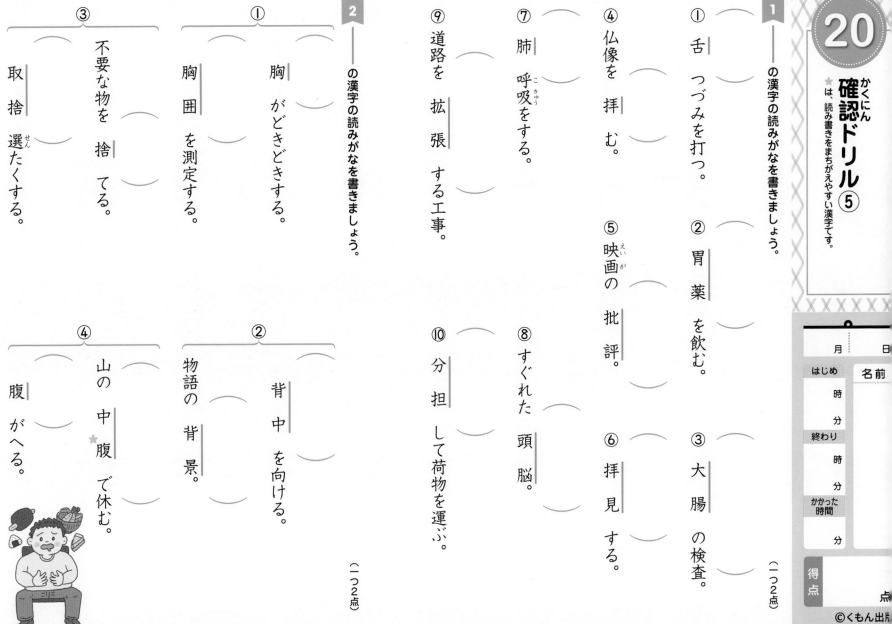

3 □に漢字を書きましょう。

（一つ4点）

① □□《ずのう》的《てき》なプレー。

② 兄と★□《せい》比《くら》べをする。

③ □《い》ぶくろを満たす。

④ □《はら》を割《わ》って話す。

⑤ 記事を□□《ひはん》する。

⑥ □□《だいちょう》の調子。

⑦ □□《きょうい》を測る。

⑧ □□《ししゃ》五《ご》入《にゅう》する。

⑨ □《した》を巻《ま》く。

⑩ 飼育係を□□《たんとう》する。

⑪ □□□《はいかつりょう》を測る。

⑫ 事業を□□《かくだい》する。

⑬ □《むね》をはずませる。

⑭ 山の★□□《ちゅうふく》。

4 ——のことばを漢字と送りがなで書きましょう。

（一つ4点）

① 手を合わせて<u>おがむ</u>。□

② 必要のない物を<u>すてる</u>。□

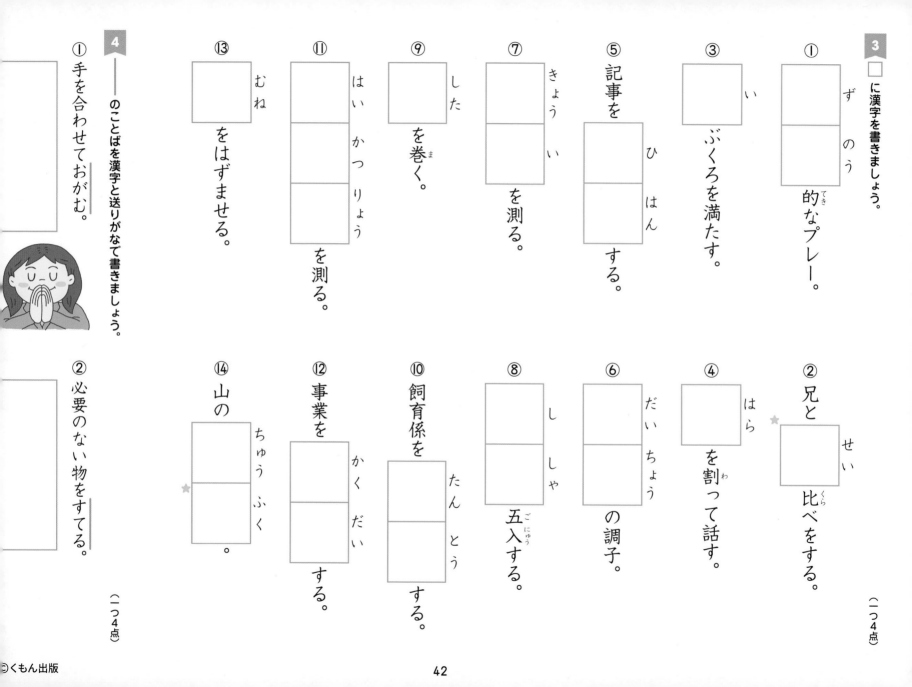

21 存・孝・宗・派・党

月　日
はじめ　時　分
終わり　時　分
かかった時間　分
名前
得点
（1～5は全部書いて20点）

1

① ゆび でなぞりましょう。

存（少し出す）

読み方	子	6画
ソン ゾン		
意味		
・ある ・生きている ・保つ		

② 「存」を書きましょう。

③ □に「存」を書きましょう。

大切な□《そん》在《ざい》。□《そん》続《ぞく》する。

思《おも》う□《ぞん》分《ぶん》遊ぶ。保《ほ》□《ぞん》食《しょく》。

2

① ゆび でなぞりましょう。

孝（出す）

読み方	子	7画
コウ		
意味		
・父母を大切にすること		

② 「孝」を書きましょう。

③ □に「孝」を書きましょう。

親《おや》□《こう》行《こう》。親《おや》不《ふ》□《こう》。

3

① ゆび でなぞりましょう。

宗（長く）

読み方	宀	8画
シュウ （ソウ）		
意味		
・神や仏の教え		

② 「宗」を書きましょう。

③ □に「宗」を書きましょう。

□《しゅう》教《きょう》。仏教の□《しゅう》派《は》。

4

① ゆび でなぞりましょう。

派（はねない）

読み方	氵	9画
ハ		
意味		
・分かれ出る ・さしむける		

② 「派」を書きましょう。

③ □に「派」を書きましょう。

立《りっ》□《ぱ》な家。おどりの流《りゅう》□《は》。

5

① ゆび でなぞりましょう。

党（はねる）

読み方	小	10画
トウ		
意味		
・仲間 ・同じ考えをもつ政治家集団		

② 「党」を書きましょう。

③ □に「党」を書きましょう。

政《せい》□《とう》。□《とう》□《とう》派《は》に分かれる。

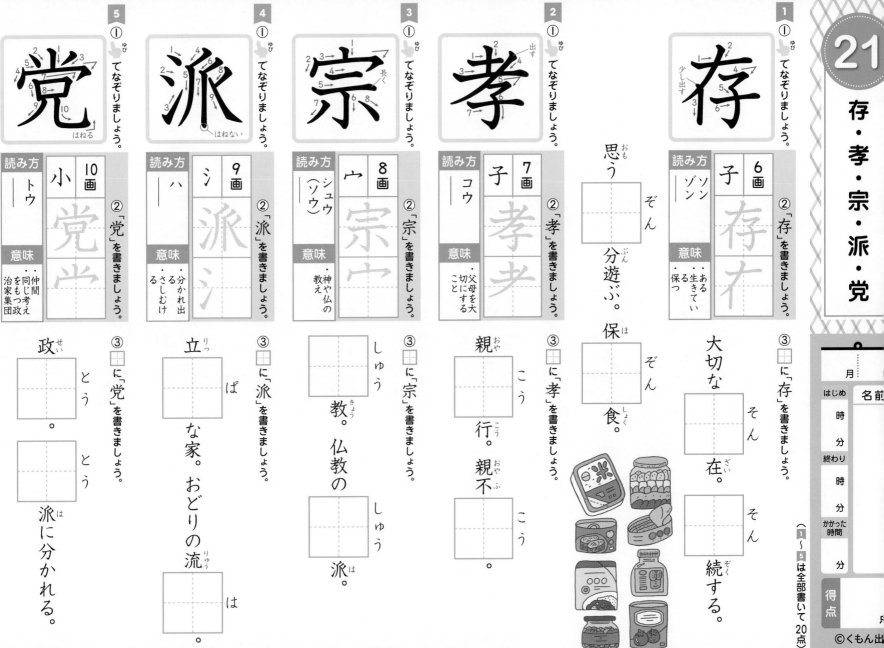

6 ——の漢字の読みがなを書きましょう。（一つ4点）

① 親《おや》孝行なむすこ。

② 長く保存する。

③ 茶《さ》道《どう》の流派。

④ 政党政治を行う。

⑤ 親《おや》不孝な人。

⑥ きょうりゅうの存在。

⑦ 世界の三大宗教。

⑧ 立派な行いをする。

⑨ キリスト教の宗派。

⑩ 党派に分かれる。

7 □に漢字を書きましょう。（一つ4点）

① □教《しゅうきょう》の行事。

② 親《おや》不□《ふこう》になる行動。

③ 問題が□在《そんざい》する。

④ 立□《りっぱ》な態度。

⑤ 親《おや》□行《こうこう》な行い。

⑥ 二つの□□《とうは》。

⑦ 食べ物を保□《ほぞん》する。

⑧ 仏教の□□《しゅうは》。

⑨ 政□《せいとう》を結成する。

⑩ おどりの流□《りゅうは》。

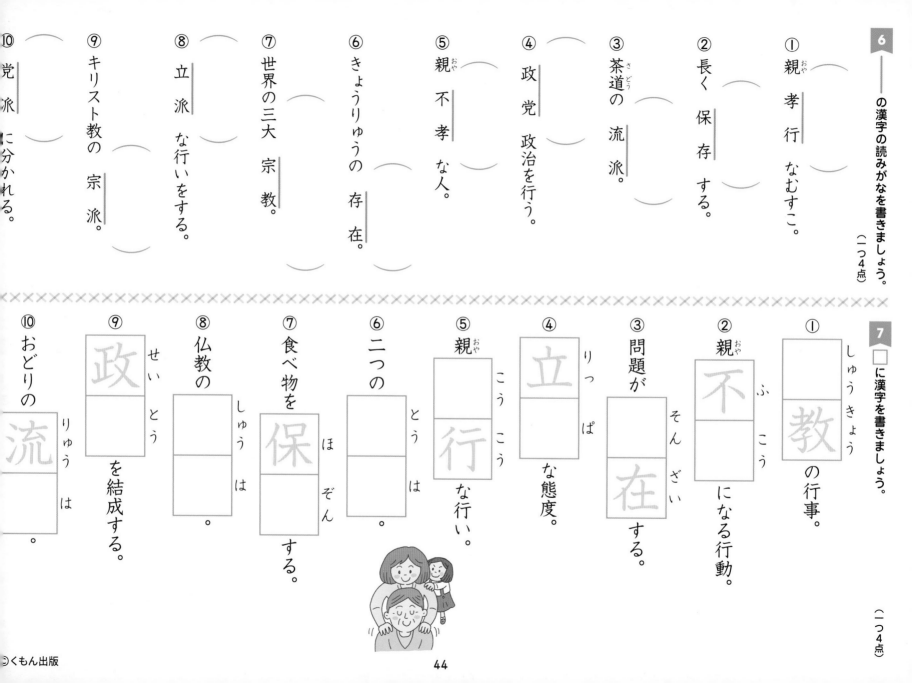

22 穴・窓・延・誕・聖

★は、読み書きをまちがえやすい漢字です。

月	日
はじめ	時 分
終わり	時 分
かかった時間	分

名前

得点

（1～5は全部書いて20点）

1

① ゆびでなぞりましょう。

穴（はらう）

②「穴」を書きましょう。

5画	穴

読み方：（ケツ）　あな

意味：・地面にできたくぼみ

③□に「穴」を書きましょう。

あな□をあける。

ほらあな□。

2

① ゆびでなぞりましょう。

窓

②「窓」を書きましょう。

11画	穴

読み方：ソウ　まど

意味：・まど　・まどのある部屋　・勉強する所

③□に「窓」を書きましょう。

★同《どう》そう□会《かい》を開く。

まど□辺《べ》。

3

① ゆびでなぞりましょう。

延（出す）

②「延」を書きましょう。

8画	廴

読み方：エン　のびる　のべる　のばす

意味：・長くする　・期間を長びかせる　・のべ

③□に「延」を書きましょう。

えん□長戦《ちょうせん》。

★の□べ三百人。

★予定が□のびる。

★出発を□のばす。

4

① ゆびでなぞりましょう。

誕

②「誕」を書きましょう。

15画	言

読み方：タン

意味：・生まれる

③□に「誕」を書きましょう。

たん□生日《じょうび》。

生《せい》たん□。

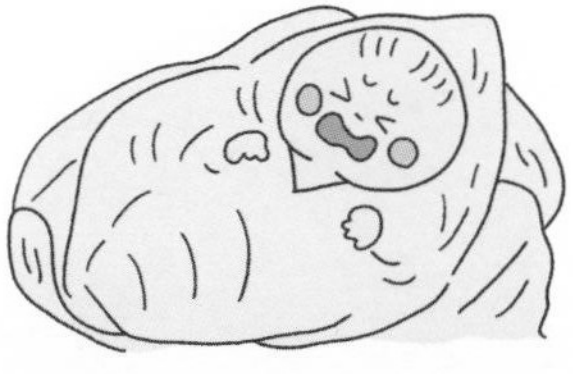

5

① ゆびでなぞりましょう。

聖（長く）

②「聖」を書きましょう。

13画	耳

読み方：セイ

意味：・けがれのない　・神に関すること

③□に「聖」を書きましょう。

せい□書《しょ》の言葉。

せい□火台《かだい》。

6 ―の漢字の読みがなを書きましょう。（一つ4点）

① 期間を延長する。

② 窓辺にすわる。

③ ほら穴で過ごす。

④ オリンピックの聖火。

⑤ 服に穴があく。

⑥ 弟の誕生日。

⑦ 同窓会の名簿《めいぼ》。

⑧ 聖書の一節。

⑨ 会期が延びる。

⑩ バッハ生誕の地。

7 □に漢字を、（　）に送りがなを書きましょう。（一つ4点）

① □書《せいしょ》の教え。

② □長《えんちょう》戦《せん》に入る。

③ 生□《せいたん》百年を祝う。

④ 同□会《どうそうかい》に参加する。

⑤ ボールに□《あな》があく。

⑥ 予定が□（びる）《のびる》。

⑦ ほら□《あな》を探検《たんけん》する。

⑧ 友達《ともだち》の□生日《たんじょうび》。

⑨ □辺《まどべ》から外をながめる。

⑩ □火《せいか》リレーのランナー。

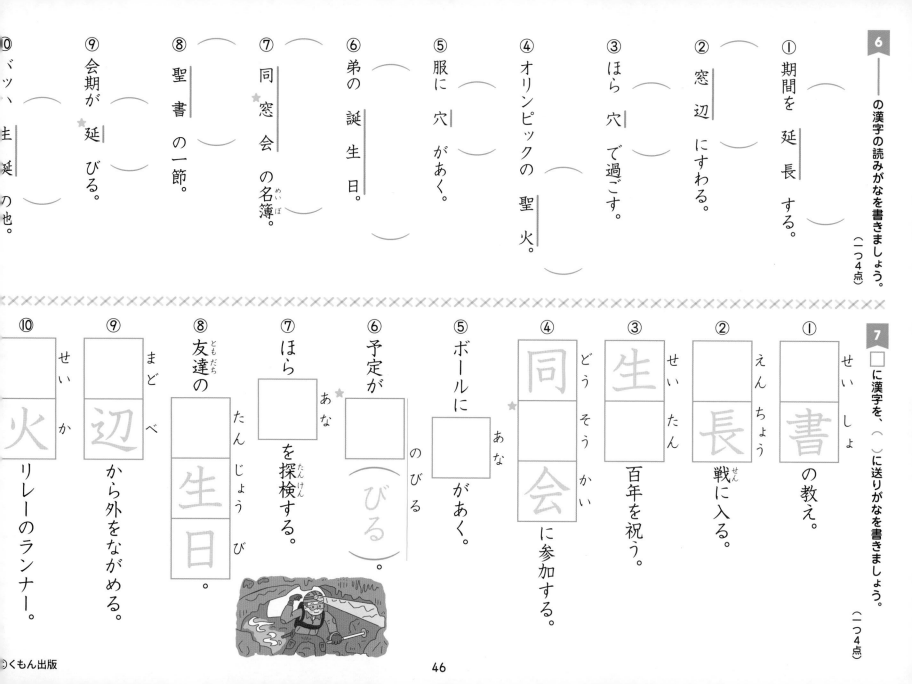

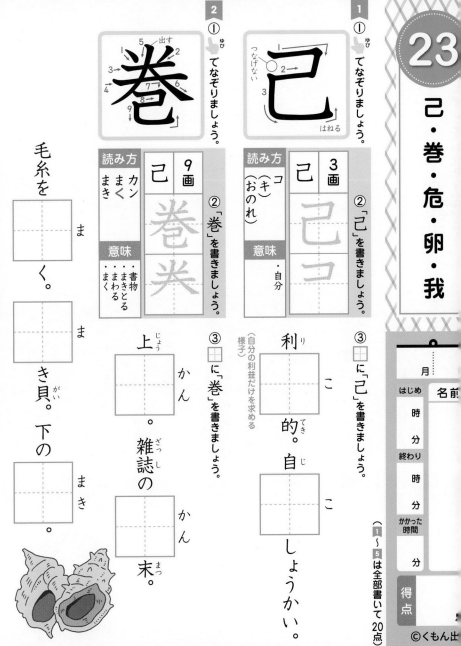

23 己・巻・危・卵・我

月　日
はじめ　時　分
終わり　時　分
かかった時間　分
名前
得点

（1～5は全部書いて20点）

1

① ゆび でなぞりましょう。
（己　つなげない　はねる）

読み方	3画	己
コ (キ) (おのれ)		
意味：・自分		

② 「己」を書きましょう。

③ □に「己」を書きましょう。

利《り》[こ]的《てき》。（自分の利益だけを求める様子）

自《じ》[こ]しょうかい。

2

① ゆび でなぞりましょう。
（巻　出す）

読み方	9画	己
カン まく まき		
意味：・書物 ・まきとる ・まわる ・まく		

② 「巻」を書きましょう。

③ □に「巻」を書きましょう。

上《じょう》[かん]。雑誌《ざっし》の[かん]末《まつ》。

毛糸を[ま]く。[ま]き貝《がい》。下の[まき]。

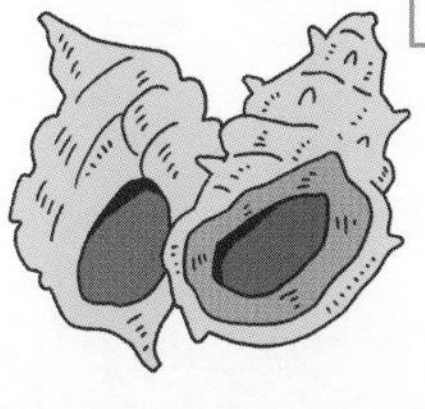

3

① ゆび でなぞりましょう。
（危）

読み方	6画	卩
キ あぶ(ない) あや(うい) あや(ぶむ)		
意味：・あぶない ・不安に思う		

② 「危」を書きましょう。

③ □に「危」を書きましょう。

[き]険《けん》防止。

[あぶ]ない道路。

4

① ゆび でなぞりましょう。
（卵　はなす）

読み方	7画	卩
(ラン) たまご		
意味：・たまご ・一人前でない人のこと		

② 「卵」を書きましょう。

③ □に「卵」を書きましょう。

[たまご]を産む。

医者の[たまご]。（医者になるために勉強中の人）

5

① ゆび でなぞりましょう。
（我　わすれずに）

読み方	7画	戈
(ガ) われ (わ)		
意味：・自分自身 ・自分中心の考え		

② 「我」を書きましょう。

③ □に「我」を書きましょう。

[われ]に返る。（はっと気がつく）

[われ]を忘《わす》れる。（物事に夢中になる）

6 ――の漢字の読みがなを書きましょう。（一つ4点）

① 役者の卵。（　）

② 自己しょうかい。（　）

③ 我を忘《わす》れる。（　）

④ 舌《した》を巻く。（　）

⑤ 危ない道をさける。（　）

⑥ 上の巻を読む。（　）
注意 ここでは「かん」ではない読み方で書く。

⑦ 利己的な態度。（　）

⑧ 本の上巻。（　）

⑨ にわとりが卵を産む。（　）

⑩ 危険を防止する。（　）

7 □に漢字を、（　）に送りがなを書きましょう。（一つ4点）

① 物語の下□《げかん》を読む。

② □険《きけん》を感じる。

③ 利□的《りこてき》な考え。

④ □《われ》を忘《わす》れて走る。

⑤ 自□《じこ》の責任。

⑥ ゆで□《たまご》を食べる。

⑦ 毛糸を□《ま》く。

⑧ □（ない）《あぶない》ところで助かる。

⑨ 医者の□《たまご》が通う学校。

⑩ 下の□《まき》を読む。

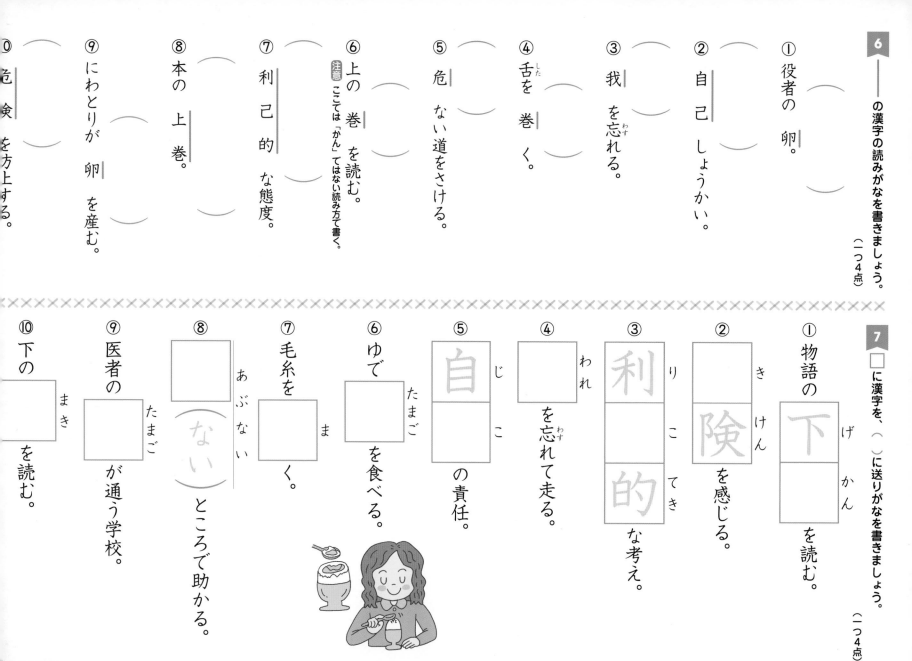

24 確認《かくにん》ドリル⑥

★は、読み書きをまちがえやすい漢字です。

月　日

名前

はじめ　時　分

終わり　時　分

かかった時間　分

得点　点

1 ――の漢字の読みがなを書きましょう。（一つ2点）

① 親《おや》孝行する。

② 聖書を読む。

③ 政党政治。

④ 医者の卵。

⑤ ほら穴に住む。

⑥ 我に返る。

⑦ 誕生日を祝う。

⑧ 自己しょうかい。

⑨ 茶道《さどう》のいろいろな流派。

⑩ 世界の三大宗教。

2 ――の漢字の読みがなを書きましょう。（一つ2点）

①
部屋《へや》の窓辺にすわる。
★同窓会に参加する。

②
なくてはならない存在。
保存食《しょく》を用意する。

③
毛糸を巻く。
小説の上巻を読む。

④
試合時間が★延びる。
延長戦《せん》に入る。

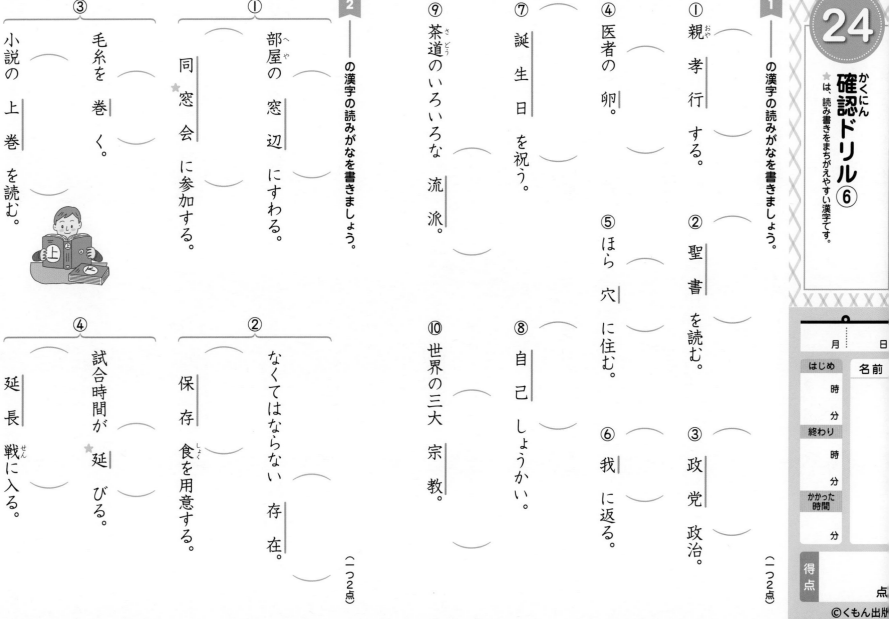

3 □に漢字を書きましょう。（一つ4点）

① キリスト教の□□《しゅうは》。

② 伝統行事を□□《そんぞく》させる。

③ □□《とうは》に分かれる。

④ □□□《りこてき》な態度。

⑤ スコップで□《あな》をほる。

⑥ □□《せいか》台《だい》のほのお。

⑦ 新市長の□□《たんじょう》。

⑧ □□《かんまつ》ページを読む。

⑨ □《たまご》料理《りょうり》を作る。

⑩ □《われ》々《われ》の立場。

★⑪ □《の》べ二百人が集まる。

⑫ 上の□《まき》を読む。

⑬ □□《りっぱ》な建物。

⑭ 思《おも》う□□《ぞんぶん》遊ぶ。

4 ――のことばを漢字と送りがなで書きましょう。（一つ4点）

① あぶない橋をわたる。 □

★② じゅ命《みょう》がのびる。 □

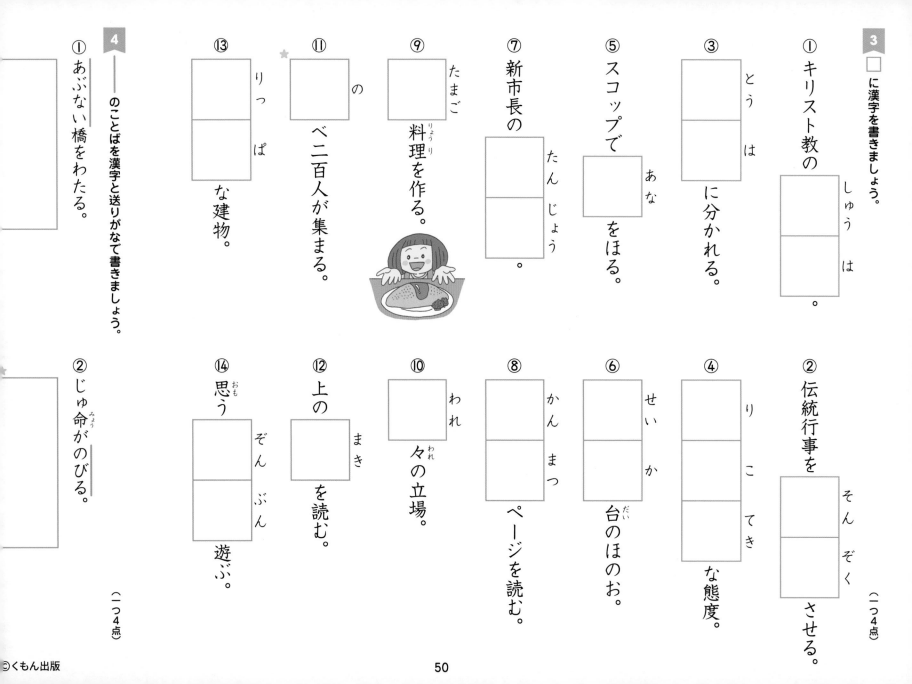

25 秘・密・筋・策・簡

1
① ゆびでなぞりましょう。

秘 はねる

② 「秘」を書きましょう。

読み方	禾	10画
ヒ (ひめる)		

意味
・かくす
・はかりしれない

③ □に「秘」を書きましょう。

□《ひ》密《みつ》を守る。生命の神《しん》□《ぴ》。

2
① ゆびでなぞりましょう。

密 はねる

② 「密」を書きましょう。

読み方	宀	11画
ミツ		

意味
・ひそか
・細かい
・ぎっしりつまる

③ □に「密」を書きましょう。

人口□《みつ》度《ど》。精《せい》□《みつ》機械。

(一定の広さの土地に住む人の数のわりあい)

3
① ゆびでなぞりましょう。

筋 はねる はねる

② 「筋」を書きましょう。

読み方	⺮	12画
キン すじ		

意味
・体のすじ
・細長いもの
・ものごとのすじ

③ □に「筋」を書きましょう。

うでの□《きん》肉《にく》。鉄《てつ》□《きん》のビル。

□《すじ》道《みち》を立てる。ひと□《すじ》のなみだ。

4
① ゆびでなぞりましょう。

策 はねる

② 「策」を書きましょう。

読み方	⺮	12画
サク		

意味
・はかりごと

③ □に「策」を書きましょう。

政府の政《せい》□《さく》。災害の対《たい》□《さく》。

5
① ゆびでなぞりましょう。

簡 はねる

② 「簡」を書きましょう。

読み方	⺮	18画
カン		

意味
・手軽な
・おおまか
・手紙

③ □に「簡」を書きましょう。

□《かん》単《たん》な問題。□《かん》潔《けつ》に話す。

(1～5は全部書いて20点)

月 日
名前
はじめ 時 分
終わり 時 分
かかった時間 分
得点 点

6 ――の漢字の読みがなを書きましょう。（一つ4点）

① うでの筋肉。（　　）
② 自然保護の対策。（　　）
③ 秘密の話をする。（　　）
④ 政策を発表する。（　　）
⑤ 簡単な問題。（　　）
⑥ 神秘的《てき》な光景。（　　）
⑦ 人口密度が高い。（　　）
⑧ 筋道を立てて考える。（　　）
⑨ 簡潔な答え。（　　）
⑩ 鉄筋コンクリート。（　　）

7 □に漢字を書きましょう。（一つ4点）

① □《すじ》道《みち》を立てて話す。
② □《ひ》□《みつ》を守る。
③ 鉄《てっ》□《きん》のビル。
④ 政府の政《せい》□《さく》。
⑤ □《かん》潔《けつ》な文章。
⑥ 足に□《きん》肉《にく》をつける。
⑦ □《みつ》度《ど》の高い練習をする。
⑧ 神《しん》□《ぴ》的《てき》なほほえみ。
⑨ □《かん》単《たん》な料理。
⑩ 災害の対《たい》□《さく》を立てる。

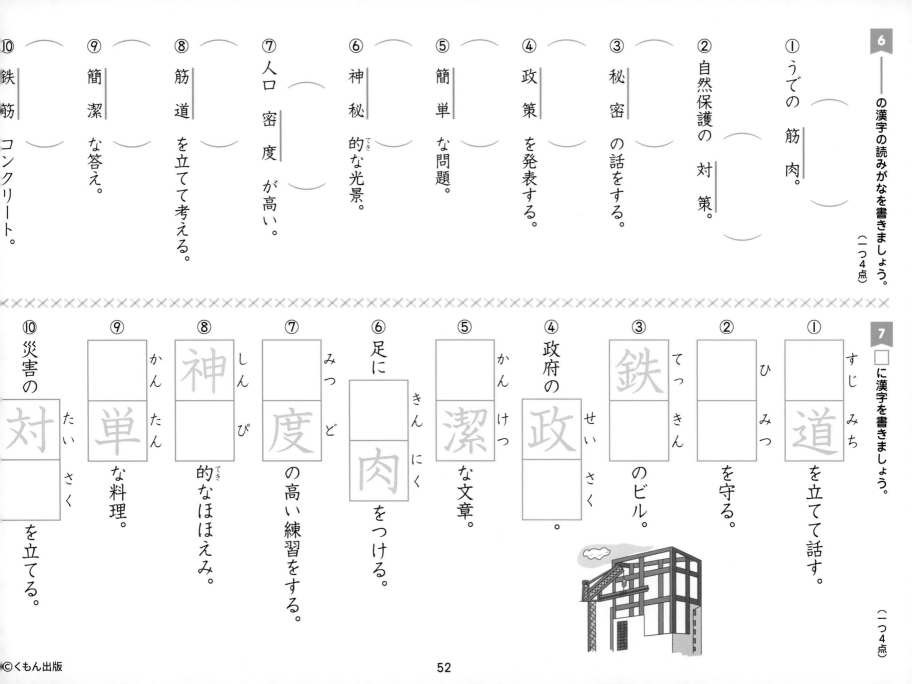

26 沿・洗・済・源・激

月　日　名前

はじめ　時　分
終わり　時　分
かかった時間　分
得点

(1～5は全部書いて20点)

1

① ゆび でなぞりましょう。

沿（はらう）

② 「沿」を書きましょう。

8画　氵

読み方：エン　そう

意味：・したがって続く　・そう

沿　氵

③ □に「沿」を書きましょう。

日本海《にほんかい》□《えん》岸《がん》。川に□《そ》う。

2

① ゆび でなぞりましょう。

洗（はねる）

② 「洗」を書きましょう。

9画　氵

読み方：セン　あらう

意味：・水などでよごれをのぞく

洗　氵

③ □に「洗」を書きましょう。

□《せん》面所《めんじょ》。顔を□《あら》う。

3

① ゆび でなぞりましょう。

済

② 「済」を書きましょう。

11画　氵

読み方：サイ　すむ　すます

意味：・ものごとを終わる　・助ける

済　氵

③ □に「済」を書きましょう。

難民《なんみん》の救《きゅう》□《さい》。日本の経《けい》□《ざい》。

食事が□《す》む。宿題を□《す》ます。

4

① ゆび でなぞりましょう。

源（はねる）

② 「源」を書きましょう。

13画　氵

読み方：ゲン　みなもと

意味：・川の水のもと　・ものごとの始まり

源　氵

③ □に「源」を書きましょう。

地球の資《し》□《げん》。生命の□《みなもと》。

5

① ゆび でなぞりましょう。

激（はねる）

② 「激」を書きましょう。

16画　氵

読み方：ゲキ　はげしい

意味：・勢いが強い　・心を強く動かす

激　氵

③ □に「激」を書きましょう。

感《かん》□《げき》のなみだ。□《はげ》しい雨。

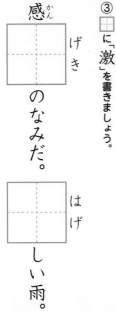

6 ――の漢字の読みがなを書きましょう。（一つ4点）

① きれいな洗面所。（　　　）
② 結末に感激する。（　　　）
③ 沿岸に工場が立《た》ち並《なら》ぶ。（　　　）
④ 資源を大切にする。（　　　）
⑤ 川に沿って歩く。（　　　）
⑥ 手を洗う。（　　　）
⑦ 激しい痛《いた》み。（　　　）
⑧ 仕事を済ます。（　　　）
⑨ 日本文化の源をさぐる。（　　　）
⑩ 経済に関する問題。（　　　）

7 □に漢字を、（　）に送りがなを書きましょう。（一つ4点）

① □（しい）雨。　はげしい
② 川に□う道。　そ
③ 地球の資□。　しげん
④ 顔を□（う）。　あらう
⑤ 宿題を□（ます）。　すます
⑥ 日本の経□。　けいざい
⑦ 太平洋の□岸。　えんがん
⑧ 感□のなみだ。　かんげき
⑨ 川の□をさぐる。　みなもと
⑩ □面所の鏡。　せんめんじょ

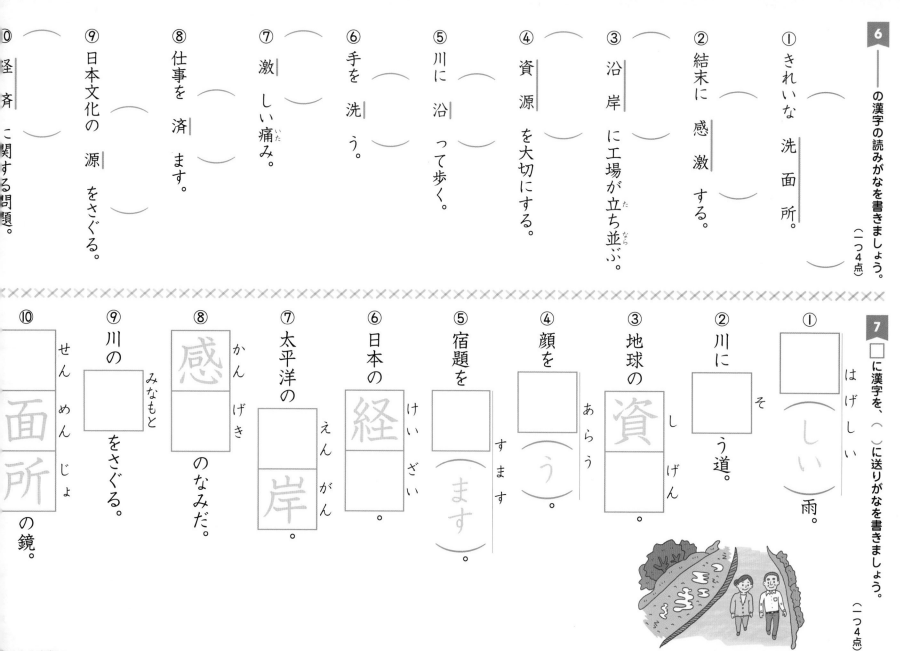

27 推・探・揮・操・縦

★は、読み書きをまちがえやすい漢字です。

月　日　名前

はじめ　時　分
終わり　時　分
かかった時間　分
得点　点

（1～5は全部書いて20点）

1

① 指《ゆび》でなぞりましょう。

推　はねる

② 「推」を書きましょう。

11画	扌
読み方	スイ（おす）
意味	・おし進める ・すすめる ・考えをめぐらす

③ □に「推」を書きましょう。

□《すい》測《そく》する。

□《すい》理《り》小説。

2

① 指《ゆび》でなぞりましょう。

探

② 「探」を書きましょう。

11画	扌
読み方	タン（さぐる） さがす
意味	・見つけようとする ・深く調べる

③ □に「探」を書きましょう。

南極□《たん》検《けん》。

仕事を□《さが》す。

3

① 指《ゆび》でなぞりましょう。

揮

② 「揮」を書きましょう。

12画	扌
読み方	キ ―
意味	・ふるう ・指図する

③ □に「揮」を書きましょう。

指《し》□《き》者《しゃ》。

実力を発《はっ》□《き》する。

4

① 指《ゆび》でなぞりましょう。

操

② 「操」を書きましょう。

16画	扌
読み方	ソウ（みさお）（あやつる）
意味	・手でうまく動かす

③ □に「操」を書きましょう。

体《たい》□《そう》する。

機械の□《そう》作《さ》。

5

① 指《ゆび》でなぞりましょう。

縦　はらう

② 「縦」を書きましょう。

16画	糸
読み方	ジュウ たて
意味	・上下の方向 ・思いどおりにする

③ □に「縦」を書きましょう。

★□《じゅう》横《おう》に走る。

★操《そう》□《じゅう》席《せき》。

□《たて》と横。

□《たて》書《が》きのノート。

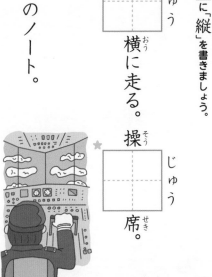

6 ――の漢字の読みがなを書きましょう。（一つ4点）

① 犯人を推理する。（　）
② 昔の宝物《たからもの》を探す。（　）（　）
③ 準備体操をする。（　）
④ 飛行機の操★縦席《せき》。（　）
⑤ 実力を発揮する。（　）
⑥ 極地を探検する。（　）
⑦ 楽団を指揮する。（　）
⑧ 縦と横に走る道。（　）
⑨ 敵の力を推測する。（　）
⑩ 操作方法を学ぶ。（　）

7 □に漢字を、（　）に送りがなを書きましょう。（一つ4点）

① 飛行機を□《そう》□《じゅう》する。
② 兄が仕事を★□（す）《さがす》。
③ □《すい》理《り》小説を読む。
④ オーケストラの指《し》□《き》者《しゃ》。
⑤ 毎朝体《たい》□《そう》をする。
⑥ ハンドルを□《そう》作《さ》する。
⑦ 気持ちを□《すい》測《そく》する。
⑧ □《たん》検《けん》隊《たい》に加わる。
⑨ □《たて》書《が》きのノート。
⑩ 実力を発《はっ》□《き》する。

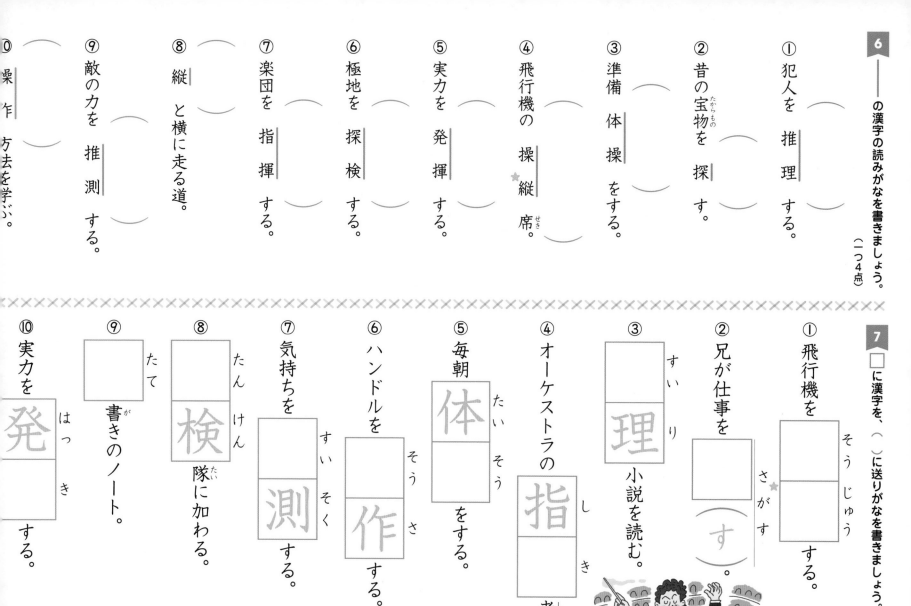

28

確認《かくにん》ドリル⑦

★は、読み書きをまちがえやすい漢字です。

月　日

はじめ　時　分

終わり　時　分

かかった時間　分

名前

得点　点

1 ——の漢字の読みがなを書きましょう。（一つ2点）

① 裏山《うらやま》を探検（　）する。

② 話の筋道（　）を立てる。

③ ラジオ体操（　）。

④ 縦書（　）きの本。

⑤ 推測（　）する。

⑥ 大自然の神秘（　）。

⑦ 外国人の指揮者（　）。

⑧ 洗面所（　）。

⑨ 災害対策（　）本部。

⑩ 人口密度（　）。

2 ——の漢字の読みがなを書きましょう。（一つ3点）

①
おくり物に感激（　）する。
激（　）しい風がふく。

②
日本の経済（　）を学ぶ。
宿題が済（　）む。

③
地下資源（　）が豊富だ。
川の源（　）をたどる。

④
湖の沿岸（　）。
予定表に沿（　）って進める。

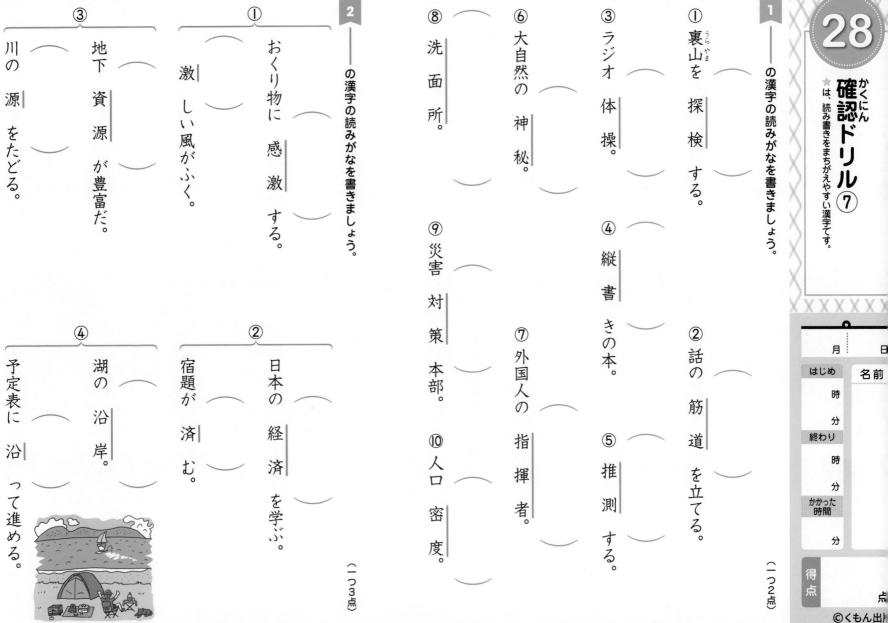

3 □に漢字を書きましょう。（一つ4点）

① 限りある□□《しげん》。

② □□《ひみつ》を守る。

③ 先に宿題を□《す》ませる。

④ 底力を□□《はっき》する。

⑤ □□《きんにく》をつける。

⑥ □□《かんけつ》にまとめる。

⑦ ★□□《そうじゅう》席《せき》に着く。

⑧ 事件を□□《すいり》する。

⑨ 外交□□《せいさく》。

⑩ 自動車の点検が□《す》む。

⑪ 線路に□《そ》って歩く。

4 ——のことばを漢字と送りがなで書きましょう。（一つ4点）

① 横なぐりの<u>はげしい</u>雨。 □

② よごれた手を<u>あらう</u>。 □

③ 課題の図書を<u>さがす</u>。 □

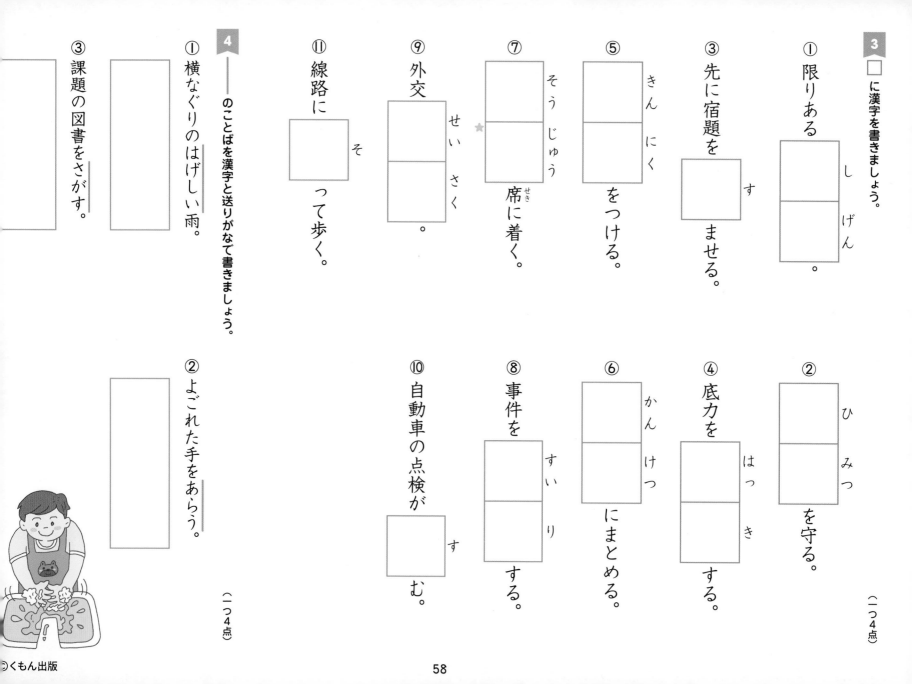

29 砂・糖・困・難・革

（1～5は全部書いて20点）

月　日

名前

はじめ　時　分

終わり　時　分

かかった時間　分

得点

1

① 指《ゆび》でなぞりましょう。

砂

② 「砂」を書きましょう。

石	9画

読み方：サ（シャ）すな

意味：・すな、細かいつぶ

③ □に「砂」を書きましょう。

□《さ》鉄《てつ》。

□《すな》場《ば》で遊ぶ。

2

① 指《ゆび》でなぞりましょう。

糖

② 「糖」を書きましょう。

米	16画

読み方：トウ　―

意味：・あまみのもとになる成分や食品

③ □に「糖」を書きましょう。

砂《さ》□《とう》。

□《とう》分《ぶん》をひかえる。

3

① 指《ゆび》でなぞりましょう。

困

② 「困」を書きましょう。

口	7画

読み方：コン　こまる

意味：・どうしてよいかわからずに苦しむ

③ □に「困」を書きましょう。

□《こん》難《なん》。

返事に□《こま》る。

4

① 指《ゆび》でなぞりましょう。

難

② 「難」を書きましょう。

隹	18画

読み方：ナン（かたい）むずかしい

意味：・かんたんにいかない　・わざわい　・なじる

③ □に「難」を書きましょう。

災《さい》□《なん》。

□《なん》問《もん》を解く。

□《むずか》しい本を読む。

優勝《ゆうしょう》は□《むずか》しい。

5

① 指《ゆび》でなぞりましょう。

革

② 「革」を書きましょう。

革	9画

読み方：カク（かわ）

意味：・革を加工したもの　・改める

③ □に「革」を書きましょう。

改《かい》□《かく》する。

□《かく》命《めい》的《てき》な技術。

6 ――の漢字の読みがなを書きましょう。（一つ4点）

①（　　）革命が起こる。

②（　　）難しい問題を解く。

③（　　）砂糖を加える。

④（　　）困った顔をする。

⑤ 公園の（　　）砂場。

⑥ 組織を（　　）改革する。

⑦（　　）災難にあう。

⑧（　　）糖分をひかえる。

⑨（　　）難問を解く。

⑩ 歩くのも（　　）困難な山道。

7 □に漢字を、（　）に送りがなを書きましょう。（一つ4点）

① □分《とうぶん》の多い果物《くだもの》。

② □問《なんもん》に立ち向かう。

③ □命《かくめい》的《てき》な技術。

④ 逆転は□（しい）《むずかしい》。

⑤ □□《さとう》を使った料理。

⑥ 返答に□（る）《こまる》。

⑦ 弟が□場《すなば》で遊ぶ。

⑧ 制度を改□《かいかく》する。

⑨ とんだ災□《さいなん》だ。

⑩ □□《こんなん》に打ち勝つ。

寸・専・射・将・賃

月　日

名前

はじめ　時　分

終わり　時　分

かかった時間　分

得点　点

（1～5は全部書いて20点）

1

① ゆびでなぞりましょう。

寸（はねる）

② 「寸」を書きましょう。

寸　3画

読み方：スン　―

意味：・物の長さの昔の単位　・長さ　・わずか

③ □に「寸」を書きましょう。

服の□《すん》法《ぽう》。発車□《すん》前《ぜん》。

2

① ゆびでなぞりましょう。

専（はねる）

② 「専」を書きましょう。

寸　9画

読み方：セン　（もっぱら）

意味：・そのことだけを行う　・ひとりじめにする

③ □に「専」を書きましょう。

□《せん》門《もん》家《か》。□《せん》用《よう》の道路。

3

① ゆびでなぞりましょう。

射（はねる）

② 「射」を書きましょう。

寸　10画

読み方：シャ　いる

意味：・矢を放つ　・光などを勢いよく出す

③ □に「射」を書きましょう。

光の反《はん》□《しゃ》。注《ちゅう》□《しゃ》をうつ。

的の中心を□《い》る。矢を□《い》る。

4

① ゆびでなぞりましょう。

将（はねる）

② 「将」を書きましょう。

寸　10画

読み方：ショウ　―

意味：・率いる人　・これからそうしようとする

③ □に「将」を書きましょう。

□《しょう》来《らい》の夢。幕府《ばくふ》の□《しょう》軍《ぐん》。

5

① ゆびでなぞりましょう。

賃

② 「賃」を書きましょう。

貝　13画

読み方：チン　―

意味：・はらうお金

③ □に「賃」を書きましょう。

仕事の□《ちん》金《ぎん》。家《や》□《ちん》。

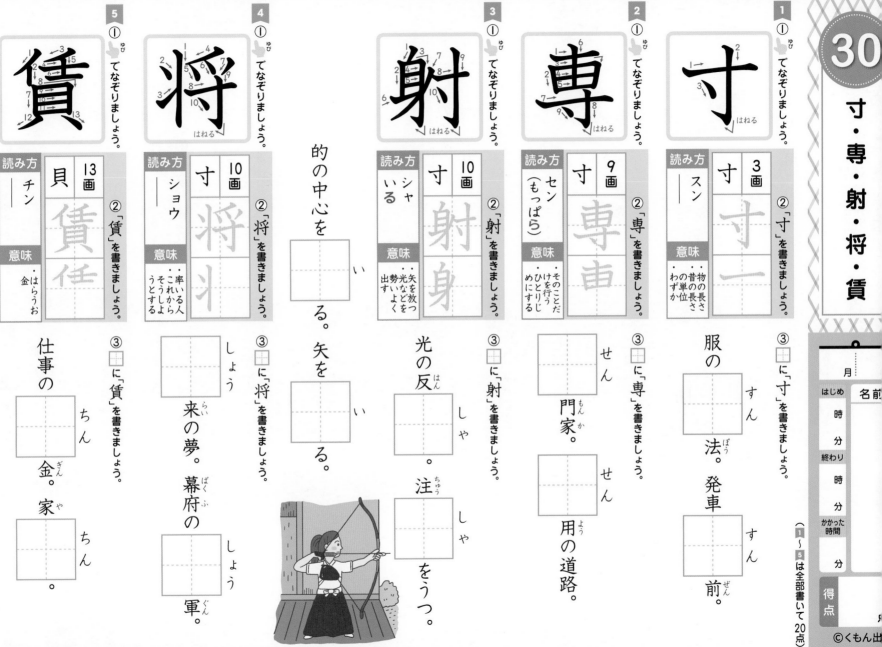

6　――の漢字の読みがなを書きましょう。（一つ4点）

① 矢を射る。

② マンションの家賃。

③ ガラスに反射した光。

④ 家具の寸法。

⑤ この道の専門家《か》。

⑥ 賃金をもらう。

⑦ ゴール寸前に転ぶ。

⑧ 将軍の位につく。

⑨ 歩行者専用の道。

⑩ 将来なりたい職業。

7　□に漢字を書きましょう。（一つ4点）

① □法《すんぽう》を測る。

② 仕事の□金《ちんぎん》。

③ 自転車□用《せんよう》の道路。

④ 江戸《えど》時代の□軍《しょうぐん》。

⑤ 家□《やちん》をはらう。

⑥ 的の中心を□《い》る。

⑦ □来《しょうらい》の夢。

⑧ ドアが閉《し》まる□前《すんぜん》。

⑨ 光が反□《はんしゃ》する。

⑩ □門《せんもん》家《か》に質問する。

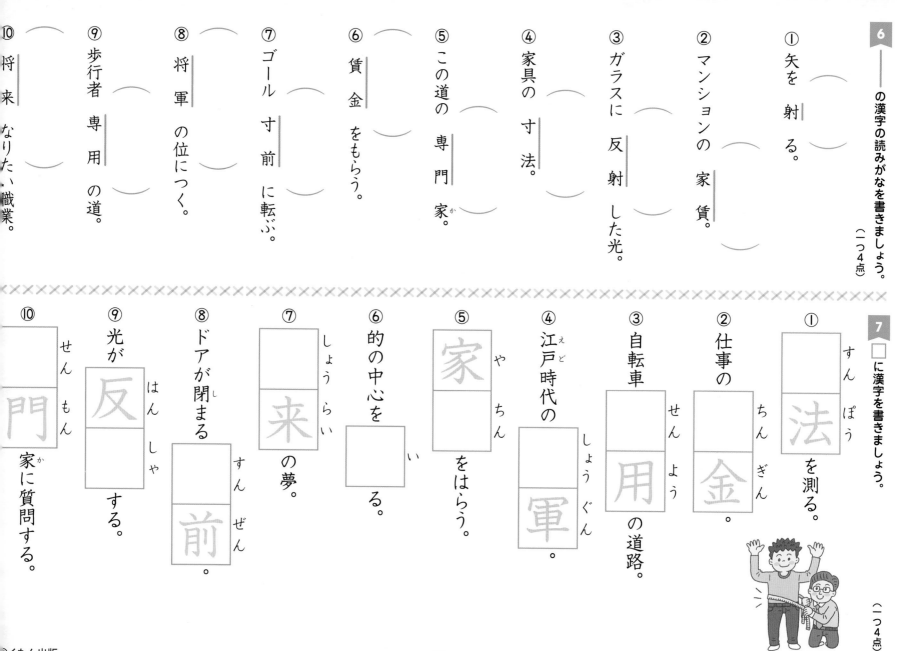

31 忠・誠・尊・敬・痛

★は、読み書きをまちがえやすい漢字です。

月　日　名前

はじめ　時　分
終わり　時　分
かかった時間　分

得点　点

（1～5は全部書いて20点）

1

① ゆび《ゆび》でなぞりましょう。

忠　はねる

② 「忠」を書きましょう。

心　8画

読み方：チュウ　―

意味：・まごころ・心からつくすこと

③ □に「忠」を書きましょう。

ちゅう□実《じつ》。

ちゅう□誠《せい》をちかう。（真心をもって仕えることをちかう）

2

① ゆび《ゆび》でなぞりましょう。

誠　はねる

② 「誠」を書きましょう。

言　13画

読み方：セイ（まこと）

意味：・まごころ・うそがないこと

③ □に「誠」を書きましょう。

せい□実《じつ》な人。

せい□意《い》を示す。

3

① ゆび《ゆび》でなぞりましょう。

尊　はねる

② 「尊」を書きましょう。

寸　12画

読み方：ソン　たっとい　とうとい　たっとぶ　とうとぶ

意味：・ねうちがある・うやまう

③ □に「尊」を書きましょう。

そん□敬《けい》する。

★とうと□い命。

注意「たっとい」とも読む。

4

① ゆび《ゆび》でなぞりましょう。

敬　はねる

② 「敬」を書きましょう。

攵　12画

読み方：ケイ　うやまう

意味：・相手をりっぱに思い、礼ぎ正しくする

③ □に「敬」を書きましょう。

けい□語《ご》を使う。

先生を□うやま□う。

5

① ゆび《ゆび》でなぞりましょう。

痛　はねる

② 「痛」を書きましょう。

疒　12画

読み方：ツウ　いたい　いたむ　いためる

意味：・苦しく感じる・はげしく

③ □に「痛」を書きましょう。

つう□感《かん》する。（心に強く感じる）

腹《ふく》□つう。

頭が□いた□い。心を□いた□める。

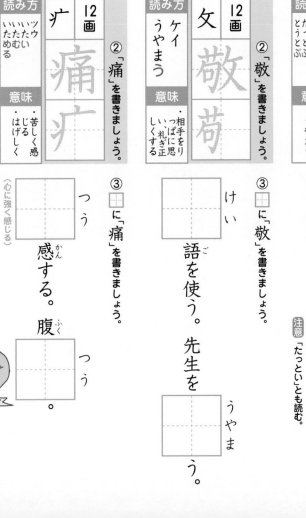

6 ——の漢字の読みがなを書きましょう。（一つ4点）

① 足を痛める。（　　）

② 敬語で話す。（　　）

③ 誠実な人がら。（　　）

④ 力不足を痛感する。（　　）

⑤ ☆命を尊ぶ。（　　）

⑥ 忠実な犬。（　　）

⑦ 腹痛を起こす。（　　）

⑧ 目上の人を敬う。（　　）

⑨ 忠誠をちかう。（　　）

⑩ 両親を尊敬する。（　　）

7 □に漢字を、（　）に送りがなを書きましょう。（一つ4点）

① 腹□《ふくつう》に苦しむ。

② □実《せいじつ》な態度。

③ □□《ちゅうせい》心《しん》がある。

④ その話に心を□（める）《いためる》。

⑤ 正しい□語《けいご》を使う。

⑥ ☆□（い）《とうとい》命。

⑦ 父を□□《そんけい》する。

⑧ 手本に□実《ちゅうじつ》に字を書く。

⑨ 実力の差を□感《つうかん》する。

⑩ 先生を□（う）《うやまう》。

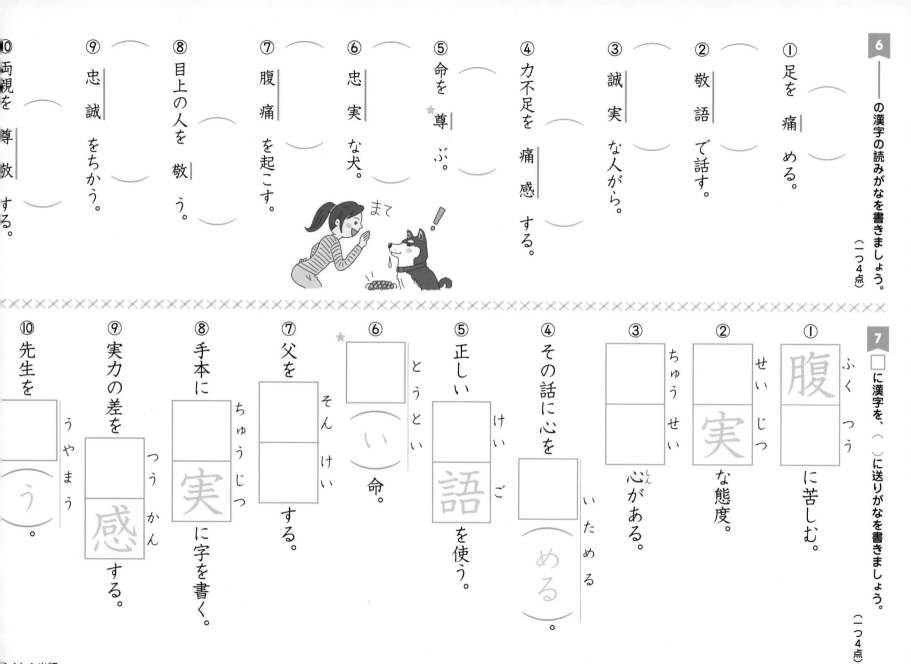

32 確認《かくにん》ドリル⑧

★は、読み書きをまちがえやすい漢字です。

月　日

はじめ　時　分
終わり　時　分
かかった時間　分

名前

得点　点

1 ——の漢字の読みがなを書きましょう。（一つ2点）

① 尊敬にあたいする人。

② 糖分をひかえる。

③ 将来の希望。

④ ゴール寸前。

⑤ 対応に困る。

⑥ 実物に忠実な絵。

⑦ 医学を専門にする。

⑧ 仕事の賃金。

⑨ 誠実な人がら。

⑩ 技術の革命。

2 ——の漢字の読みがなを書きましょう。（一つ2点）

①
太陽の光が反射する。
矢を射る。

②
災難にあう。
それは難しい問題だ。

③
練習不足を痛感する。
虫歯が痛む。

④
磁石《じしゃく》で砂鉄を集める。
校庭の砂。

3 □に漢字を書きましょう。（一つ4点）

① 予防□□《ちゅうしゃ》。

② 紅茶《こうちゃ》に□□《さとう》を入れる。

③ 子供《こども》□□《せんよう》のプール。

④ □□《やちん》一年分。

⑤ 古い制度を□□《かいかく》する。

⑥ □□《ちゅうせい》をちかう。

⑦ □□《けいご》を使って話す。

⑧ 三代□□《しょうぐん》の徳《とく》川《がわ》家《いえ》光《みつ》。

⑨ □□《こんなん》に打ち勝つ。

⑩ □□《すんぽう》が合わない。

⑪ 的の中心を□《い》る。

4 ——のことばを漢字と送りがなで書きましょう。（一つ4点）

① 返事に<u>こまる</u>。 □

② 心を<u>いためる</u>。 □

③ 相手を<u>うやまう</u>。 □

④ <u>むずかしい</u>問題を解く。 □

⑤ 祖先を<u>とうとぶ</u>。 □

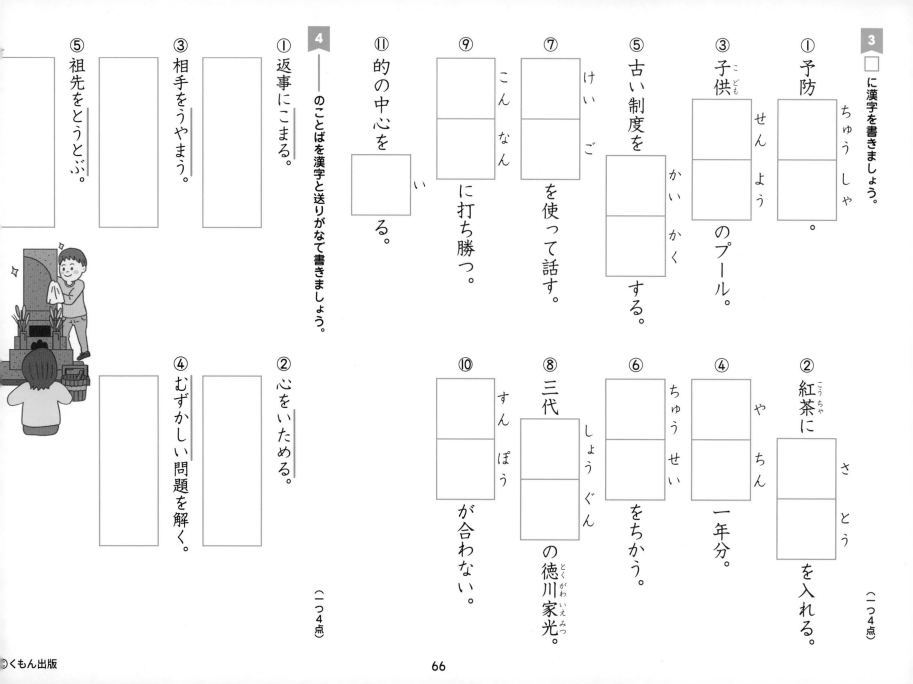

33 律・従・泉・届・奏

★は、読み書きをまちがえやすい漢字です。

月　日　名前

はじめ　時　分
終わり　時　分
かかった時間　分
得点　点

（1～5は全部書いて20点）

1

① ゆび《ゆび》でなぞりましょう。

律（つき出す）

② 「律」を書きましょう。

9画	彳

読み方　リツ　（リチ）

意味　・きまり　・音楽のリズム

③ □に「律」を書きましょう。

法《ほう》□《りつ》を守る。

規《き》□《りつ》。
（人の行いのもととなるきまり）

2

① ゆび《ゆび》でなぞりましょう。

従（出さない）

② 「従」を書きましょう。

10画	彳

読み方　ジュウ　（ショウ）・（ジュ）　したがう　したがえる

意味　・言われたとおりにする　・仕事にたずさわる

③ □に「従」を書きましょう。

★□《じゅう》業員《ぎょういん》。

★□《じゅう》順《じゅん》な態度。
（さからわない、すなおな態度）

指示に□《したが》う。家来を□《したが》える。

3

① ゆび《ゆび》でなぞりましょう。

泉（はねる）

② 「泉」を書きましょう。

9画	水

読み方　セン　いずみ

意味　・自然にわき出す水　・ものごとが出てくるもと

③ □に「泉」を書きましょう。

温《おん》□《せん》。

□《いずみ》がわく。

4

① ゆび《ゆび》でなぞりましょう。

届（出す）

② 「届」を書きましょう。

8画	尸

読み方　―　とどける　とどく

意味　・目的の所に達する　・相手にわたす

③ □に「届」を書きましょう。

荷物を□《とど》ける。行《い》き□《とど》く。

5

① ゆび《ゆび》でなぞりましょう。

奏（とめる）

② 「奏」を書きましょう。

9画	大

読み方　ソウ　（かなでる）

意味　・楽器を鳴らす

③ □に「奏」を書きましょう。

ピアノの演《えん》□《そう》。

合《がっ》□《そう》。

6 ──の漢字の読みがなを書きましょう。（一つ4点）

① 荷物が届く。（　　）
② 規律正しい生活。（　　）
③ 指示に従う。（　　）
④ ギターを演奏する。（　　）
⑤ 法律の勉強。（　　）
⑥ きれいな泉がわく。（　　）
⑦ 温泉で温まる。（　　）
⑧ フルートの合奏。（　　）
⑨ 書類を届ける。（　　）
⑩ 従業員の意見。（　　）

7 □に漢字を、（　）に送りがなを書きましょう。（一つ4点）

① □《いずみ》がわく。
★② □業員《じゅうぎょういん》。
③ 荷物を□（ける）《とどける》。
④ 法□《ほうりつ》にくわしい。
⑤ ルールに□（う）《したがう》。
⑥ 手紙が□（く）《とどく》。
⑦ ピアノの演□《えんそう》。
⑧ 規□《きりつ》を守る。
⑨ 学級で合□《がっそう》する。
⑩ 温□《おんせん》に行く。

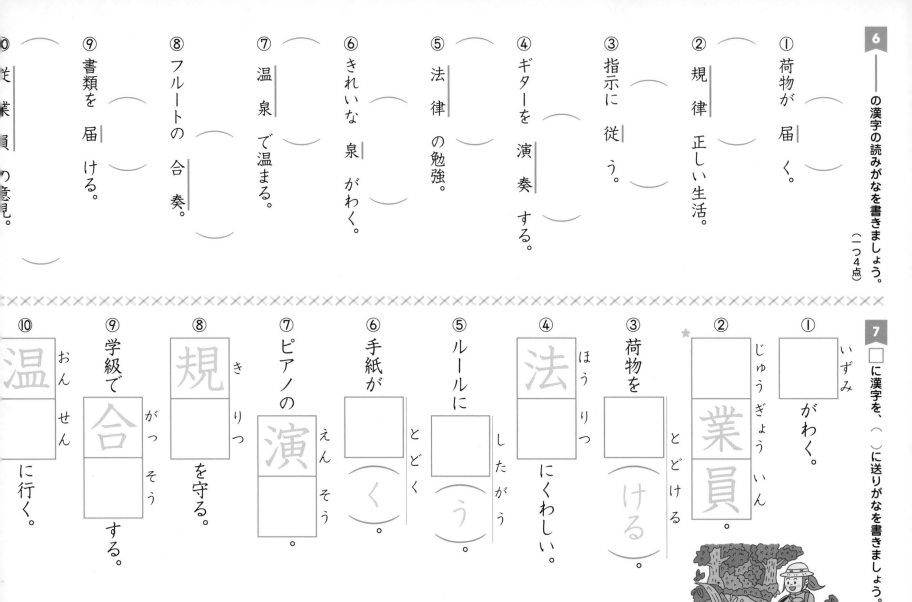

34

俳・優・縮・尺・勤

月	日
はじめ	時 分
終わり	時 分
かかった時間	分
名前	
得点	点

（1〜5は全部書いて20点）

1

① ゆびでなぞりましょう。

② 「俳」を書きましょう。

部首	画数	読み方	意味
亻	10画	ハイ —	・はい句のこと ・役者

俳 俳 亻 亻

③ □に「俳」を書きましょう。

短歌と□《はい》句《く》。有名な□《はい》優《ゆう》。

2

① ゆびでなぞりましょう。

② 「優」を書きましょう。

部首	画数	読み方	意味
亻	17画	ユウ （やさしい） （すぐれる）	・やさしい ・すぐれる ・大切にする ・役者

優 優 亻 亻

③ □に「優」を書きましょう。

□《ゆう》勝《しょう》する。□《ゆう》先《せん》座《ざ》席《せき》。

3

① ゆびでなぞりましょう。

② 「縮」を書きましょう。

部首	画数	読み方	意味
糸	17画	シュク・ちぢむ ちぢまる ちぢめる ちぢれる ちぢらす	・小さくなる ・体や心がすくむ

縮 縮 糸 糸

③ □に「縮」を書きましょう。

規《き》模《ぼ》の□《しゅく》小《しょう》。短《たん》□《しゅく》する。

長さを□《ちぢ》める。服が□《ちぢ》む。

4

① ゆびでなぞりましょう。

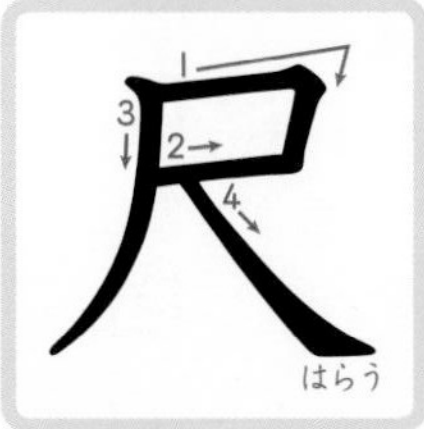

② 「尺」を書きましょう。

部首	画数	読み方	意味
尸	4画	シャク —	・ものさし ・物の長さの単位

尺 尺 尸 尸

③ □に「尺」を書きましょう。

地図の縮《しゅく》□《しゃく》。巻《ま》き□《じゃく》。

5

① ゆびでなぞりましょう。

② 「勤」を書きましょう。

部首	画数	読み方	意味
力	12画	キン （ゴン） つとめる つとまる	・力をつくして働く ・仕事

勤 勤 廿

③ □に「勤」を書きましょう。

□《きん》務《む》する。会社に□《つと》める。

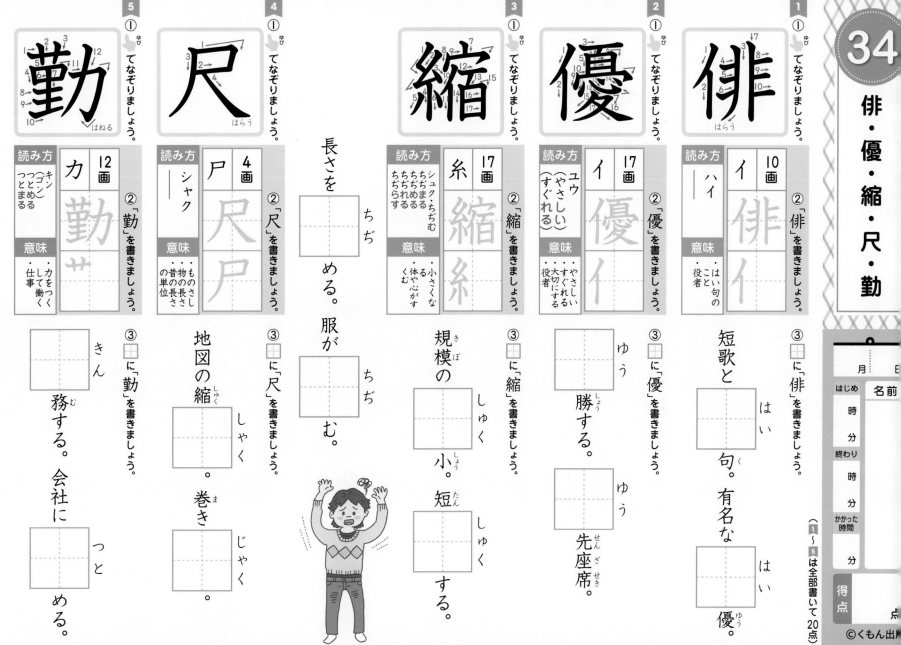

6 ——の漢字の読みがなを書きましょう。（一つ4点）

① 優勝トロフィー。

② 図を縮小する。

③ 市役所に勤める。

④ セーターが縮む。

⑤ 巻《ま》き尺で測る。

⑥ 優先順位をつける。

⑦ 俳優の演技。

⑧ 短歌と俳句。

⑨ 縮尺一万分の一の地図。

⑩ 勤務時間を記す。

7 □に漢字を、（　）に送りがなを書きましょう。（一つ4点）

① □□《はいゆう》になりたい。

② □句《はいく》をよむ。

③ □務《きんむ》先《さき》の病院。

④ □□《しゅくしゃく》五万分の一の地図。

⑤ 予算を□小《しゅくしょう》する。

⑥ □勝《ゆうしょう》を目標にする。

⑦ 巻《ま》き□《じゃく》を使う。

⑧ 病院に□（める）《つとめる》。

⑨ 歩行者□先《ゆうせん》。

⑩ 会期を□（める）《ちぢめる》。

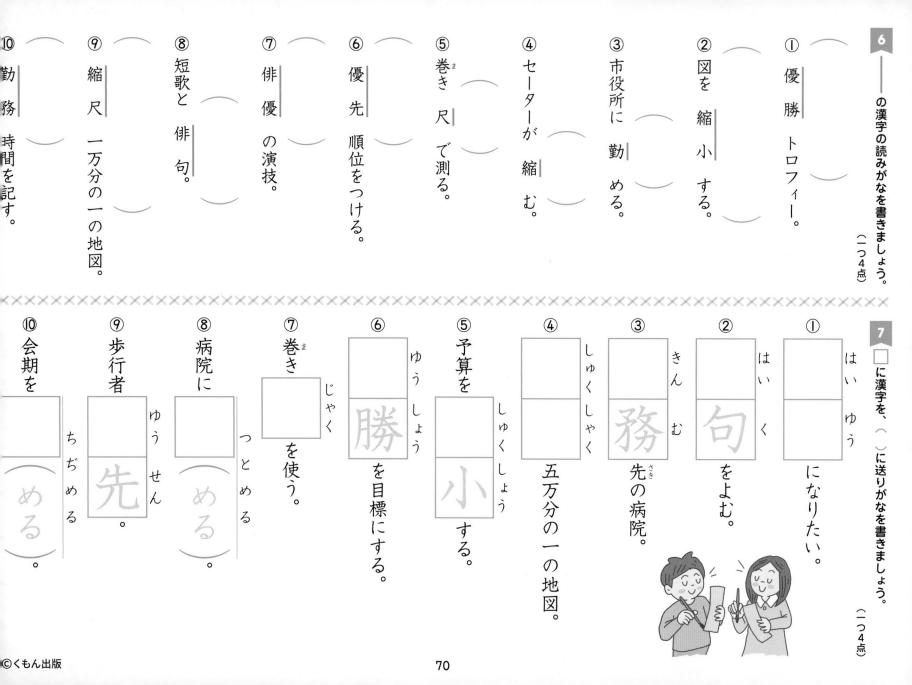

35 展・覧・針・鋼・郷

月　日

はじめ	時	分
終わり	時	分
かかった時間		分

名前

得点　点

（1～5は全部書いて20点）

1

① ゆびでなぞりましょう。

展

② 「展」を書きましょう。

10画	尸
読み方	テン ―
意味	・広がる ・平らに広げる

③ □に「展」を書きましょう。

産業の発《はっ》□《てん》。絵の□《てん》示《じ》。

2

① ゆびでなぞりましょう。

覧（はねる）

② 「覧」を書きましょう。

17画	見
読み方	ラン ―
意味	・よく見る ・見やすくまとめたもの

③ □に「覧」を書きましょう。

展《てん》□《らん》会《かい》。回《かい》□《らん》板《ばん》。

3

① ゆびでなぞりましょう。

針（右上へ）

② 「針」を書きましょう。

10画	金
読み方	シン はり
意味	・先のとがった細長い物、はり ・方向

③ □に「針」を書きましょう。

方《ほう》□《しん》を決定する。秒《びょう》□《しん》。

糸につり□《ばり》を付ける。時計《とけい》の□《はり》。

4

① ゆびでなぞりましょう。

鋼（はねる）

② 「鋼」を書きましょう。

16画	金
読み方	コウ （はがね）
意味	・はがね

③ □に「鋼」を書きましょう。

鉄《てつ》□《こう》業《ぎょう》。□《こう》鉄《てつ》のドア。

5

① ゆびでなぞりましょう。

郷（とめる）

② 「郷」を書きましょう。

11画	阝
読み方	キョウ （ゴウ） ―
意味	・ふるさと ・村里 ・場所

③ □に「郷」を書きましょう。

故《こ》□《きょう》。母の□《きょう》里《り》。

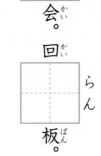

6 ——の漢字の読みがなを書きましょう。（一つ4点）

① 時計《とけい》の針を合わせる。
② 展覧会に出品する。
③ 父の故郷。
④ 作品を展示する。
⑤ 方針に従《したが》う。
⑥ 町が発展する。
⑦ 鉄鋼の生産量。
⑧ 母の郷里に行く。
⑨ 回覧板を回す。
⑩ 鋼鉄のドア。

7 □に漢字を書きましょう。（一つ4点）

① 鉄□（てっこう）業《ぎょう》がさかんな町。
② 産業の発□（はってん）につくす。
③ □里（きょうり）へ帰る。
④ 回□板（かいらんばん）を見る。
⑤ □示（てんじ）物《ぶつ》を見て回る。
⑥ 活動の方□（ほうしん）を決める。
⑦ 休みを故□（こきょう）で過ごす。
⑧ □鉄（こうてつ）でできた船。
⑨ □（はり）の穴《あな》に糸を通す。
⑩ 絵画の□□会（てんらんかい）。

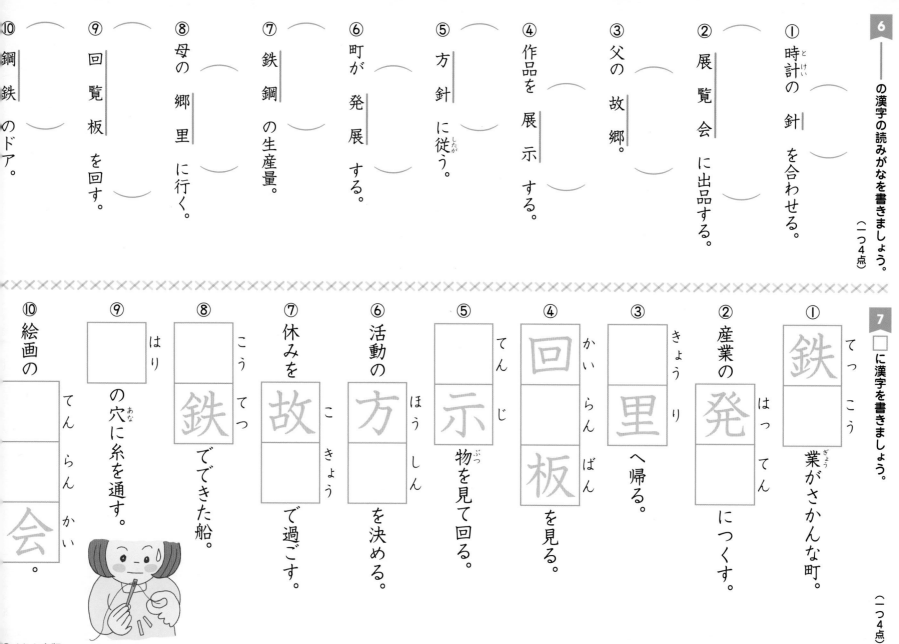

36 確認《かくにん》ドリル⑨

★は、読み書きをまちがえやすい漢字です。

月　日

名前

はじめ　時　分

終わり　時　分

かかった時間　分

得点　点

1 ――の漢字の読みがなを書きましょう。（一つ2点）

① 展覧会に出かける。

② ★従順な子犬。

③ 巻《ま》き尺で測る。

④ 規律を守る。

⑤ ピアノの演奏。

⑥ 鋼鉄のドア。

⑦ 優勝カップ。

⑧ 故郷の空。

⑨ 行《い》き届いたサービス。

⑩ 旅先で俳句をよむ。

2 ――の漢字の読みがなを書きましょう。（一つ2点）

① 温泉でつかれをいやす。
泉がわき出る。

② 秒針がくるう。
針に糸を通す。

③ 時間交代の勤務。
工場に勤める。

④ 縮小してコピーする。
縮れた毛糸。

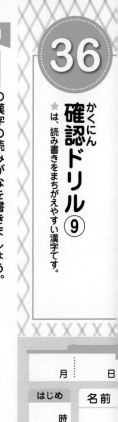

3 □に漢字を書きましょう。（一つ4点）

① □□《ほうりつ》の勉強。

② □□□《かいらんばん》を見る。

③ □□《てっこう》業《ぎょう》の町。

④ 地図の□□《しゅくしゃく》。

⑤ ★工場の□□□《じゅうぎょういん》。

⑥ 町が□□《はってん》する。

⑦ 演技力ある□□《はいゆう》。

⑧ 今後の□□《ほうしん》。

⑨ 家来を□《したが》える。

⑩ 母の□□《きょうり》。

⑪ □□《がっそう》コンクール。

⑫ 有名な□□《おんせん》地《ち》。

4 ――のことばを漢字と送りがなで書きましょう。（一つ4点）

① セーターがちぢむ。

□

② 父がつとめる会社。

□

③ プレゼントがとどく。

□

④ 短《たん》距《きょ》離《り》走《そう》のタイムをちぢめる。

□

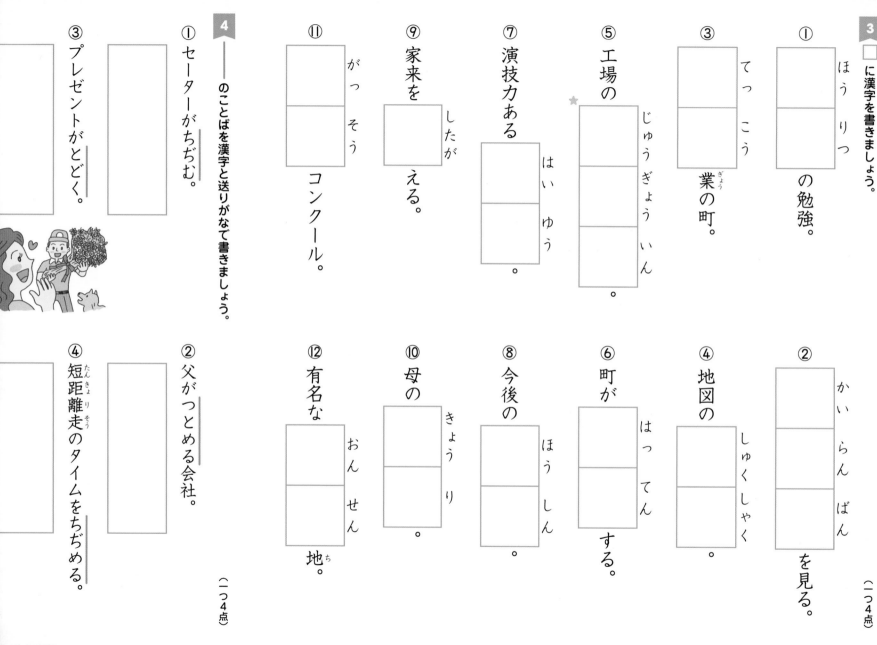

37 否・善・若・蒸・就

★は、読み書きをまちがえやすい漢字です。

月　日

名前

はじめ	時　分
終わり	時　分
かかった時間	分

得点　点

（1～5は全部書いて20点）

1

① ゆびでなぞりましょう。

7画	口
読み方	ヒ（いな）
意味	・～ではない意味を表すことば ・反対の意味を表すことば

② 「否」を書きましょう。

否　不

③ □に「否」を書きましょう。

□《ひ》定《てい》。議案を□《ひ》決《けつ》する。

2

① ゆびでなぞりましょう。

12画	口
読み方	ゼン　よい
意味	・正しい ・よくする

② 「善」を書きましょう。

善　䒑

③ □に「善」を書きましょう。

改《かい》□《ぜん》する。□《ぜん》意《い》の行動。

★□《よ》い行い。

★□《よ》い悪いの区別をつける。

3

① ゆびでなぞりましょう。

8画	艹
読み方	ジャク　ニャク　わかい（もしくは）
意味	・年をとっていない ・数が小さい

② 「若」を書きましょう。

若　艹

③ □に「若」を書きましょう。

□《わか》い人々。□《わか》者《もの》。

4

① ゆびでなぞりましょう。

13画	艹
読み方	ジョウ（むす）（むれる）（むらす）
意味	・水が気体になる ・湯気を当てて熱する

② 「蒸」を書きましょう。

蒸　艹

③ □に「蒸」を書きましょう。

□《じょう》気《き》。水分の□《じょう》発《はつ》。

5

① ゆびでなぞりましょう。

12画	尤
読み方	シュウ　ジュ（つく）（つける）
意味	・ある役わり、地位に身をおく

② 「就」を書きましょう。

就　京

③ □に「就」を書きましょう。

□《しゅう》職《しょく》。□《しゅう》任《にん》する。

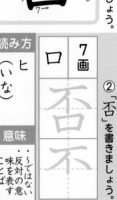

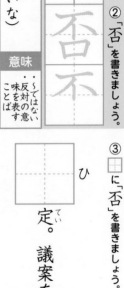

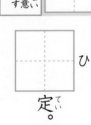

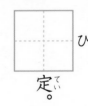

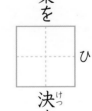

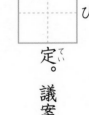

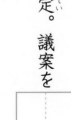

6 ―の漢字の読みがなを書きましょう。（一つ4点）

① 強く否定する。（　）

② 若者が集まる街。（　）

③ 社長に就任する。（　）

④ 議案を否決する。（　）

⑤ 生活を改善する。（　）

⑥ 背番号《せばんごう》が若い。（　）

⑦ ★善い悪いの区別をつける。（　）

⑧ お湯の蒸気。（　）

⑨ 就職試験。（　）

⑩ コップの水が蒸発する。（　）

7 □に漢字を、（　）に送りがなを書きましょう。（一つ4点）

① □《わかい》（い）人が多い。

② □者《わかもの》が集まる街。

③ 案が□決《ひけつ》される。

④ 会長に□任《しゅうにん》する。

⑤ □気《じょうき》機関車。

⑥ 生活態度を改□《かいぜん》する。

⑦ 希望の会社に□職《しゅうしょく》する。

⑧ うわさを□定《ひてい》する。

⑨ 水分が□発《じょうはつ》する。

⑩ ★□《よ》い行いをする。

注意 ここでは「良」を使わないで書く。

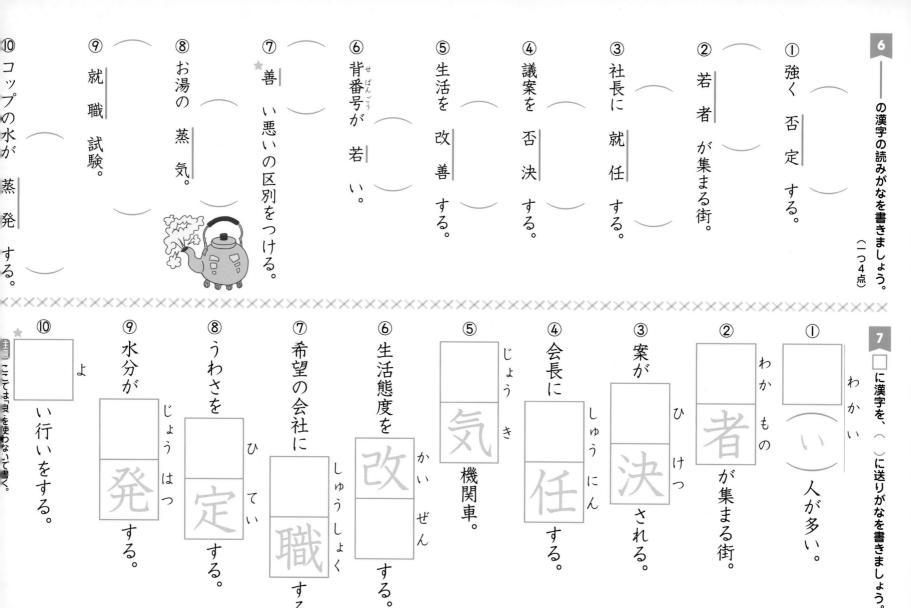

38 刻・割・創・劇・衆

月	日
名前	
はじめ	時 分
終わり	時 分
かかった時間	分
得点	

（1～5は全部書いて20点）

1

① ゆび でなぞりましょう。

刻（わすれずに）

② 「刻」を書きましょう。

刂　8画

読み方：コク／きざむ

意味：・きざむ　・ほる　・きびしい　・時間

③ □に「刻」を書きましょう。

発車の時《じ》□《こく》。深《しん》□《こく》な問題。

（重大でさしせまっている問題）

心に□《きざ》む。□《きざ》んだ野菜。

2

① ゆび でなぞりましょう。

割（長く）

② 「割」を書きましょう。

刂　12画

読み方：（カツ）／わる／わり／われる／（さく）

意味：・分ける　・わる　・配分する　・十分の一

③ □に「割」を書きましょう。

自分の役《やく》□《わり》。卵《たまご》が□《わ》れる。

3

① ゆび でなぞりましょう。

創（とめる）

② 「創」を書きましょう。

刂　12画

読み方：ソウ／つくる

意味：・ものごとを始める　・初めてつくる

③ □に「創」を書きましょう。

詩の□《そう》作《さく》。脚本《きゃくほん》を□《つく》る。

4

① ゆび でなぞりましょう。

劇（わすれずに）

② 「劇」を書きましょう。

刂　15画

読み方：ゲキ

意味：・しばい　・はげしい

③ □に「劇」を書きましょう。

□《げき》場《じょう》に行く。□《げき》的《てき》な勝利。

5

① ゆび でなぞりましょう。

衆（はねない）

② 「衆」を書きましょう。

血　12画

読み方：シュウ／（シュ）

意味：・多くの人　・人数が多いこと

③ □に「衆」を書きましょう。

公《こう》□《しゅう》電話。大《たい》□《しゅう》の支持。

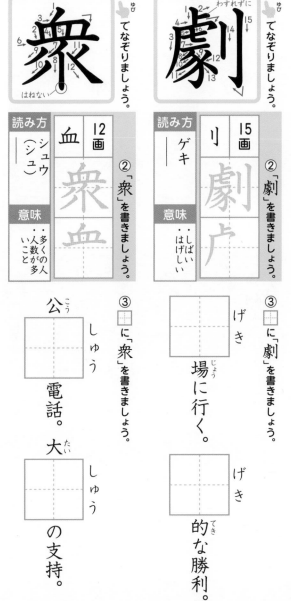

6 ——の漢字の読みがなを書きましょう。（一つ4点）

① まきを割る。

② 集合する時刻。

③ 役割を果たす。

④ 物語を創作する。

⑤ 思い出を胸《むね》に刻む。

⑥ 公衆電話を使う。

⑦ 劇的な逆転。

⑧ 大衆の生活。

⑨ 小説を創る。

⑩ 劇場に足を運ぶ。

7 □に漢字を、（　）に送りがなを書きましょう。（一つ4点）

① 出発する時□《じこく》になる。

② 公□《こうしゅう》の面前で話す。

③ 卵《たまご》が□（れる）《われる》。

④ 有名な□場《げきじょう》。

⑤ 小説を□作《そうさく》する。

⑥ 野菜を□（む）《きざむ》。

⑦ 役□《やくわり》を分《ぶん》担《たん》する。

⑧ □的《げきてき》な勝利を収《おさ》める。

⑨ 大□《たいしゅう》的《てき》なスポーツ。

⑩ 曲を□（る）《つくる》。

39 染・棒・模・権・樹

1 ① ゆび でなぞりましょう。

染 はねる

② 「染」を書きましょう。

木	9画

読み方：（セン） そめる そまる （しみる） （しみ）

意味：・色をしみこませる

③ □に「染」を書きましょう。

□《そ》め物《もの》。赤く□《そ》まる。

（1～5は全部書いて20点）

2 ① ゆび でなぞりましょう。

棒 「丰」の形に注意

② 「棒」を書きましょう。

木	12画

読み方：ボウ

意味：・ぼう ・まっすぐな線

③ □に「棒」を書きましょう。

校庭の鉄《てつ》□《ぼう》。□《ぼう》グラフ。

3 ① ゆび でなぞりましょう。

模

② 「模」を書きましょう。

木	14画

読み方：ボ モ

意味：・手本 ・まねる ・様子

③ □に「模」を書きましょう。

花の□《も》様《よう》。飛行機の□《も》型《けい》。□《も》写《しゃ》した絵。規《き》□《ぼ》が大きい。

4 ① ゆび でなぞりましょう。

権

② 「権」を書きましょう。

木	15画

読み方：ケン （ゴン）

意味：・人や物事を支配できる力

③ □に「権」を書きましょう。

人《じん》□《けん》を守る。義務と□《けん》利《り》。

5 ① ゆび でなぞりましょう。

樹 右上へ

② 「樹」を書きましょう。

木	16画

読み方：ジュ

意味：・立ち木 ・うち立てる

③ □に「樹」を書きましょう。

山の□《じゅ》木《もく》。針《しん》葉《よう》□《じゅ》林《りん》。

（葉がはりのようにとがった木の林）

月　日

はじめ	時 分
終わり	時 分
かかった時間	分

名前

得点

6 ――の漢字の読みがなを書きましょう。（一つ4点）

① 棒（　　）グラフで表す。

② 布を青く染（　　）める。

③ 水玉模（　　）様（　　）のシャツ。

④ 鉄（　　）棒（　　）で遊ぶ。

⑤ 公園の樹（　　）木（　　）。

⑥ 人（　　）権（　　）をしん害する。
（人のけんりをおかして損害をあたえる）

⑦ 大（　　）規（　　）模（　　）な開発。

⑧ 樹（　　）林（　　）の中を歩く。

⑨ 顔が赤く染（　　）まる。

⑩ 権（　　）利（　　）を主張する。

7 □に漢字を、（　）に送りがなを書きましょう。（一つ4点）

① 赤い色に□（まる）《そまる》。

② 針葉《しんよう》□林《じゅりん》地帯。

③ 公園の鉄□《てつぼう》。

④ 山の□木《じゅもく》を保護する。

⑤ 子供《こども》の□利《けんり》を守る。

⑥ □《ぼう》グラフをかく。

⑦ 花の□様《もよう》の洋服。

⑧ ほおを赤く□（める）《そめる》。

⑨ 人□《じんけん》を守る。

⑩ 大規□《だいきぼ》な改革《かいかく》。

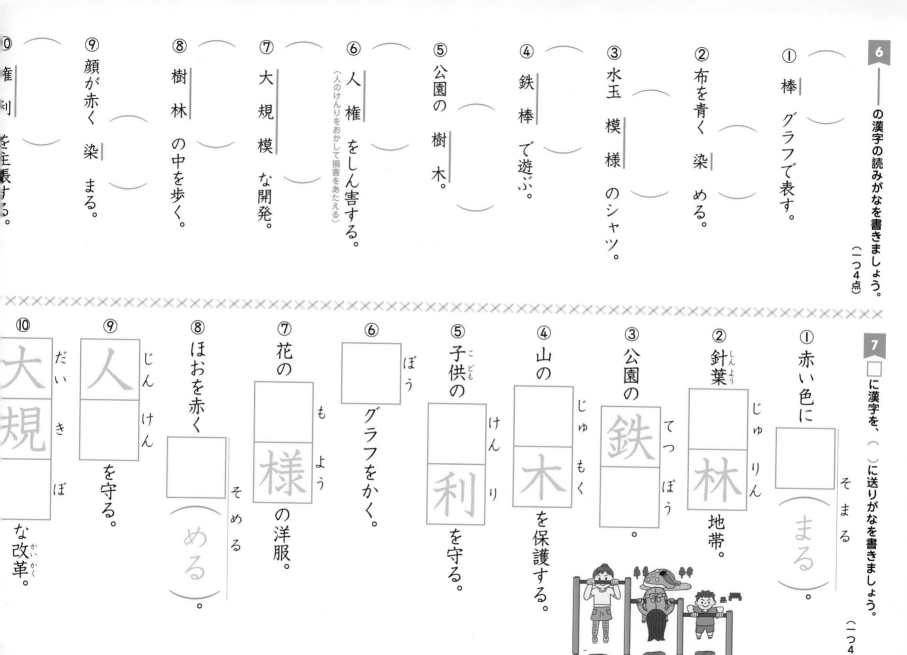

40 確認《かくにん》ドリル⑩

★は、読み書きをまちがえやすい漢字です。

月　日

はじめ　時　分

終わり　時　分

かかった時間　分

名前

得点　点

1 ――の漢字の読みがなを書きましょう。（一つ2点）

① 就職（　）試験。

② 蒸気（　）で動く船。

③ 校庭の鉄棒（　）。

④ 大衆（　）向《む》けの本。

⑤ 強く否定（　）する。

⑥ 有名な劇場（　）。

⑦ 権利（　）の主張。

⑧ 針葉《しんよう》樹林（　）。

⑨ 若（　）い人。

⑩ 水玉模様（　）。

2 ――の漢字の読みがなを書きましょう。（一つ2点）

①
飛行機の模型（　）。
大規模（　）な工事。

②
列車の時刻（　）。
野菜を刻（　）む。

③
誤《あやま》って卵《たまご》を割（　）る。
大きな役割（　）をになう。

④
食生活を改善（　）する。
★善（　）い行いと悪い行い。

3 □に漢字を書きましょう。（一つ4点）

① □□《そうさく》絵本。

② □□《げきてき》な逆転勝利。

③ 液体が□□《じょうはつ》する。

④ 日本の□□《わかもの》。

⑤ □《ぼう》グラフで示す。

⑥ □□《じんけん》問題を考える。

⑦ 針葉《しんよう》□□《じゅりん》が広がる。

⑧ 飛行機の□□《もけい》。

⑨ □□《こうしゅう》電話を使う。

⑩ バスの□□《じこく》表《ひょう》。

4 ――のことばを漢字と送りがなで書きましょう。（一つ4点）

① わかい人が集まる。 □

② 空が赤くそまる。 □

③ 皿がわれる。 □

④ 思い出を胸《むね》にきざむ。 □

⑤ 布を青くそめる。 □

⑥ 物語をつくる。 □

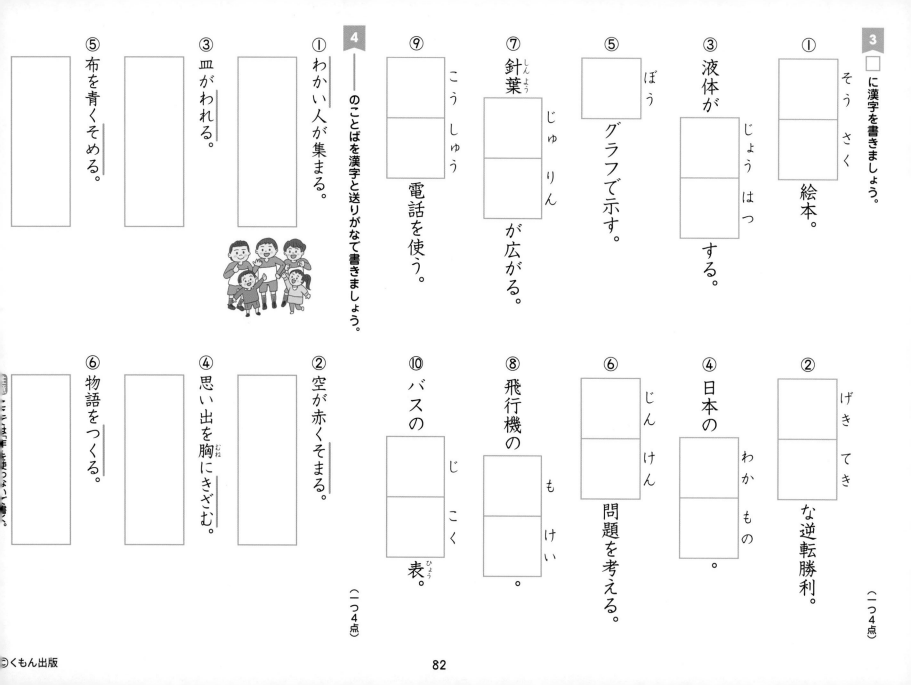

41 閉・閣・私・穀・骨

★は、読み書きをまちがえやすい漢字です。

月　日

はじめ　時　分
終わり　時　分
かかった時間　分

名前

得点　点

（1〜5は全部書いて12点）

1

① 指《ゆび》でなぞりましょう。

閉（はねる）

② 「閉」を書きましょう。

門	11画

読み方：ヘイ／と（ざす）／と（じる）／し（める）／し（まる）

意味：・しめる、とじる　・終える

③ □に「閉」を書きましょう。

□《へい》会式《かいしき》。本を□《と》じる。

窓《まど》を□《し》める。店が□《し》まる。

2

① 指《ゆび》でなぞりましょう。

閣

② 「閣」を書きましょう。

門	14画

読み方：カク／―

意味：・高いりっぱな建物　・政治を行う機関

③ □に「閣」を書きましょう。

内《ない》□《かく》総理大臣。天守《てんしゅ》□《かく》。

3

① 指《ゆび》でなぞりましょう。

私（とめる）

② 「私」を書きましょう。

禾	7画

読み方：シ／わたくし／わたし

意味：・自分　・個人

③ □に「私」を書きましょう。

□《し》服《ふく》。★□《わたくし》の家族。□《わたし》。

4

① 指《ゆび》でなぞりましょう。

穀（はねる）

② 「穀」を書きましょう。

禾	14画

読み方：コク／―

意味：・米や麦など人が主食とする作物

③ □に「穀」を書きましょう。

★□《こく》物《もつ》の生産。★□《こく》倉地帯《そうちたい》。（こく物がたくさんとれる地帯）

5

① 指《ゆび》でなぞりましょう。

骨（「冂」としない）

② 「骨」を書きましょう。

骨	10画

読み方：コツ／ほね

意味：・ほね　・体の中心となるもの

③ □に「骨」を書きましょう。

ビルの鉄《てつ》□《こつ》。魚の□《ほね》。

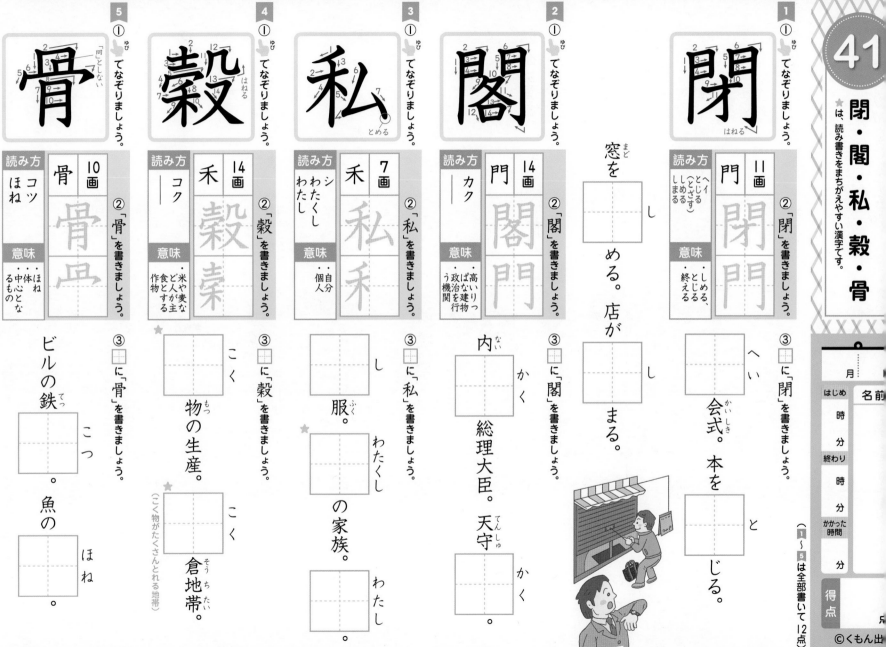

6 ——の漢字の読みがなを書きましょう。（一つ4点）

① ビルの鉄骨（　　）を組む。

② ★私（　　）が窓《まど》を閉（　　）める。

③ 日本の★穀倉（　　）地帯《ちたい》。

④ 閉会（　　）式《しき》を行う。

⑤ かたい指の骨（　　）。

⑥ 名古屋城《なごやじょう》の天守閣（　　）。

⑦ 家の門を閉（　　）じる。

⑧ 新《しん》内閣（　　）の誕生《たんじょう》。

⑨ 学校に私服（　　）で通う。

⑩ 穀物（　　）を貯蔵《ちょぞう》する。

7 □に漢字を、（　）に送りがなを書きましょう。（一つ4点）

① □服（しふく）の警察官《けいさつかん》。

② ★□物（こくもつ）の種類と生産量。

③ 魚の□（ほね）を取って食べる。

④ 内□（ないかく）総理大臣になる。

⑤ 競技会の□会（へいかい）式《しき》。

⑥ がんじょうな鉄□（てっこつ）。

⑦ ★□（わたくし）が戸を□（める）（しめる）。

⑧ ★□倉（こくそう）地帯《ちたい》。

⑨ 静かに本を□（じる）（とじる）。

⑩ 城の天守□（てんしゅかく）。

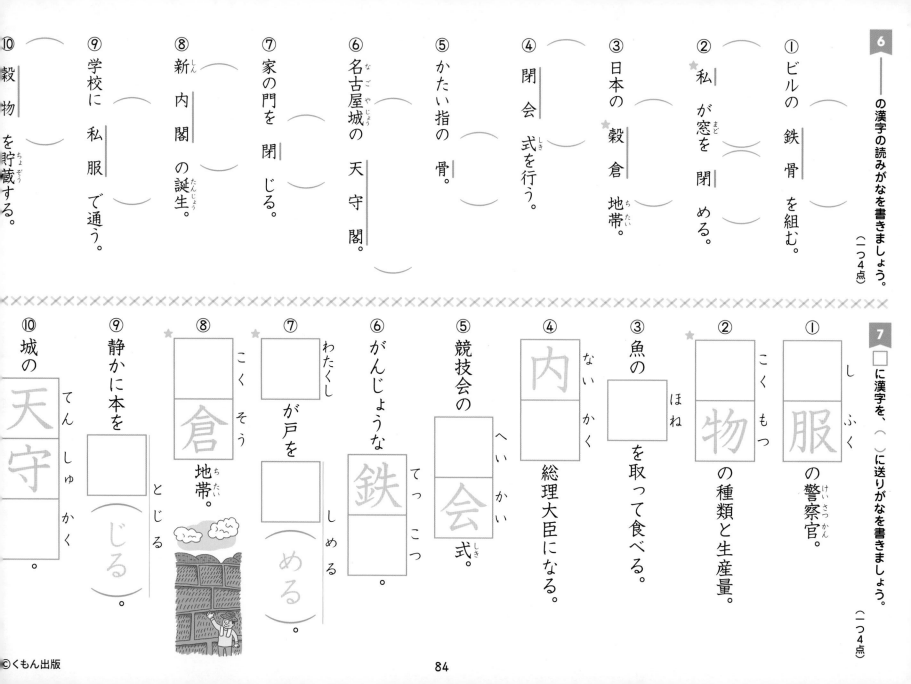

42 垂・郵・蔵・臓・層

月　日
名前
はじめ　時　分
終わり　時　分
かかった時間　分
得点　点

（1〜5は全部書いて20点）

1
① ゆびでなぞりましょう。
垂（長く）

② 「垂」を書きましょう。

8画	土

読み方：スイ　たれる　たらす
意味：・だらりと下がる　・ぶら下げる

③ □に「垂」を書きましょう。

□《すい》直《ちょく》な線。
けん□《すい》をする。
しずくが□《た》れる。
糸を□《た》らす。

2
① ゆびでなぞりましょう。
郵（右上へ）

② 「郵」を書きましょう。

11画	阝

読み方：ユウ
意味：・ゆう便のこと

③ □に「郵」を書きましょう。

□《ゆう》便《びん》が届《とど》く。
□《ゆう》送《そう》する。

3
① ゆびでなぞりましょう。
蔵（わすれずに）

② 「蔵」を書きましょう。

15画	艹

読み方：ゾウ　（くら）
意味：・物をしまう建物　・しまいこむ

③ □に「蔵」を書きましょう。

お地《じ》□《ぞう》様《さま》。
冷《れい》□《ぞう》庫《こ》。

4
① ゆびでなぞりましょう。
臓（はねる）

② 「臓」を書きましょう。

19画	月

読み方：ゾウ
意味：・体の中の器官

③ □に「臓」を書きましょう。

心《しん》□《ぞう》の音。
内《ない》□《ぞう》の検査。

5
① ゆびでなぞりましょう。
層

② 「層」を書きましょう。

14画	尸

読み方：ソウ
意味：・つみ重なる

③ □に「層」を書きましょう。

古い地《ち》□《そう》。
高《こう》□《そう》ビル。

6 ―の漢字の読みがなを書きましょう。（一つ4点）

① 地層（　　）の調査をする。

② 心臓（　　）の音がする。

③ 高層（　　）ビルが立《た》ち並《なら》ぶ。

④ 冷蔵庫（　　）で冷やす。

⑤ 垂直（　　）に立てる。

⑥ 魚の内臓（　　）を調べる。

⑦ お地蔵（　　）様《さま》を拝《おが》む。

⑧ 郵便（　　）を送る。

⑨ しずくが垂（　　）れる。

⑩ 写真を郵送（　　）する。

7 □に漢字を、（　）に送りがなを書きましょう。（一つ4点）

① 魚の内□《ないぞう》を取る。

② □送《ゆうそう》料金をはらう。

③ 道ばたのお地□《じぞう》様《さま》。

④ □便《ゆうびん》物《ぶつ》が届《とど》く。

⑤ 古い地□《ちそう》。

⑥ □直《すいちょく》な線を引く。

⑦ 高□《こうそう》マンション。

⑧ 水がぽたぽた□（れる）《たれる》。

⑨ 心□《しんぞう》がどきどきする。

⑩ 冷□庫《れいぞうこ》に入れる。

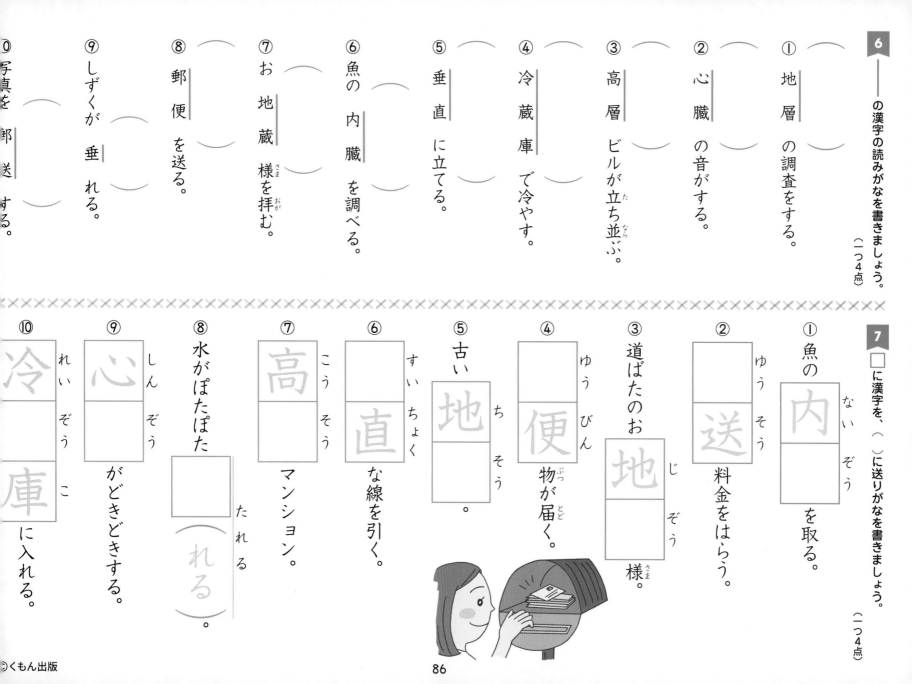

43 貴・遺・退・域・臨

月　日　名前

はじめ　時　分
終わり　時　分
かかった時間　分
得点

(1～5は全部書いて20点)

1

① 指《ゆび》でなぞりましょう。

貴（長く）

② 「貴」を書きましょう。

12画	貝
読み方	キ (たっとい) (とうとい) (たっとぶ) (とうとぶ)
意味	・大切にする ・身分やかちが高い

③ □に「貴」を書きましょう。

□《き》重《ちょう》。平安《へいあん》時代の□《き》族《ぞく》。

2

① 指《ゆび》でなぞりましょう。

遺（長く）

② 「遺」を書きましょう。

15画	辶
読み方	イ (ユイ) ―
意味	・のこる ・死後にのこす ・わすれる

③ □に「遺」を書きましょう。

古代□《い》せき。親の□《い》産《さん》。

3

① 指《ゆび》でなぞりましょう。

退

② 「退」を書きましょう。

9画	辶
読み方	タイ しりぞく しりぞける
意味	・後ろへ下がる

③ □に「退」を書きましょう。

□《たい》院《いん》。後方に□《しりぞ》く。

4

① 指《ゆび》でなぞりましょう。

域（右上へ）

② 「域」を書きましょう。

11画	土
読み方	イキ ―
意味	・限られた場所やはんい

③ □に「域」を書きましょう。

地《ち》□《いき》の代表。川の流《りゅう》□《いき》。

5

① 指《ゆび》でなぞりましょう。

臨（「□」としない）

② 「臨」を書きましょう。

18画	臣
読み方	リン (のぞむ)
意味	・その場所にある ・その場にいる

③ □に「臨」を書きましょう。

□《りん》時《じ》ニュース。

□《りん》機応変《きおうへん》。(その時・場に合ったやり方をすること)

□《りん》海《かい》工業地域《ちいき》。(海に面した工業地いき)

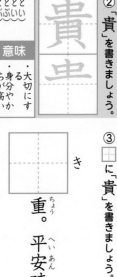

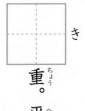

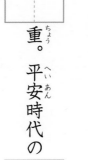

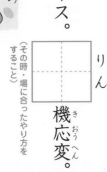

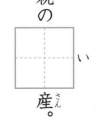

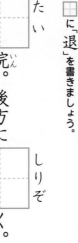

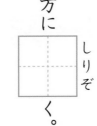

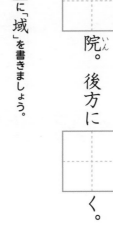

6 ＿＿の漢字の読みがなを書きましょう。（一つ4点）

① 遺（　　）せきをめぐる旅。
② 明日《あす》、退院（　　）する。
③ 貴重（　　）な経験をする。
④ 遺産（　　）を相続する。
⑤ 一歩退（　　）く。
⑥ 臨時（　　）ニュースを流す。
⑦ 川の流域（　　）にある町。
⑧ 臨機（　　）応変《おうへん》に動く。
⑨ 地域（　　）開発を行う。
⑩ 平安《へいあん》時代の貴族（　　）。

7 □に漢字を、（　）に送りがなを書きましょう。（一つ4点）

① 地□《ちいき》の代表に選ばれる。
② 親の□産《いさん》を相続する。
③ □機《りんき》応変《おうへん》な対応。
④ 祖母の□院《たいいん》を祝う。
⑤ 川の流□《りゅういき》。
⑥ 昔の□族《きぞく》の衣しょう。
⑦ 後方に□《しりぞく》（く）。
⑧ 古代□《い》せきのなぞ。
⑨ □重《きちょう》な時計《とけい》。
⑩ □時《りんじ》列車に乗る。

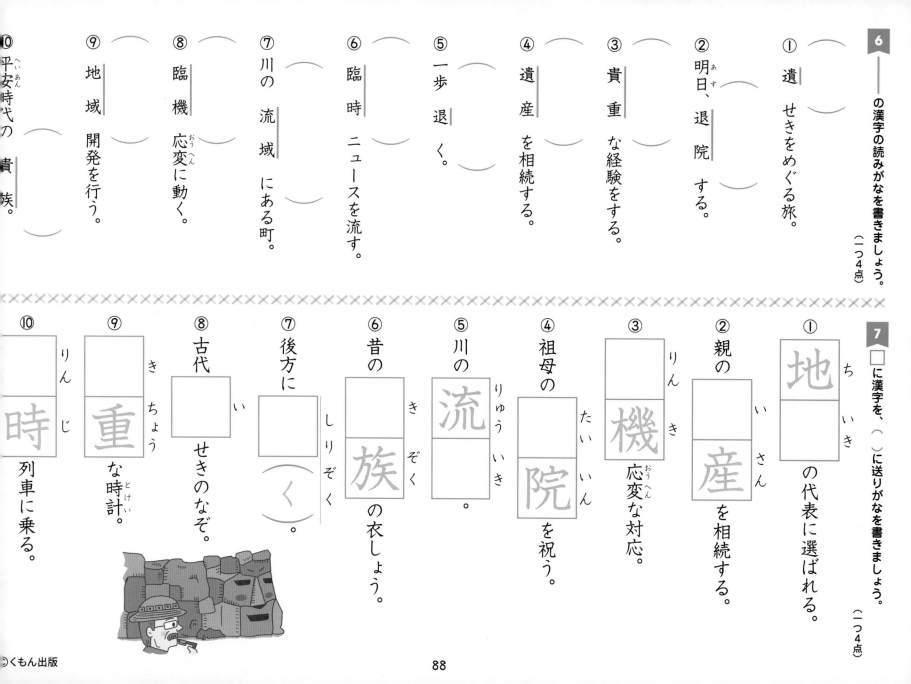

44 確認《かくにん》ドリル⑪

★は、読み書きをまちがえやすい漢字です。

月　日

名前

はじめ　時　分

終わり　時　分

かかった時間　分

得点　点

1 ——の漢字の読みがなを書きましょう。（一つ3点）

① 郵送する。

② 閉会の言葉。

③ 心臓の音。

④ 高層建築。

⑤ ★穀物の種類。

⑥ 臨機応変《おうへん》。

⑦ 平安《へいあん》時代の貴族。

⑧ 冷蔵庫に入れる。

⑨ アマゾン川の流域。

⑩ 雨のしずくが垂れる。

2 ——の漢字の読みがなを書きましょう。（一つ3点）

①
- 無事に退院する。
- 後方へ退く。

②
- がんじょうな鉄骨。
- 骨が折れる。

③
- 私服で学校に通う。
- ★私の父と母です。

3 □に漢字を書きましょう。（一つ3点）

① 日本の□□《こくそう》地帯《ちたい》。

② □《わたし》が通う学校。

③ □□《りんじ》ニュース。

④ 古代の□□《ちそう》。

⑤ □□《いさん》を相続する。

⑥ □□《ゆうびん》が届《とど》く。

⑦ □□《すいちょく》な線を引く。

⑧ 道ばたのお□□《じぞう》様《さま》。

⑨ 新《しん》□□《ないかく》の誕生《たんじょう》。

⑩ 魚の□□《ないぞう》を取る。

⑪ ビルの□□《てっこつ》を組む。

⑫ □□《きちょう》な財産。

⑬ 工場の多い□□《ちいき》。

⑭ 祖父が□□《たいいん》する。

4 ——のことばを漢字と送りがなで書きましょう。（一つ5点）

① 部屋《へや》の戸を<u>しめる</u>。

② 水てきが<u>たれる</u>。

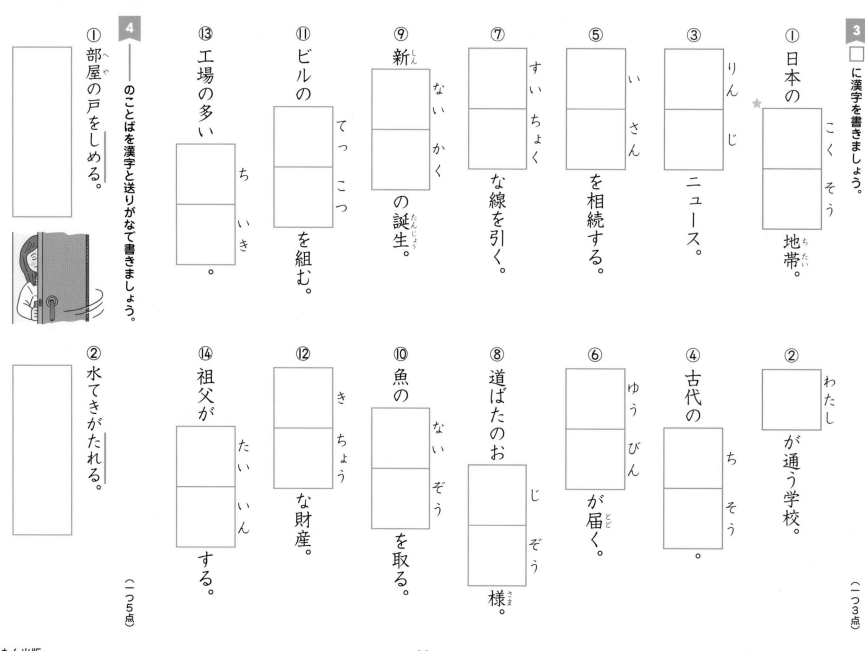

45 盛・盟・仁・供・傷

1

①ゆびでなぞりましょう。

盛（わすれずに）

②「盛」を書きましょう。

皿	11画

読み方：セイ（ジョウ）　もる　（さかる）（さかん）

意味：・入れ物にいっぱいにする　・さかん

③□に「盛」を書きましょう。

土を□《も》る。

□《も》り上《あ》がる。

（1～5は全部書いて20点）

2

①ゆびでなぞりましょう。

盟（長く）

②「盟」を書きましょう。

皿	13画

読み方：メイ　―

意味：・仲間として固く約束する

③□に「盟」を書きましょう。

同《どう》□《めい》を結ぶ。

加《か》□《めい》する。

3

①ゆびでなぞりましょう。

仁（長く）

②「仁」を書きましょう。

イ	4画

読み方：ジン（ニ）　―

意味：・思いやり、いつくしみ

③□に「仁」を書きましょう。

□《じん》愛《あい》の心。
（人を思いやり、いつくしむ心）

□《じん》義《ぎ》。
（人としてしなければならない行いや道徳）

4

①ゆびでなぞりましょう。

供（長く）

②「供」を書きましょう。

イ	8画

読み方：キョウ（ク）　そなえる　とも

意味：・さし出す　・ささげる　・ついて行く

③□に「供」を書きましょう。

材料の提《てい》□《きょう》。

燃料の□《きょう》給《きゅう》。

墓前に花を□《そな》える。

子《こ》□《ども》と大人《おとな》。

5

①ゆびでなぞりましょう。

傷（はねる）

②「傷」を書きましょう。

イ	13画

読み方：ショウ　きず　（いたむ）（いためる）

意味：・きず　・きずつける　・悲しむ

③□に「傷」を書きましょう。

負《ふ》□《しょう》する。

□《きず》が痛《いた》む。

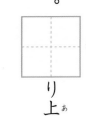

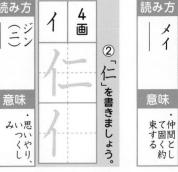

6 ―の漢字の読みがなを書きましょう。（一つ４点）

① 墓に花を供える。（　　）

② 運動会が盛り上《あ》がる。（　　）

③ 仁愛の心を重んじる。（　　）

④ 団体に加盟する。（　　）

⑤ 子供と大人《おとな》。（　　）

⑥ 足を負傷する。（　　）

⑦ 同盟を結ぶ。（　　）

⑧ 材料を提供する。（　　）

⑨ 傷を消毒する。（　　）

⑩ ご飯を茶わんに盛る。（　　）

7 □に漢字を、（　）に送りがなを書きましょう。（一つ４点）

① □《きず》がきれいに治る。

② サービスの提□《ていきょう》。

③ 子□《こども》料金をはらう。

④ 負□《ふしょう》者《しゃ》の手当てをする。

⑤ 同□《どうめい》国《こく》で会議を開く。

⑥ 皿に料理を□《も》（　）る。

⑦ 墓前に花を□《そなえる》（える）。

⑧ □愛《じんあい》の心を重んじる。

⑨ 団体に加□《かめい》する。

⑩ パーティーが□《も》り上《あ》がる。

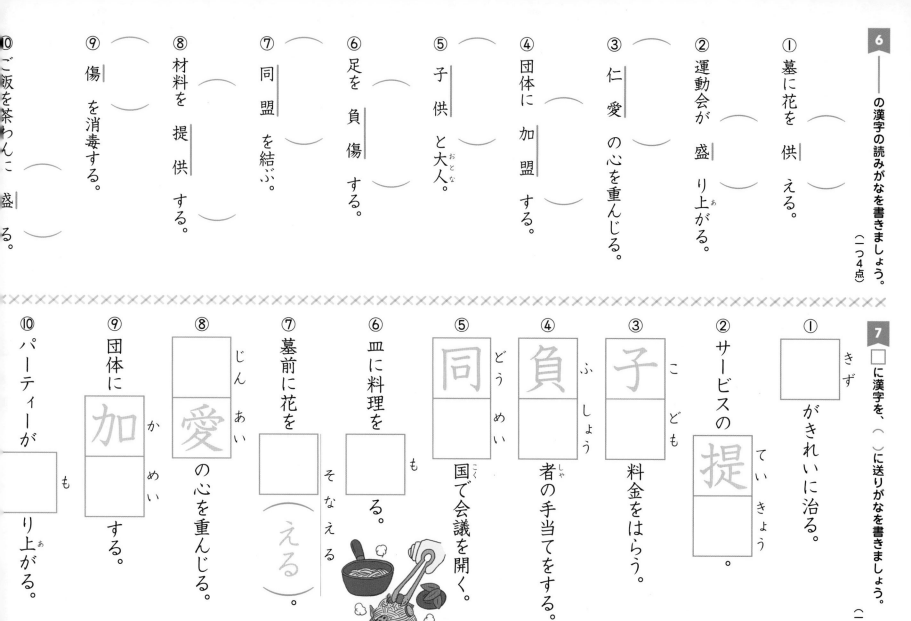

46 裁・装・裏・補・奮

（1～5は全部書いて20点）

1

① ゆびでなぞりましょう。

裁（わすれずに）

② 「裁」を書きましょう。

衣	12画

読み方：サイ　（たつ）　さばく

意味：・布を切る　・ぜん悪などをはっきりさせる

③ □に「裁」を書きましょう。

□《さい》判《ばん》を行う。罪を□《さば》く。

2

① ゆびでなぞりましょう。

装（上より短く）

② 「装」を書きましょう。

衣	12画

読み方：ソウ　（ショウ）　（よそおう）

意味：・身じたくをする　・備えつける

③ □に「装」を書きましょう。

冬の服《ふく》□《そう》。□《そう》備《び》を整える。

3

① ゆびでなぞりましょう。

裏（長く）

② 「裏」を書きましょう。

衣	13画

読み方：（リ）　うら

意味：・物の後ろ、反対側

③ □に「裏」を書きましょう。

建物の□《うら》側《がわ》。服を□《うら》返《がえ》す。

4

① ゆびでなぞりましょう。

補（わすれずに）

② 「補」を書きましょう。

ネ	12画

読み方：ホ　おぎなう

意味：・うめあわせる　・正式に資格をもたない人

③ □に「補」を書きましょう。

立《りっ》候《こう》□《ほ》する。水分を□《おぎな》う。

5

① ゆびでなぞりましょう。

奮（横長に）

② 「奮」を書きましょう。

大	16画

読み方：フン　ふるう

意味：・気持ちをふるい立たせる

③ □に「奮」を書きましょう。

興《こう》□《ふん》する。□《ふん》発《ぱっ》して買う。

勇気を□《ふる》う。心を□《ふる》い立《た》たせる。

月　日

名前

はじめ　時　分

終わり　時　分

かかった時間　分

得点　点

6 ——の漢字の読みがなを書きましょう。（一つ4点）

①（　）装備を整える。

②（　）罪を裁く。

③（　）代表に立候補する。

④（　）服装を整える。

⑤（　）勇気を奮う。

⑥（　）服のそでを裏返《がえ》す。

⑦（　）裁判所《しょ》で働く。

⑧（　）説明を補う。

⑨（　）ビルの裏側で会う。

⑩（　）ひどく興奮する。

7 □に漢字を、（　）に送りがなを書きましょう。（一つ4点）

① 公園の□《うら》側《がわ》に回る。

② 冬の服《ふく》□《そう》に着かえる。

③ 興《こう》□《ふん》してねむれない。

④ カードを□《うら》返《がえ》す。

⑤ 小まめに水分を□（う）《おぎなう》。

⑥ □《さい》判《ばん》で判決を下す。

⑦ 完全□《そう》備《び》で出かける。

⑧ 勇気を□（う）《ふるう》。

⑨ 罪を□（く）《さばく》。

⑩ 市長に立《りっ》候《こう》□《ほ》する。

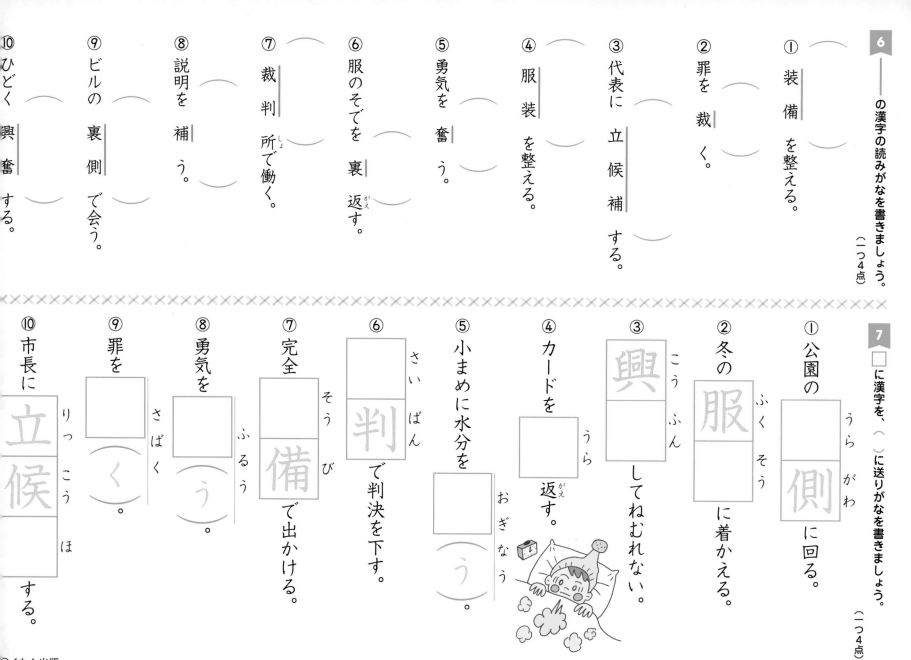

47 幕・暮・誤・誌・認

月　日
はじめ　時　分
終わり　時　分
かかった時間　分
名前
得点　点

（1～5は全部書いて20点）

1

① ゆび でなぞりましょう。

幕（はねる）

13画	巾

読み方：マク　バク

意味：・物をおおう布　・ばく府のこと

② 「幕」を書きましょう。

③ □に「幕」を書きましょう。

□《まく》が開く。

鎌倉《かまくら》□《ばく》府《ふ》。

2

① ゆび でなぞりましょう。

暮

14画	日

読み方：（ボ）　くれる　くらす

意味：・日がくれる　・年の終わり　・くらす

② 「暮」を書きましょう。

③ □に「暮」を書きましょう。

年の□《く》れ。

東京《とうきょう》で□《く》らす。

3

① ゆび でなぞりましょう。

誤（「口」の形に注意）

14画	言

読み方：ゴ　あやまる

意味：・まちがえる　・正しくない

② 「誤」を書きましょう。

③ □に「誤」を書きましょう。

□《ご》解《かい》する。

□《ご》差《さ》が生じる。

使い方を□《あやま》る。

□《あやま》りを正す。

4

① ゆび でなぞりましょう。

誌（短く）

14画	言

読み方：シ

意味：・書き記したもの　・ざっしのこと

② 「誌」を書きましょう。

③ □に「誌」を書きましょう。

学級日《にっ》□《し》。

雑《ざっ》□《し》を買う。

5

① ゆび でなぞりましょう。

認（「刀」としない）

14画	言

読み方：（ニン）　みとめる

意味：・はっきりと知る　・受け入れる

② 「認」を書きましょう。

③ □に「認」を書きましょう。

使用を□《みと》める。

□《みと》め印《いん》。

6 ――の漢字の読みがなを書きましょう。（一つ4点）

① 誤り（　）を改める。

② 仲良く暮（　）らす。

③ 毎日、日誌（　）を書く。

④ 誤解（　）を招く表現。

⑤ 江戸《えど》幕府（　）の政治。

⑥ 世間に認（　）められる。

⑦ 舞台《ぶたい》の幕（　）が下りる。

⑧ 計算を誤（　）る。

⑨ 夕《ゆう》暮（　）れまでに帰る。

⑩ 雑誌（　）を読む。

7 □に漢字を、（　）に送りがなを書きましょう。（一つ4点）

① 毎月、雑□（ざっし）を買う。

② □（り）（あやまり）を見つける。

③ 夕《ゆう》□（ぐ）れまでに帰る。

④ 教室の使用を□（める）（みとめる）。

⑤ 海外で□（らす）（くらす）。

⑥ □解（ごかい）を解く。

⑦ 学級日□（にっし）を書く。

⑧ 物語が□（まく）を閉《と》じる。

⑨ □府（ばくふ）の制度。

⑩ 物事の選たくを□（る）（あやまる）。

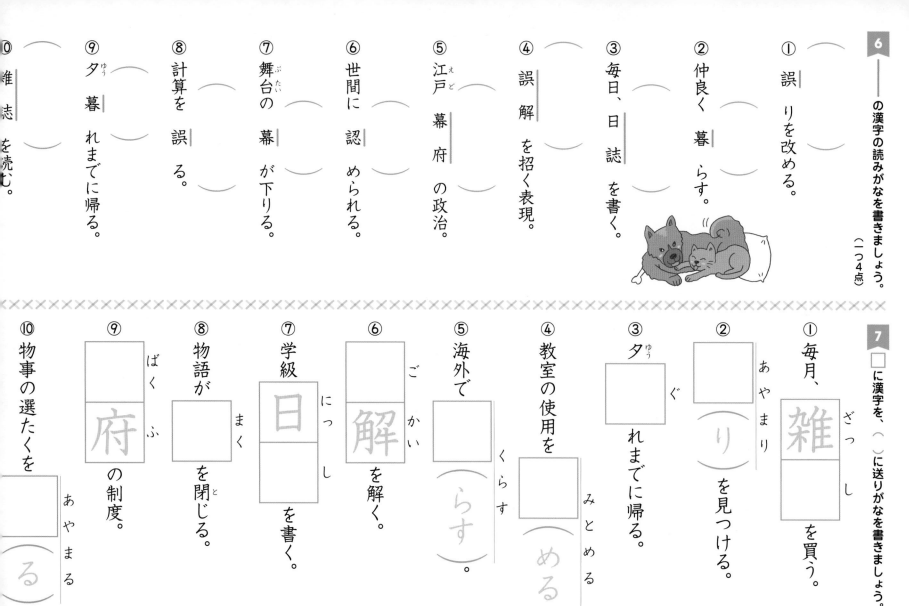

48

確認《かくにん》ドリル⑫

月　日

名前

はじめ　時　分

終わり　時　分

かかった時間　分

得点　点

1 ——の漢字の読みがなを書きましょう。（一つ2点）

① 仁愛の心。

② 地球の裏側。

③ 完全装備。

④ 加盟する。

⑤ 料理を盛る。

⑥ 裁判所。

⑦ 入会を認める。

⑧ 学級日誌を読む。

⑨ 計算を誤る。

⑩ 委員長に立候補する。

2 ——の漢字の読みがなを書きましょう。（一つ2点）

①
- 情報を提供する。
- 子供のころの話。

②
- 江《え》戸《ど》幕府がほろびる。
- 舞《ぶ》台《たい》の幕が下りる。

③
- 勇気を奮う。
- 興奮がおさまらない。

④
- 傷がきれいに治る。
- 負傷者の手当て。

3 □に漢字を書きましょう。（一つ4点）

① □□《ふくそう》を整える。

② 毎月、□□《ざっし》を買う。

③ 材料を□□《ていきょう》する。

④ 外国と□□《どうめい》を結ぶ。

⑤ □□《じんあい》の心をもつ。

⑥ 洋服を□《うら》返《がえ》す。

⑦ 事故で□□《ふしょう》した人数。

⑧ □□《ごかい》を招く表現。

⑨ 同窓会《どうそうかい》が□《も》り上《あ》がる。

⑩ 勝利に□□《こうふん》する。

4 ――のことばを漢字と送りがなで書きましょう。（一つ4点）

① 簡単《かんたん》な説明をおぎなう。 □

② 花をそなえる。 □

③ 使い方をあやまる。 □

④ 罪をさばく。 □

⑤ みんなで仲良くくらす。 □

⑥ 自らの罪をみとめる。 □

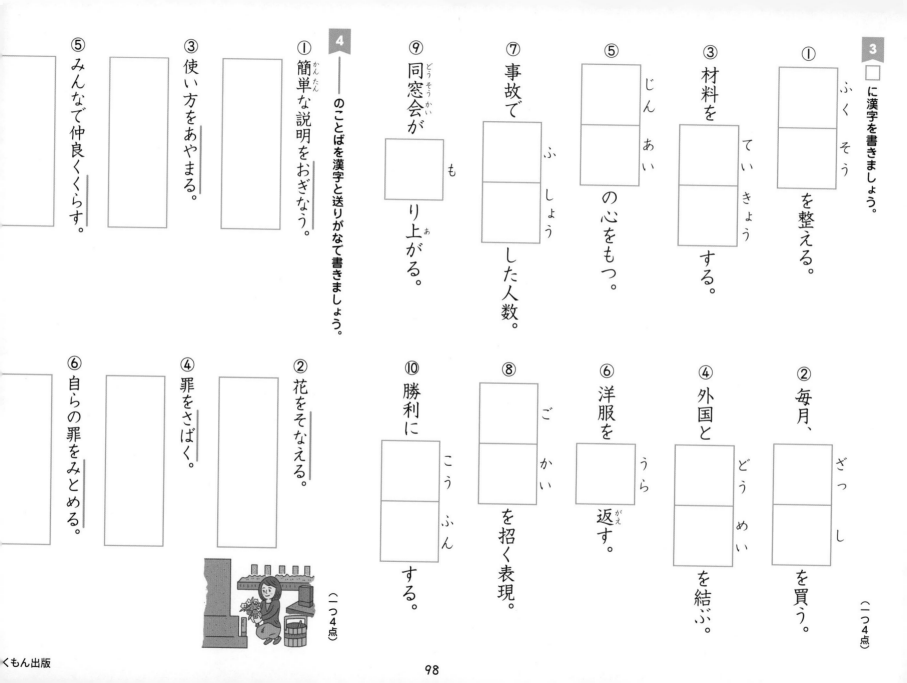

49 預・恩・券・承

1

①《ゆび》でなぞりましょう。

預 はねる

②「預」を書きましょう。

13画 頁

預 予

読み方	意味
ヨ あずける あずかる	・物などを置かせてもらう ・まかせる

③□に「預」を書きましょう。

□《よ》金《きん》通帳。荷物を□《あず》ける。

留守を□《あず》かる。□《よ》貯金《ちょきん》の金額。

（1～4は全部書いて20点）

2

①《ゆび》でなぞりましょう。

恩

②「恩」を書きましょう。

10画 心

恩 因

読み方	意味
オン —	・人から親切にされること、なさけ

③□に「恩」を書きましょう。

命の□《おん》人《じん》。□《おん》師《し》。

3

①《ゆび》でなぞりましょう。

券 はねる

②「券」を書きましょう。

8画 刀

券 关

読み方	意味
ケン —	・きっぷ

③□に「券」を書きましょう。

入場《にゅうじょう》□《けん》。食《しょっ》□《けん》を買う。

4

①《ゆび》でなぞりましょう。

承 はねる

②「承」を書きましょう。

8画 手

承 手

読み方	意味
ショウ （うけたまわる）	・受け入れる ・受けつぐ

③□に「承」を書きましょう。

□《しょう》知《ち》する。伝《でん》□《しょう》する。（古くからの文化などを伝えていく）

快く□《しょう》だくする。市が□《しょう》認《にん》する。

月 日

名前

はじめ 時 分

終わり 時 分

かかった時間 分

得点

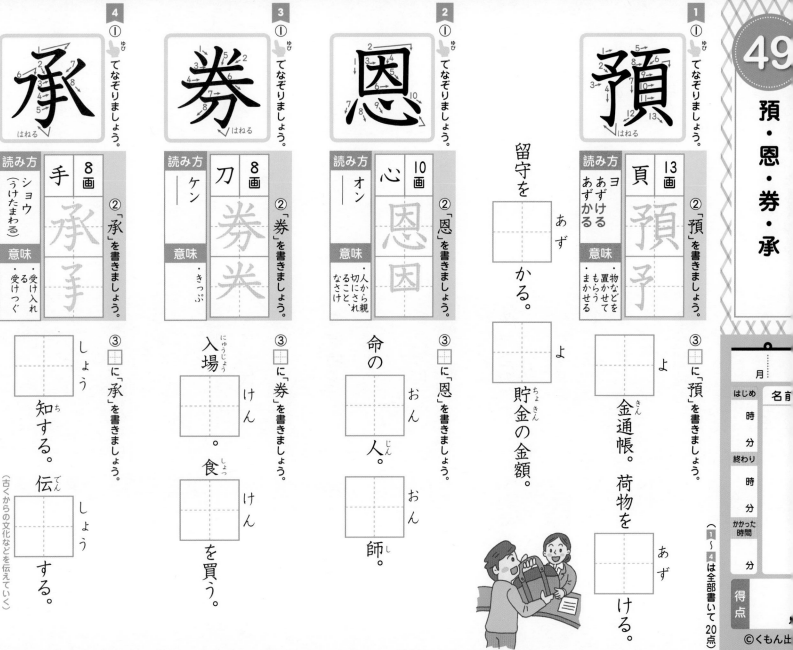

5 ――の漢字の読みがなを書きましょう。（一つ4点）

① 預金（　）した金額。

② 恩師（　）に手紙を書く。

③ 入場券（　）を買う。

④ たのみを承知（　）する。

⑤ 手紙を預（　）ける。

⑥ 恩人（　）に感謝する。

⑦ 食券（　）を売る機械。

⑧ 文化の伝承（　）。

⑨ 留守を預（　）かる。

⑩ 保護者の承（　）だくを得る。

6 □に漢字を、（　）に送りがなを書きましょう。（一つ4点）

① かばんを□《あずける》（ける）。

② 食□《しょっけん》を買って食べる店。

③ 命の□人《おんじん》に再会する。

④ 父が快く□知《しょうち》してくれた。

⑤ 荷物を□《あずかる》（かる）。

⑥ 銀行に□金《よきん》する。

⑦ 先生の□《しょう》だくが必要だ。

⑧ □師《おんし》の家を訪《たず》ねる。

⑨ 遊園地の入場□《にゅうじょうけん》。

⑩ しきたりを伝□《でんしょう》する。

50

俵・敵・銭・警

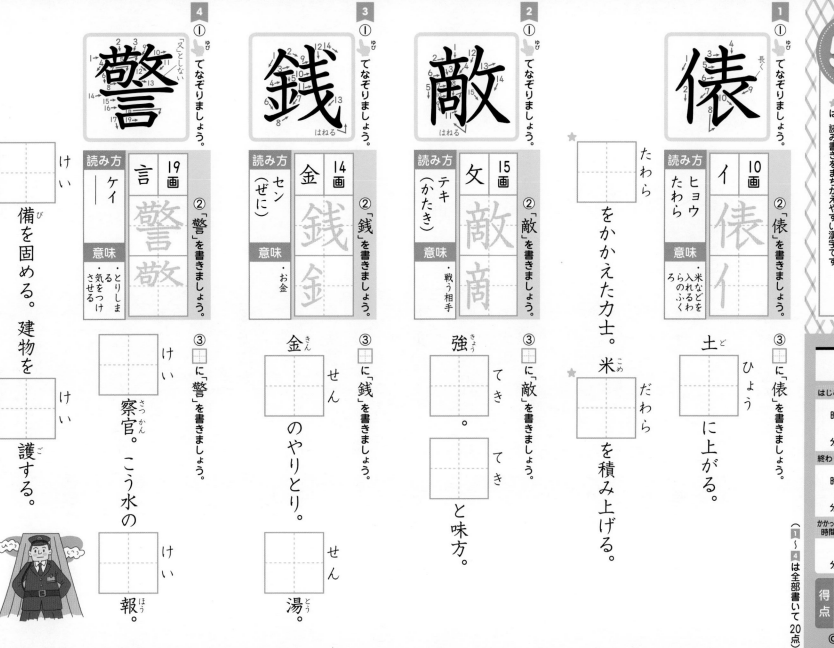

★は、読み書きをまちがえやすい漢字です。

月　日

名前

はじめ　時　分

終わり　時　分

かかった時間　分

得点　点

（1～4は全部書いて20点）

1

① 指《ゆび》でなぞりましょう。

俵（長く）

② 「俵」を書きましょう。

10画	イ

読み方：ヒョウ　たわら

意味：・米などを入れるわらのふくろ

③ □に「俵」を書きましょう。

土《ど》□《ひょう》に上がる。

★ □《たわら》をかかえた力士。

★ 米《こめ》□《だわら》を積み上げる。

2

① 指《ゆび》でなぞりましょう。

敵（はねる）

② 「敵」を書きましょう。

15画	攵

読み方：テキ　（かたき）

意味：・戦う相手

③ □に「敵」を書きましょう。

強《きょう》□《てき》。

□《てき》と味方。

3

① 指《ゆび》でなぞりましょう。

銭（はねる）

② 「銭」を書きましょう。

14画	金

読み方：セン　（ぜに）

意味：・お金

③ □に「銭」を書きましょう。

金《きん》□《せん》のやりとり。

□《せん》湯《とう》。

4

① 指《ゆび》でなぞりましょう。

警（「又」としない）

② 「警」を書きましょう。

19画	言

読み方：ケイ　―

意味：・とりしまる　・気をつけさせる

③ □に「警」を書きましょう。

□《けい》察《さつ》官《かん》。

こう水の□《けい》報《ほう》。

□《けい》備《び》を固める。

建物を□《けい》護《ご》する。

5 ＿＿の漢字の読みがなを書きましょう。（一つ4点）

① 土俵（　　）に上がる。

② 試合で強敵（　　）を破る。

③ 警察（　　）官《かん》の制服。

④ 米俵（　　）を積む。

⑤ 各地に警報（　　）が出る。

⑥ 金銭（　　）を管理する。

⑦ 会場を警備（　　）する。

⑧ 敵（　　）と戦う。

⑨ 銭湯（　　）の大きな浴そう。

⑩ 首相《しゅしょう》を警護（　　）する。

6 □に漢字を書きましょう。（一つ4点）

① □察《けいさつ》に通報する。

② 近所にある□湯《せんとう》。

③ 身辺を□護《けいご》する。

④ 決勝で強□《きょうてき》をたおす。

⑤ 重い米□《こめだわら》を運ぶ。

⑥ 大雨□報《けいほう》が出る。

⑦ 金□《きんせん》をやりとりする。

⑧ 手ごわい□《てき》に勝つ。

⑨ 横づなが土□《どひょう》に上がる。

⑩ 厳重《げんじゅう》な□備《けいび》。

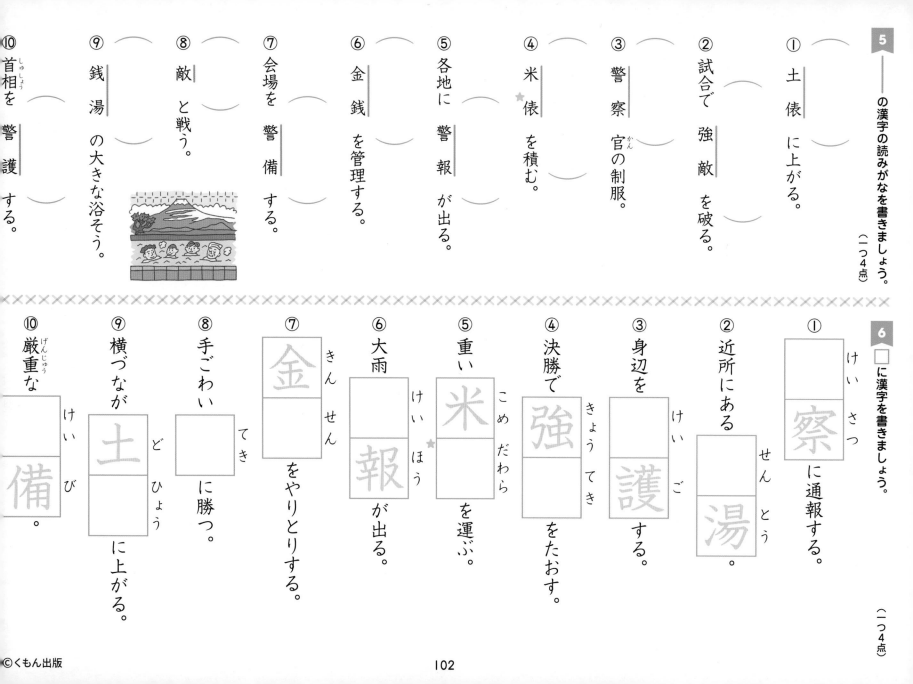

51 疑・磁・熟・憲・厳

★は、読み書きをまちがえやすい漢字です。

（1～5は全部書いて20点）

月　日　名前

はじめ　時　分
終わり　時　分
かかった時間　分

得点　点

1

① ゆびでなぞりましょう。

疑（はねる）

② 「疑」を書きましょう。

14画	疋
読み方	ギ／うたがう
意味	・あやしむ ・本当かどうかわからない

③ □に「疑」を書きましょう。

□《ぎ》問《もん》に思う。

□《うたが》いをもつ。

2

① ゆびでなぞりましょう。

磁（点の向きに注意）

② 「磁」を書きましょう。

14画	石
読み方	ジ／―
意味	・鉄をすいつける性質 ・焼き物

③ □に「磁」を書きましょう。

□《じ》石《しゃく》のN極《エヌきょく》。

とう□《じ》器《き》。

3

① ゆびでなぞりましょう。

熟（はねる）

② 「熟」を書きましょう。

15画	灬
読み方	ジュク／（うれる）
意味	・よく実る ・十分になる

③ □に「熟」を書きましょう。

かきの実が□《じゅく》す。

□《じゅく》語《ご》。

4

① ゆびでなぞりましょう。

憲（「四」としない）

② 「憲」を書きましょう。

16画	心
読み方	ケン／―
意味	・基本となるきまり

③ □に「憲」を書きましょう。

日本国《にほんこく》□《けん》法《ぽう》。

児童《じどう》□《けん》章《しょう》。

（子どもがよいかん境でしあわせに生活できるよう、つくられたきまり）

5

① ゆびでなぞりましょう。

厳（点の向きに注意）

② 「厳」を書きましょう。

17画	⺍
読み方	ゲン（ゴン）／（おごそか）きびしい
意味	・いい加減でない様子

③ □に「厳」を書きましょう。

★□《げん》重《じゅう》な注意。

★時間□《げん》守《しゅ》。

自分に□《きび》しい。

□《きび》しい寒さ。

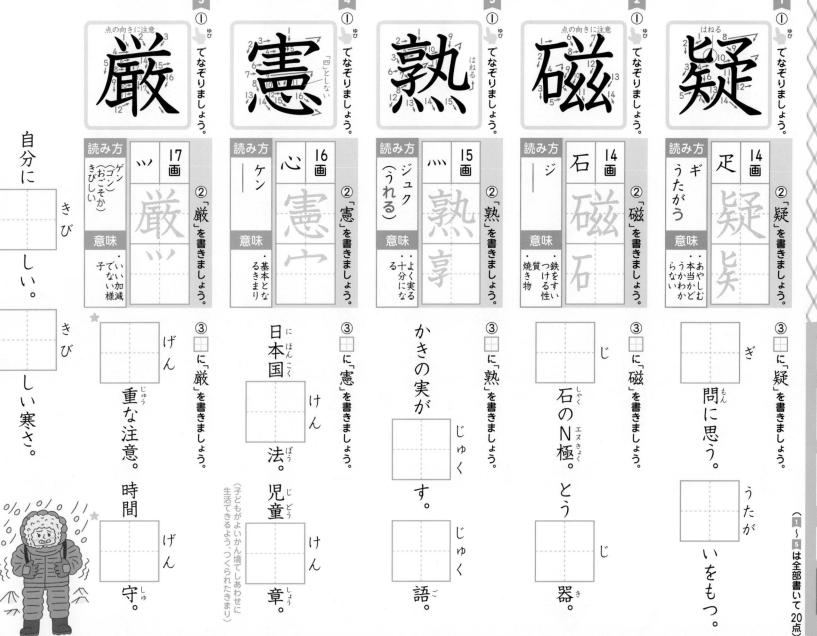

6 ――の漢字の読みがなを書きましょう。（一つ4点）

① 四字熟語（　　）を覚える。

② 憲法（　　）にもとづく。

③ 磁石（　　）の引力。

④ 疑（　　）いを晴らす。

⑤ ★厳重（　　）な警備《けいび》。

⑥ とう磁器（　　）を焼く。

⑦ 木の実が熟（　　）す。

⑧ 児童《じどう》憲章（　　）。

⑨ 疑問（　　）に思う。

⑩ 厳（　　）しい寒さをしのぐ。

7 □に漢字を、（　）に送りがなを書きましょう。（一つ4点）

① 美しいとう□《じ》器《き》。

② □《ぎ》問《もん》をいだく。

③ かきの実が□《じゅく》す。

④ □《きび》（しい）《しい》練習を積む。

⑤ 日本国《にほんこく》□《けん》法《ぽう》の発布《はっぷ》。

⑥ □《うたが》（い）《い》をもった目で見る。

⑦ 国連《こくれん》□《けん》章《しょう》。

⑧ □《じ》石《しゃく》で方角を調べる。

⑨ ★□《げん》重《じゅう》な注意をする。

⑩ 四字□《じゅく》語《ご》を暗記する。

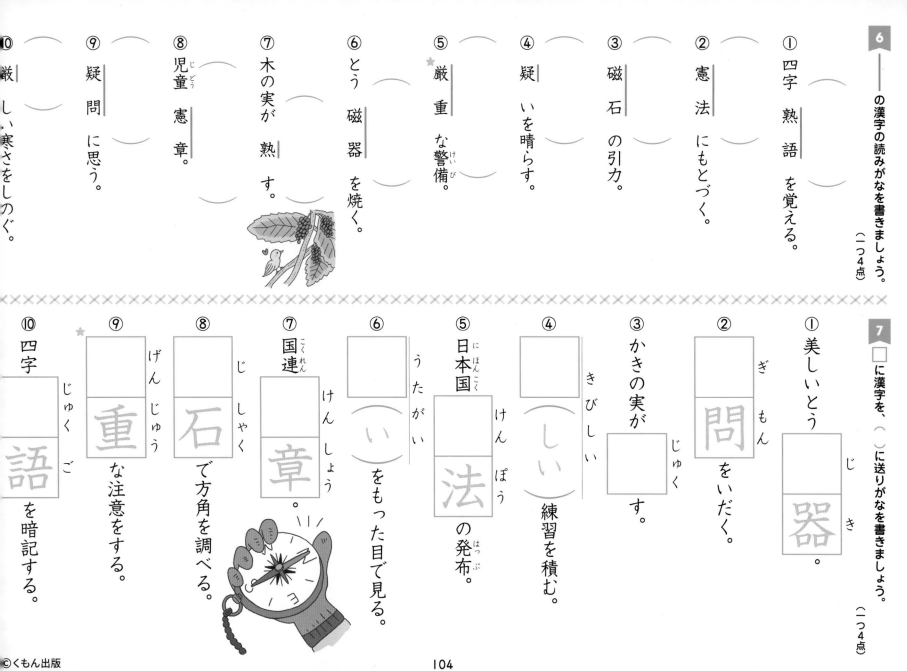

52 確認《かくにん》ドリル⑬

★は、読み書きをまちがえやすい漢字です。

1 ――の漢字の読みがなを書きましょう。（一つ2点）

① 児童《じどう》憲章。

② 警察官。

③ とう磁器。

④ 銭湯に行く。

⑤ 強敵と競う。

⑥ 入場券。

⑦ 命の恩人。

⑧ 熟語を勉強する。

⑨ 文化の伝承。

⑩ 上着を預かる。

2 ――の漢字の読みがなを書きましょう。（一つ2点）

①
厳しい練習にたえる。
時間を★厳守する。

②
疑いの余地はない。
疑問に思う。

③
米★俵をかつぐ。
土俵に上がる。

④
銀行に預金する。
手荷物を預ける。

月　日

名前

はじめ　時　分

終わり　時　分

かかった時間　分

得点　点

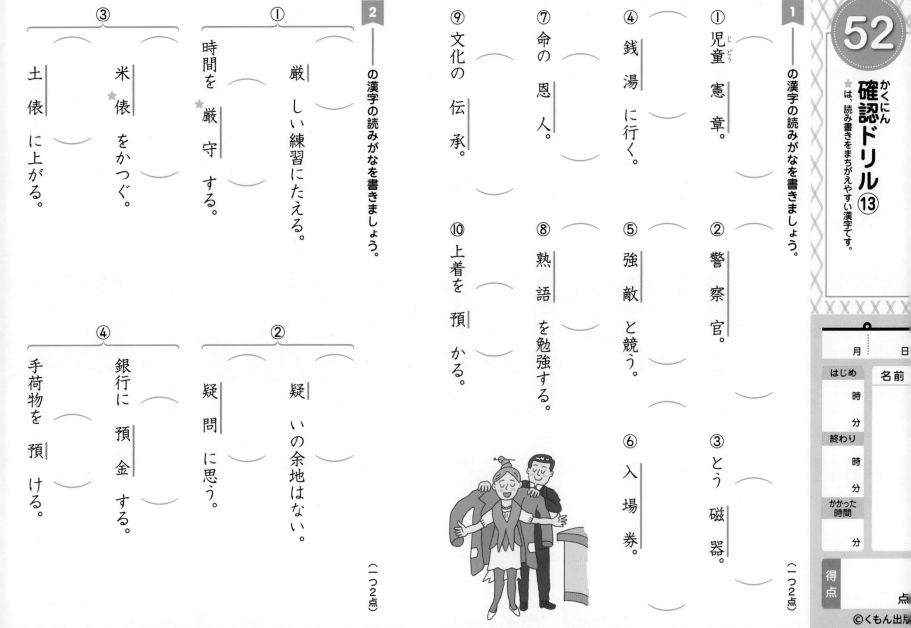

3 □に漢字を書きましょう。（一つ4点）

①　□□《じしゃく》で方角を調べる。

②　大雨□□《けいほう》が出る。

③　□□《けんぽう》にもとづく。

④　□□《おんし》の言葉を思い出す。

⑤　□□《しょっけん》を並《なら》んで買う。

⑥　□《てき》と味方に分かれる。

⑦　快く□□《しょうち》する。

⑧　□□《きんせん》感覚を養う。

⑨　四字□□《じゅくご》を習う。

⑩　★□□《こめだわら》を運ぶ。

⑪　□□《ぎもん》に答える。

⑫　★□□《げんじゅう》な戸《と》締《じ》まり。

4 ――のことばを漢字と送りがなで書きましょう。（一つ4点）

①　寒さがきびしい。

②　荷物をあずかる。

③　うたがいをいだく。

④　銀行にお金をあずける。

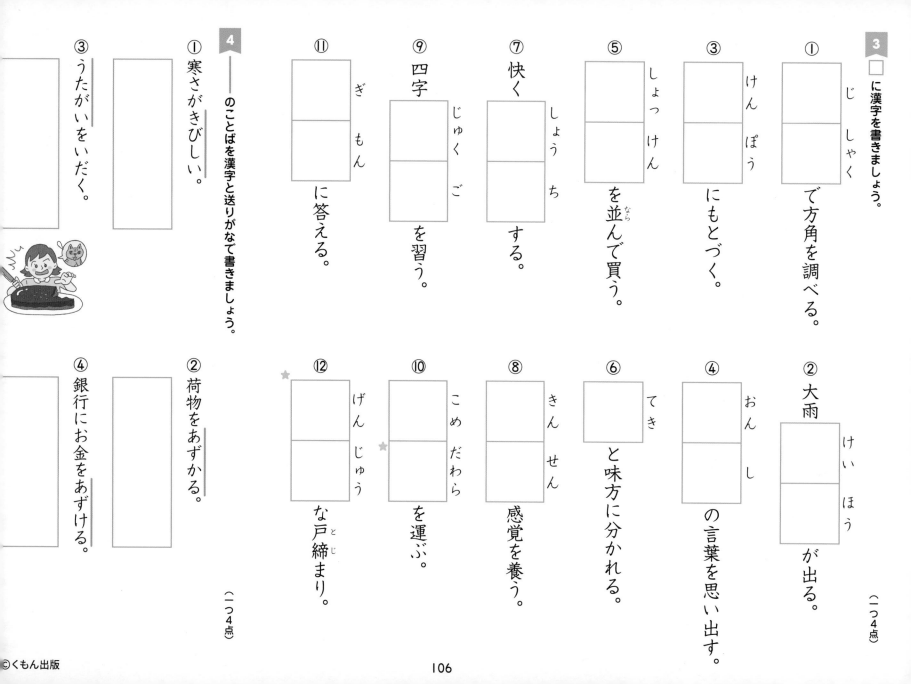

53 5年生までのまちがえやすい漢字①

月　日

名前

はじめ　時　分

終わり　時　分

得点　点

1 ——の漢字の読みがなを書きましょう。（一つ3点）

① 十人《じゅうにん》十色。
（好みなどがそれぞれちがっていること）

② 明朝、早く出る。

③ 三日月。

④ 日の入り。

⑤ 新しい方法を用いる。

⑥ 天然の魚。

⑦ 玉石混交《こんこう》。
（よいものと悪いものが入りまじっていること）

⑧ 夏の積乱《せきらん》雲が広がる。

⑨ 決定を委ねる。

⑩ 梅雨前線による雨が続く。

2 ——の漢字の読みがなを書きましょう。（一つ2点）

①
図工の授業。
推《すい》せん図書を読む。

②
合唱コンクール。
昔の合戦があった土地。

③
文に読点を打つ。
祖父の使った読本。
注意 ここでは「どくほん」「よみほん」でない読み方を書く。

④
右足からふみ出す。
足し算《ざん》をする。

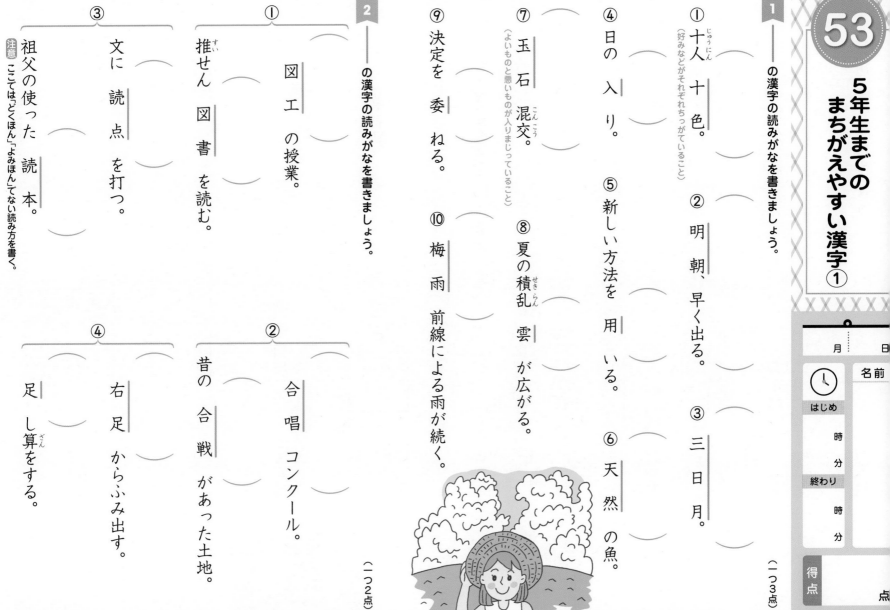

3 □に漢字を書きましょう。（一つ3点）

① 家で□《たい》□《き》する。

② □《こう》□《きょう》の場でマナーを守る。

③ □《ただ》ちに出発する。

④ □《こ》□《がい》に出る。

⑤ 古い□《やしろ》。

⑥ 思いの□《ほか》、易しかった。

⑦ 述語に□《かか》る言葉。

⑧ □《ひ》革《かく》製品。

⑨ □《がん》□《らい》の□《き》□《しつ》。

4 □の読み方をする漢字を□に書きましょう。（一つ3点）

① ま(ざる)
- 絵の具の色が□ざる。
- 子供《こども》が大人《おとな》の中に□ざる。

② あつ(い)
- ものすごく□い夏。
- □いお茶を注ぐ。

③ ジョウ
- □件《けん》がそろう。
- 三角□規《ぎ》を使う。

④ シュウ
- 都市の□辺《へん》に住む。
- 今《こん》□の天気予報。

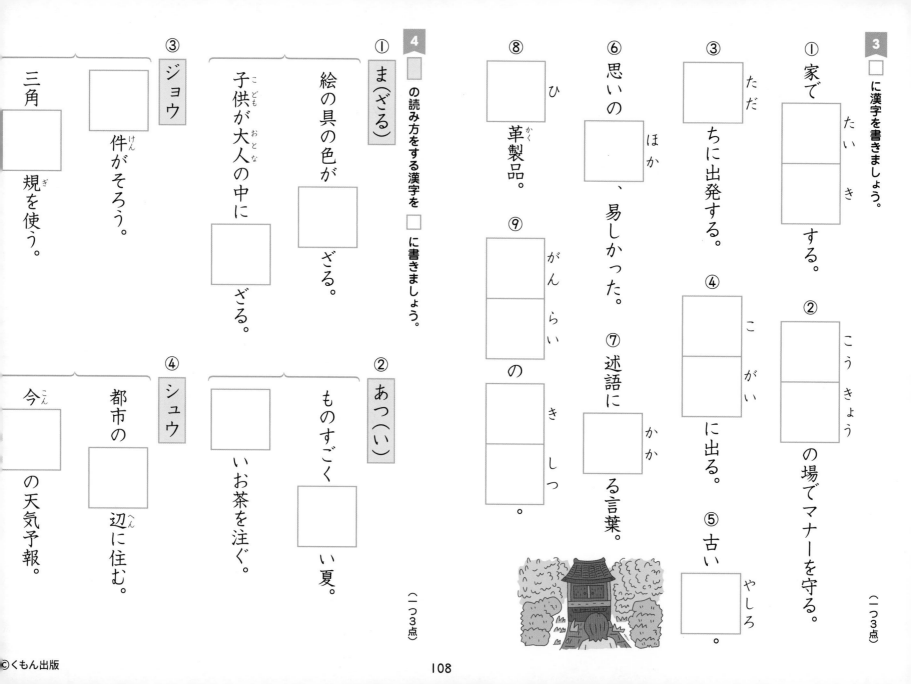

54 5年生までのまちがえやすい漢字②

月　日

名前

はじめ　時　分

終わり　時　分

得点　点

1 ――の漢字の読みがなを書きましょう。（一つ3点）

① ポストを設置する。

② 昨夜、雨が降った。

③ 粉末の薬。

④ 山の風景。

⑤ 異《い》を唱える。

⑥ 功績が認《みと》められる。

⑦ 料理に塩を加える。

⑧ アメリカ大陸への航路。

2 ――の漢字の読みがなを書きましょう。（一つ2点）

①
ため息をつく。
息災に過ごす。（無事に過ごす）

②
時間をかけて説得する。
教えを説く。

③
理解を深める。
問題を解く。

④
人気《にんき》が失速する。
バランスを失う。

3 □に漢字を書きましょう。（一つ3点）

①□□《もくひょう》を立てる。

②□□《きこう》の□□《へんか》。

③□□《なんきょく》のペンギン。

④□□《ぼくよう》犬《けん》が羊を□《お》う。

⑤トマトの□□《かんさつ》日記。

⑥新しい□《こころ》み。

⑦エネルギーを□□《しょうひ》する。

⑧小学校を□□《そつぎょう》する。

4 □の読み方をする漢字を□に書きましょう。（一つ3点）

①キョウ
- 望遠《ぼうえん》□をのぞく。
- 徒《と》□走《そう》の大会。

②はか(る)
- 荷物の重さを□る。
- リレーのタイムを□る。

③ギ
- □会《かい》の決定に従《したが》う。
- 正《せい》□感《かん》が強い。

④つと(める)
- 委員を□める。
- 早起きに□める。

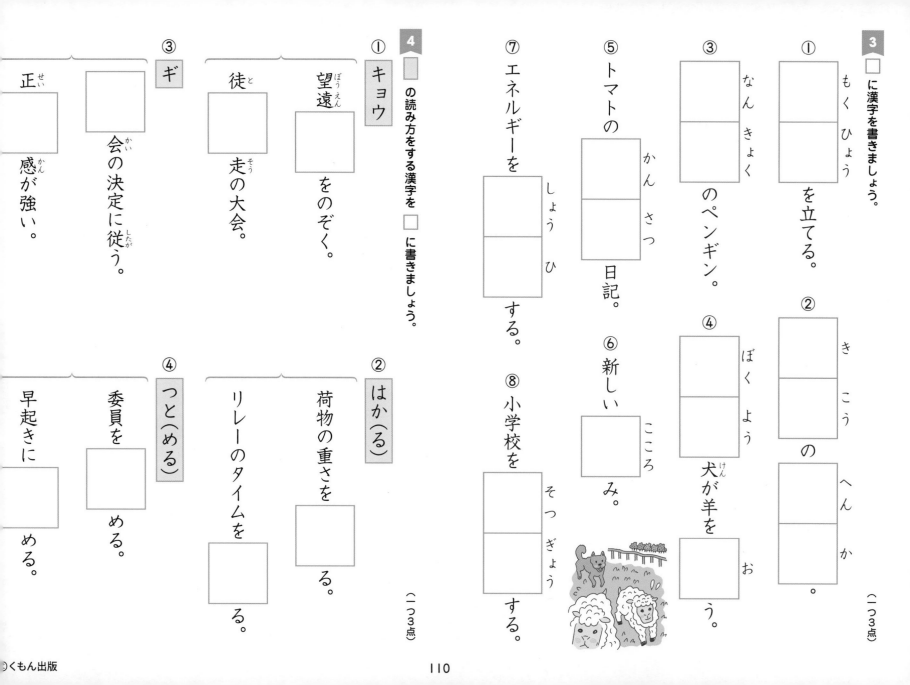

55 5年生までのまちがえやすい漢字③

月　日
名前
はじめ　時　分
終わり　時　分
得点　点

1 ——の漢字の読みがなを書きましょう。（一つ3点）

① 雑きんでふく。

② 安易な考え。

③ 無《む》だを省く。

④ 製糸工場。

⑤ 天下を統一する。

⑥ 有益な情報。

⑦ 大河の流れ。

⑧ 険しい山。

⑨ 価格を比かくする。

2 ——の漢字の読みがなを書きましょう。（一つ2点）

①
武者修《しゅ》行《ぎょう》をする。
軍の武器。

②
水が勢いよく出る。
観客が大勢いる。

③
興味のある仕事。
復興を支《し》えんする。

④
とう争《そう》心《しん》を燃やす。
可燃ごみの日。

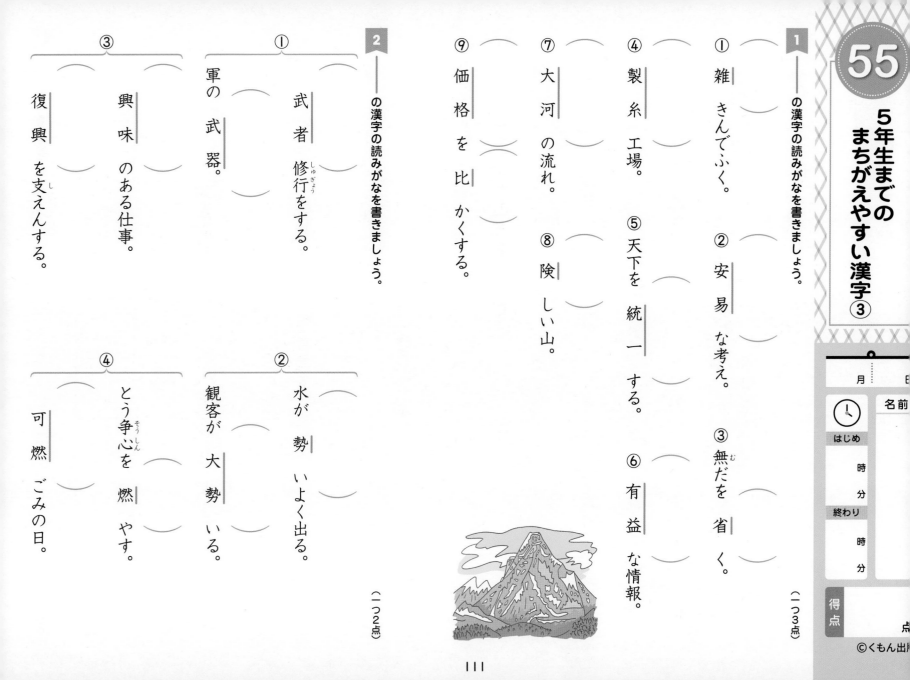

3 □に漢字を書きましょう。（一つ3点）

① □□《けいかい》に走る。

② □□《てきせつ》な□□《はんだん》。

③ □□《えいせい》的《てき》な服。

④ □□《こくさい》的《てき》に活《かつ》やくする。

⑤ □□《せいふく》で登校する。

⑥ 部屋《へや》を□□《ぞうちく》する。

⑦ □□《けっぱく》を□□《しょうめい》する。

⑧ □□《とくせい》をいかす。

4 □の読み方をする漢字を□に書きましょう。（一つ3点）

① ベン
□利《り》な道具。
□護士《ごし》を志す。

② セキ
容《よう》□を求める公式。
成《せい》□が上がる。

③ フク
習ったことを□習《しゅう》する。
□数《すう》の意見を聞く。

④ おさ（める）
広い国を□める。
兄は医学を□める。

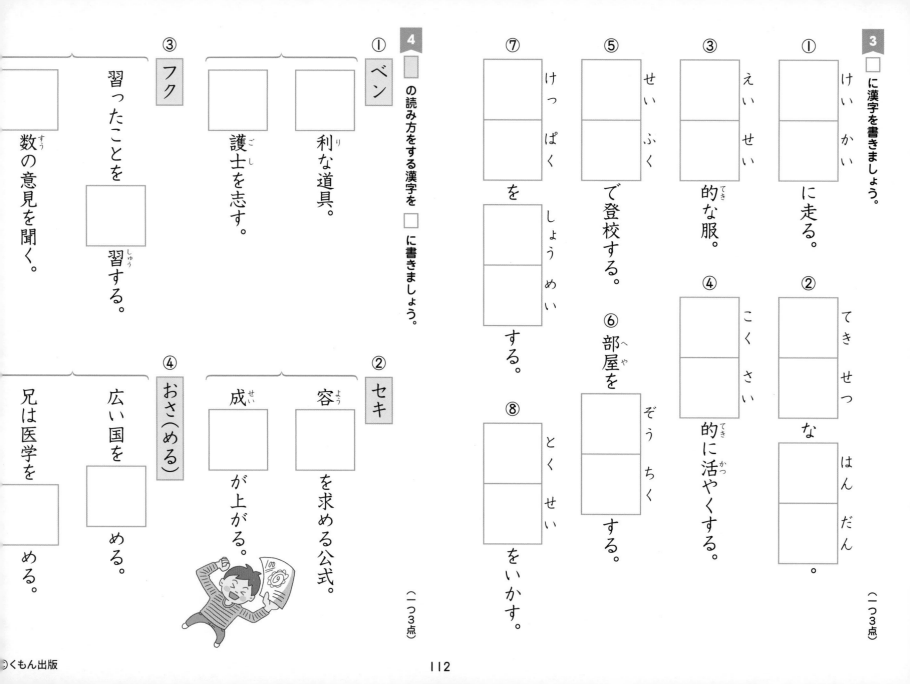

56 6年生のしんだんテスト①

★は、読み書きをまちがえやすい漢字です。

月　日　名前

はじめ　時　分
終わり　時　分

得点　点

1 ――の漢字の読みがなを書きましょう。（一つ2点）

① 荷物を届ける。
② 簡潔に話す。
③ 勇気を奮う。
④ 英語の通訳。
⑤ 劇的な勝利。
⑥ 宝を探《さが》す。
⑦ 同★窓会名簿《めいぼ》。
⑧ 朗報を待つ。
⑨ 異なる意見。
⑩ 革新的《てき》な考え。
⑪ 罪人を裁く。
⑫ 若い世代。

2 ――の漢字の読みがなを書きましょう。（一つ2点）

①
山の★頂に立つ。
頂上を目指す。

②
使用方法を誤る。
相手を誤解する。

③
物語の背景を読み取る。
妹と★背比《くら》べをする。

④
温暖化の防止。
暖かい春の日。

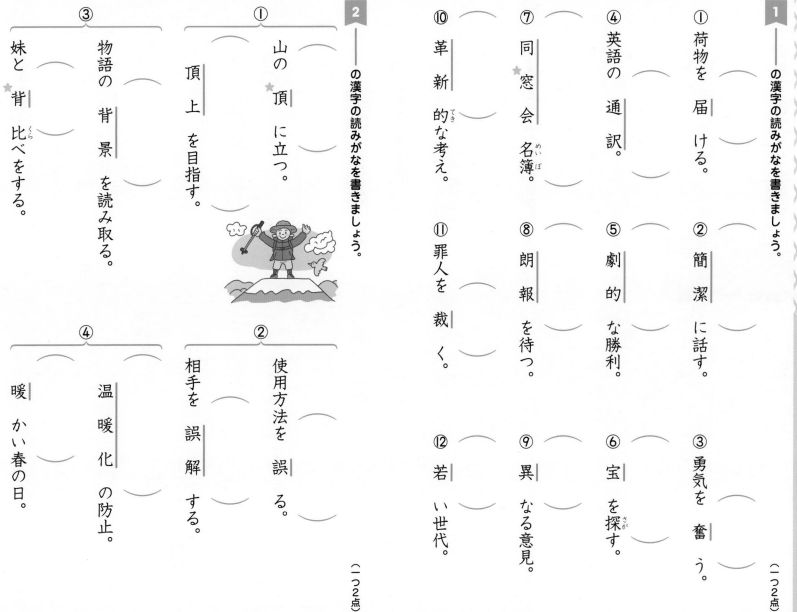

3 □に漢字を書きましょう。（一つ3点）

① □□《よくじつ》の朝。

② 水玉□□《もよう》。

③ □《りん》機《き》応《おう》変《へん》。

④ □□《ぎろん》する。

⑤ 説明を□《おぎな》う。

⑥ 加《か》□《めい》団体。

⑦ 夜空の□□《せいざ》を見る。

⑧ かきの実が□《じゅく》す。

★⑨ □《よ》い行いを心がける。

注意 ここでは「良」を使わないで書く。

⑩ ごみの□□《しょり》。

⑪ □□《しょうらい》の夢をえがく。

★⑫ 日本の□□《こくそう》地《ち》帯《たい》。

4 形に注意して、□に漢字を書きましょう。（一つ3点）

①
江戸《えど》□《ばく》府《ふ》がほろびる。
外国で□《く》らす。

②
魚の内《ない》□《ぞう》を取《と》り除《のぞ》く。
冷《れい》□《ぞう》庫《こ》で冷やす。

③
世界文化□《い》産《さん》。
□《き》重《ちょう》な体験をする。

④
雨つぶが□《た》れる。
□《ゆう》便《びん》物《ぶつ》を送る。

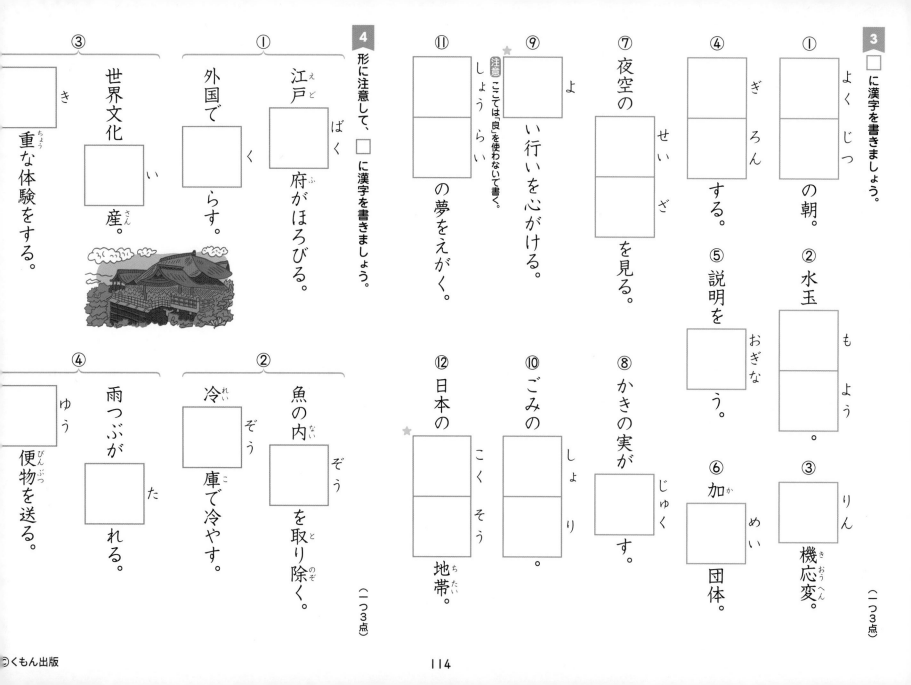

57 6年生のしんだんテスト②

★は、読み書きをまちがえやすい漢字です。

月　日

名前

はじめ　時　分

終わり　時　分

得点　点

1 ―の漢字の読みがなを書きましょう。（一つ2点）

① 看板を立てる。

② 足の負傷。

③ 装備が整う。

④ 砂糖を加える。

⑤ 班長になる。

⑥ ★納税の義務。

⑦ 法律の改正。

⑧ 銀《ぎん》河《が》系の星。

⑨ 公衆電話。

⑩ 商品の宣伝。

⑪ ★従業員。

⑫ 仁愛の心。

2 ―の漢字の読みがなを書きましょう。（一つ2点）

①
親を★尊ぶ。
恩師《おんし》を尊敬する。

②
疑問に思う。
疑いが晴れる。

③
幼児と遊ぶ。
幼い妹の世話をする。

④
★私の学校を案内する。
私服で出かける。

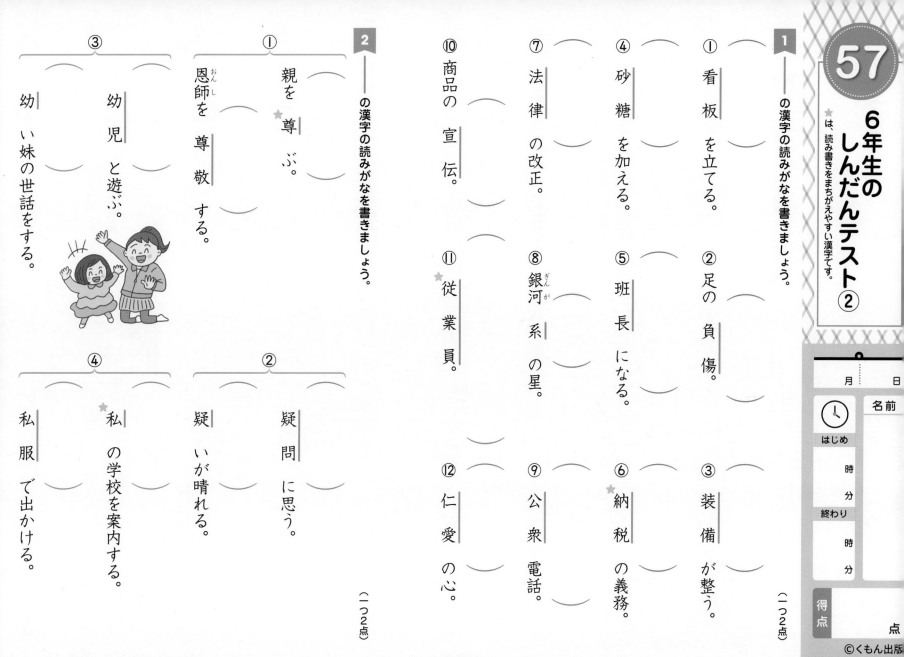

3 □に漢字を書きましょう。（一つ3点）

① □《じゅう》横《おう》に走る。

② □□《いちょう》の薬。

③ 車の□□《こしょう》。

④ □□《こうごう》陛下《へいか》。

⑤ □□《せいか》リレー。

⑥ 神社で□《おが》む。

⑦ 空気を□《す》いこむ。

⑧ □□《やちん》をはらう。

⑨ 胸《むね》を□《いた》める出来事。

⑩ 人口□□《みつど》が高い。

⑪ うっかり□《わす》れ物《もの》をする。

⑫ 問題点を□□《けんとう》する。

4 形に注意して、□に漢字を書きましょう。（一つ3点）

①
- □《えい》画《が》を見に行く。
- □《ばん》ご飯《はん》を食べる。

②
- 山の中で生《い》き□《の》びる。
- □《たん》生日《じょうび》を祝う。

③
- 用紙に□《しょ》名《めい》する。
- 有名な本の□《ちょ》者《しゃ》。

④
- 日《にっ》□《し》に記入する。
- 実力を□《みと》める。

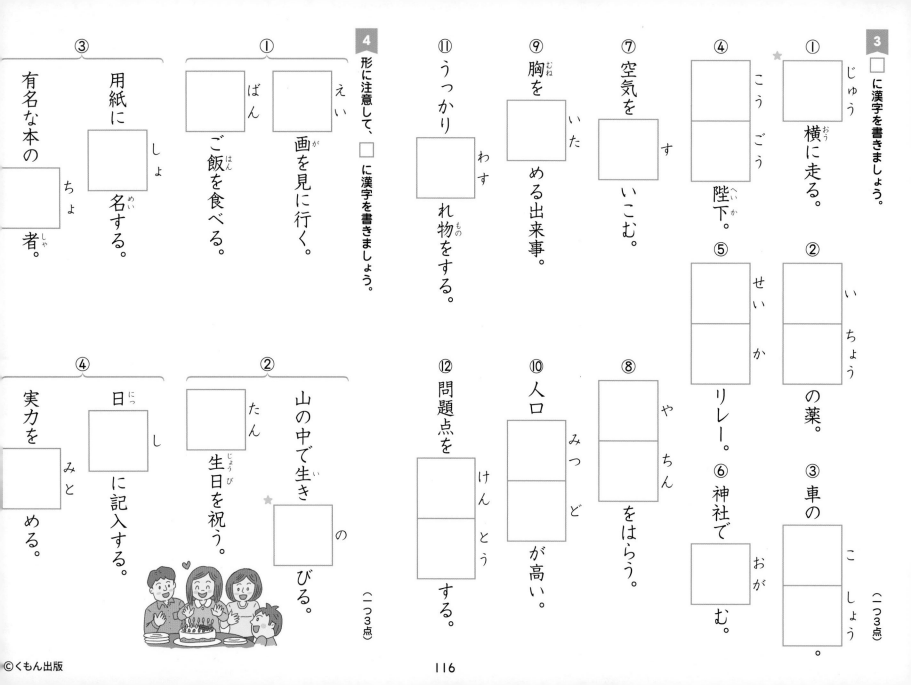

58 6年生のしんだんテスト③

★は、読み書きをまちがえやすい漢字です。

月　日

名前

はじめ　時　分

終わり　時　分

得点　点

1 ――の漢字の読みがなを書きましょう。（一つ2点）

① 児童《じどう》憲章。

② 川に沿って歩く。

③ 灰色の空。

④ 満★潮の時刻《じこく》。

⑤ 我に返る。

⑥ アジア諸国。

⑦ 誠意を示す。

⑧ 鉄鋼業。

⑨ 故郷に帰る。

⑩ 名前を呼ぶ。

⑪ 危険を防ぐ。

⑫ 作業の分担。

2 ――の漢字の読みがなを書きましょう。（一つ2点）

①
価値のある品物。
手ごろな値段。

②
旧友を訪ねる。
母校を訪問する。

③
★干たく事業。
ふとんを外に干す。

④
略図を縮小する。
セーターが縮む。

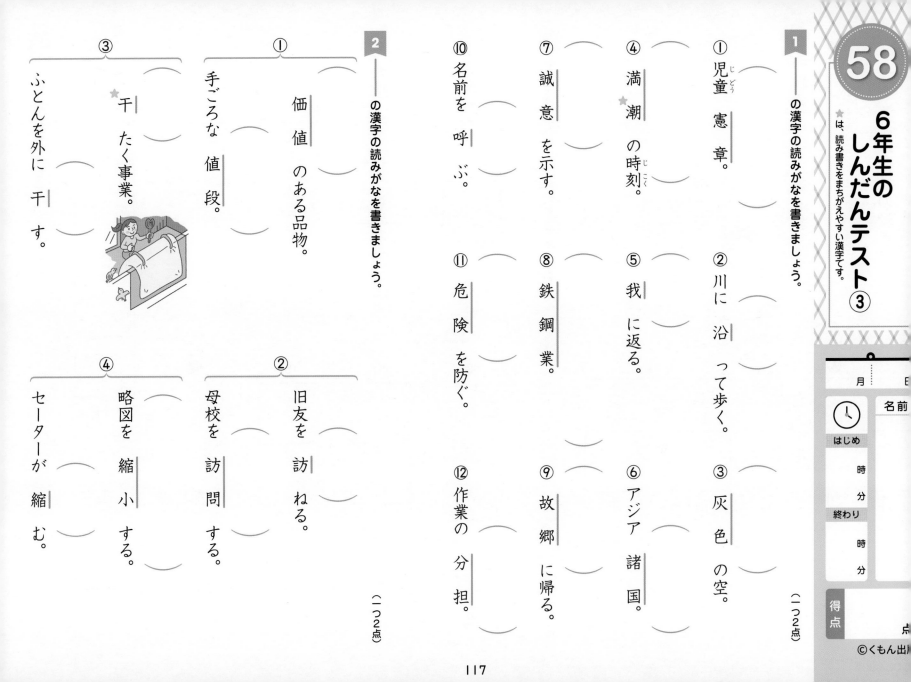

3 □に漢字を書きましょう。

（一つ3点）

①準備□□《たいそう》。

②□□《うちゅう》船《せん》。

③山の□□《ちゅうふく》。

④□□《てんじ》会《かい》。

⑤□《たまご》料理《りょうり》を作る。

⑥落《お》とし□《あな》。

⑦□《はげ》しい雨が降《ふ》る。

⑧□□《りっぱ》な態度。

⑨大雨□□《けいほう》の発令。

⑩□□《しょくよく》がわく。

⑪生命の□□《しんぴ》。

⑫ピアノを□□《えんそう》する。

4 形に注意して、□に漢字を書きましょう。

（一つ3点）

①
部屋《へや》の戸を□《し》める。
内《ない》□《かく》総理大臣《そうりだいじん》。

②
自分□《せん》用《よう》の部屋《へや》。
発車□《すん》前《ぜん》のバス。

③
紙の□《まい》数《すう》を数える。
□《かぶ》式《しき》会社の設立。

④
自分の役《やく》□《わり》を果たす。
詩の□《そう》作《さく》。

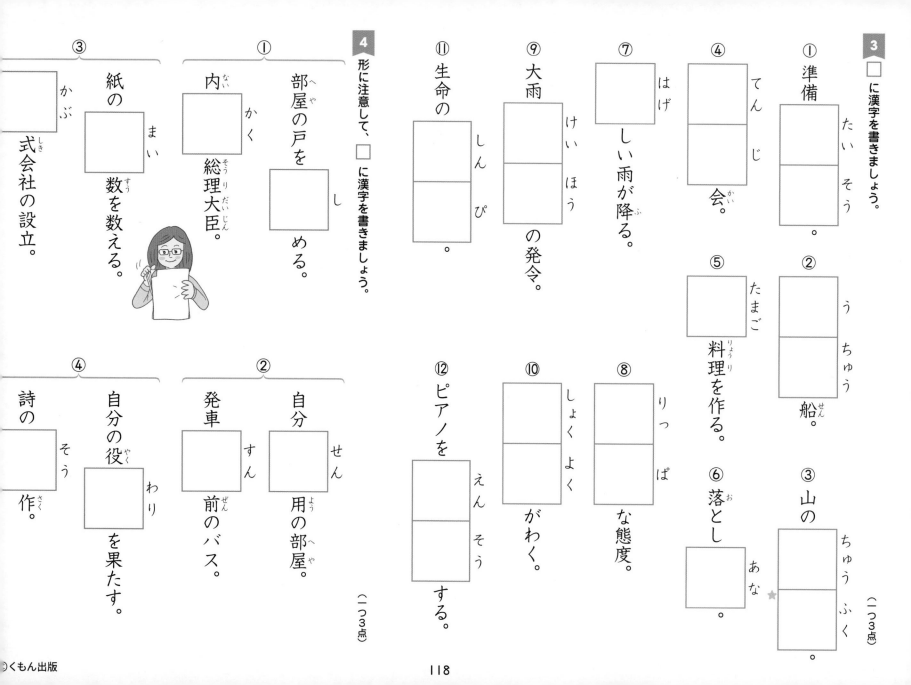

59 6年生のしんだんテスト④

★は、読み書きをまちがえやすい漢字です。

月　日

名前

はじめ　時　分

終わり　時　分

得点　点

1 ——の漢字の読みがなを書きましょう。（一つ2点）

① 新しい政策。

② 俳句をよむ。

③ 単純な話。

④ 親孝行。

⑤ さまざまな党派。

⑥ 死亡率《りつ》の低下。

⑦ 本の冊数。

⑧ 視野が開《ひら》ける。

⑨ 並んで歩く。

⑩ 物資の供給。

⑪ 米★俵を積む。

⑫ 忠実な犬。

2 ——の漢字の読みがなを書きましょう。（一つ2点）

①
降水量《りょう》が多い。
駅で降りる。

②
蚕がまゆをつくる。
養★蚕業《ぎょう》を営む。

③
時刻どおりに発車する。
思い出を心に刻む。

④
敬老の日。
先生を敬う。

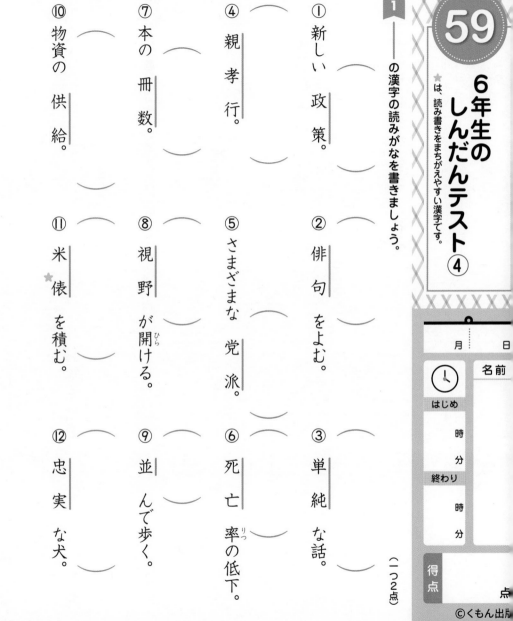

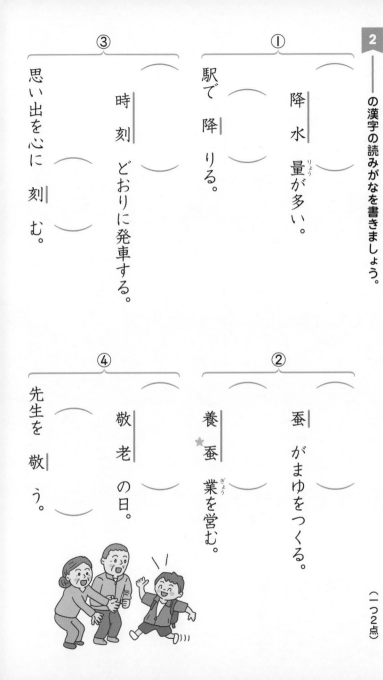

3 □に漢字を書きましょう。（一つ3点）

① うわさを□□《ひてい》する。

② □《てき》と味方。

③ □□《しゅうしょく》試験。

④ □□《じょうき》船《せん》に乗る。

⑤ 時《と》計《けい》の□《はり》。

⑥ □□《げんじゅう》な□□《けいご》。

⑦ ぶ台《たい》の□□《うらがわ》。

⑧ 駅にある□□《けんばい》機《き》。

⑨ □□《けんり》と義務。

⑩ 文化の□□《でんしょう》。

⑪ お知らせを□□《かいらん》する。

4 形に注意して、□に漢字を書きましょう。（一つ3点）

①
□《すい》理《り》小説を読む。
練習以上の力を発《はっ》□《き》する。

②
新曲を□《ひ》評《ひょう》する。
情報が□《かく》散《さん》する。

③
走って呼《こ》吸《きゅう》が□《みだ》れる。
□《にゅう》製《せい》品《ひん》を買う。

④
□《はい》活《かつ》量《りょう》を測る。
首《しゅ》□《のう》会談が開かれる。

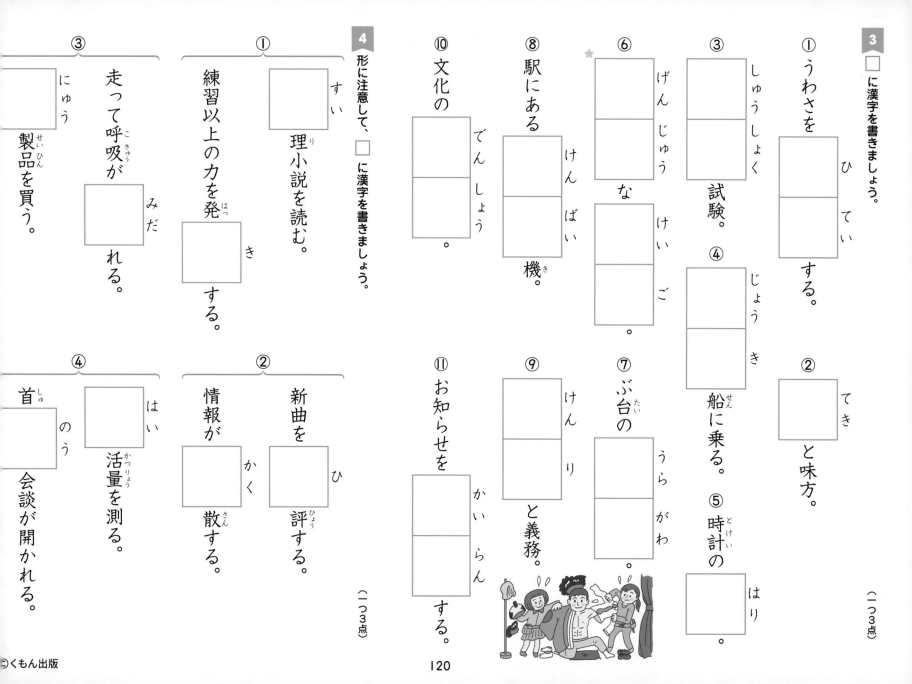

答え

- （　）は、別の答えです。
- 〈　〉は、まだ学習していない漢字です。
- 漢字表のページの1〜4（1〜5）は、答えを省略しています。
- 小学校で習わない漢字や読み方は、答えとしてあつかっていません。

1 灰・冊・至・並・片　3・4ページ

6
①さつ　②なみき　③はいいろ
④なんさつ　⑤かたほう　⑥しきゅう
⑦なら　⑧いた　⑨かたづ　⑩はい

7
①並べる　②冊　③並木　④至る
⑤何冊　⑥灰色　⑦片方　⑧灰　⑨至急
⑩片付

2 幼・看・班・頂・翌　5・6ページ

6
①ちょうじょう　②かんごし　③おさな
④いただき　⑤ようじ　⑥かんばん
⑦よくじつ　⑧いただ
⑨はん・はんちょう　⑩よくしゅう

7
①看板　②頂　③班・班長　④頂上
⑤頂く　⑥翌日　⑦幼い　⑧翌週
⑨看護師　⑩幼児

3 宇・宙・映・晩・暖　7・8ページ

6
①うちゅう　②ばん　③えいが
④おんだん　⑤まいばん　⑥あたた
⑦だん　⑧ちゅう　⑨うつ　⑩あたた

7
①映る　②暖　③宙　④晩　⑤映画
⑥暖める　⑦宇宙　⑧暖かい　⑨毎晩
⑩温暖

4 確認《かくにん》ドリル①　9・10ページ

1
①はい　②だん　③ちょうじょう
④おさな　⑤いた　⑥ちゅう
⑦かたほう　⑧かんごし　⑨まいばん
⑩うちゅう

2
①いただ／いただき　②えいが／うつ
③おんだん／あたた　④なみき／なら

3
①晩　②冊　③班　④灰色　⑤宇宙
⑥幼児　⑦看板　⑧至急　⑨片付
⑩翌日

4
①並べる　②映る　③幼い　④頂く
⑤至る　⑥暖かい

5 干・潮・処・朗・視　11・12ページ

6
①ほ　②ろうどく　③しょり
④かんちょう　⑤しりょく　⑥しお
⑦かん　⑧しかい　⑨ろうほう
⑩しょぶん

7
①処分　②視界　③干　④潮　⑤朗報
⑥干潮　⑦視力　⑧朗読　⑨処理　⑩干

6 呼・吸・皇・后・陛　13・14ページ

6
①こうごう　②よ　③てんのう　④す
⑤こうきょ　⑥こきゅう　⑦こうしつ
⑧てんのうへいか　⑨きゅう〈しゅう〉
⑩へいか

7
①呼吸　②陛下　③天皇　④呼　⑤皇后
⑥皇居　⑦吸　⑧吸〈収〉　⑨皇室
⑩陛下

7 討・論・机・枚・株　15・16ページ

6
①かぶ　②ぎろん　③つくえ
④まいすう　⑤かぶしき　⑥とうろん
⑦まい　⑧けんとう　⑨づくえ
⑩けつろん

7
①枚　②株　③机　④検討　⑤議論
⑥机　⑦結論　⑧株式　⑨枚数　⑩討論

8 確認《かくにん》ドリル②　17・18ページ

1
①てんのう　②ろうほう　③へいか
④こうたいごう　⑤つくえ　⑥しかい
⑦けんとう　⑧かぶしき　⑨ぎろん
⑩しょぶん

2
① かん／ほ　② きゅう／す
③ まんちょう／しお　④ こきゅう／よ

3
①机　②枚　③干　④株　⑤呼吸　⑥潮
⑦視力　⑧結論　⑨処理　⑩呼　⑪皇后
⑫検討　⑬朗読　⑭吸　⑮討論　⑯干潮
⑰天皇陛下　⑱皇居

9 値・段・異・欲・姿　19・20ページ

6
①すがた　②かいだん　③いこく
④しょくよく　⑤だんらく　⑥しせい
⑦かち　⑧こと　⑨ねだん　⑩よく

7
①異　②段落　③価値　④欲　⑤姿
⑥値段　⑦食欲　⑧異国　⑨階段
⑩姿勢

10 亡・忘・著・署・諸　21・22ページ

6
①ちょめい　②ぼう　③しょくん
④わす　⑤〈けい〉さつしょ　⑥しぼう
⑦しょこく　⑧ちょしゃ　⑨しょめい
⑩わす

7
①署名　②忘れる　③著名　④死亡
⑤諸君　⑥忘　⑦〈警〉察署　⑧亡
⑨諸国　⑩著者

11 乱・乳・降・除・障　23・24ページ

6
①お　②じょがい　③みだ　④ふ
⑤こしょう　⑥らんぼう　⑦いこう
⑧のぞ　⑨ちち　⑩ぎゅうにゅう

7
①故障　②除く　③降　④乱れる
⑤以降　⑥乳　⑦除外　⑧乱暴
⑨降りる　⑩牛乳

12 確認《かくにん》ドリル③　25・26ページ

1
①こうすい　②しょくよく　③ちょめい
④さつしょ　⑤こしょう　⑥かいだん
⑦だんらく　⑧みだ　⑨のぞ　⑩わす

2
① いこく／こと　② しせい／すがた
③ ぎゅうにゅう／ちち　④ ねだん／かち

3
①署名　②諸国　③姿　④降　⑤値段
⑥著者　⑦乱暴　⑧死亡　⑨牛乳
⑩除外　⑪故障　⑫異国

4
①降りる　②忘れる　③除く　④乱れる

13 庁・座・訳・訪・詞　27・28ページ

6
①けんちょう　②たず　③つうやく
④ちょう　⑤かし　⑥わけ　⑦ざせき
⑧さくし　⑨ほうもん　⑩せいざ

7
①訳　②県庁　③星座　④座席　⑤作詞
⑥通訳　⑦訪問　⑧庁　⑨訪ねる
⑩歌詞

14 収・納・宅・宝・宣　29・30ページ

6
①じたく　②おさ　③ほうせき
④のうぜい　⑤せんでん　⑥せんげん
⑦おさ　⑧じゅうたく　⑨きゅうしゅう
⑩たからばこ

7
①住宅　②宝石　③宝箱　④自宅
⑤吸収　⑥納める　⑦収める　⑧宣伝
⑨納税　⑩宣言

15 系・紅・純・絹・蚕　31・32ページ

6
①くちべに　②ようさん　③けいず
④こうちゃ　⑤きぬ　⑥けい
⑦たんじゅん　⑧かいこ　⑨じゅんぱく
⑩きぬいと

注意 ⑩「絹糸」は「けんし」とも読みますが、中学校で習う読み方です。

7
①単純　②紅茶　③絹　④蚕　⑤口紅
⑥絹糸　⑦養蚕　⑧系図　⑨系　⑩純白

16 確認《かくにん》ドリル④　33・34ページ

1
①せいざ　②じゅんぱく　③さくし
④きぬいと　⑤けいず　⑥のうぜい
⑦ちょう　⑧じたく　⑨せんげん
⑩ほうもん

注意 ④「絹糸」は「けんし」とも読みますが、中学校で習う読み方です。

2
①{つうやく／わけ}　②{こうちゃ／くちべに}
③{ほうせき／たからもの（ほうもつ）}　④{ようさん／かいこ}

3
①系　②絹　③蚕　④訳　⑤住宅
⑥紅茶　⑦県庁　⑧吸収　⑨単純
⑩歌詞　⑪宣伝　⑫座席　⑬訪問

4
①納める　②収める　③訪ねる

17 舌・背・胃・腸
35・36ページ

5
①した　②いぐすり　③せなか
④だいちょう　⑤した　⑥はいけい
⑦いちょう　⑧せい　⑨い　⑩はいご

6
①胃腸　②背　③大腸　④舌　⑤胃薬
⑥背中　⑦胃　⑧背景　⑨舌　⑩背後

18 肺・脳・胸・腹
37・38ページ

5
①はら　②はい　③むね　④くうふく
⑤しゅのう　⑥きょうい
⑦はいかつりょう　⑧ずのう
⑨ちゅうふく　⑩はら

6
①腹　②肺　③腹　④首脳　⑤胸囲
⑥中腹　⑦胸　⑧肺活量　⑨頭脳
⑩空腹

19 批・拡・担・拝・捨
39・40ページ

6
①たんとう　②す　③ひひょう
④ししゃ　⑤かくだい　⑥おが
⑦はいけん　⑧ひはん　⑨かくちょう
⑩ぶんたん

7
①拝見　②分担　③拡大　④捨てる
⑤批評　⑥四捨　⑦拡張　⑧担当
⑨批判　⑩拝む

20 確認《かくにん》ドリル⑤
41・42ページ

1
①した　②いぐすり　③だいちょう
④おが　⑤ひひょう　⑥はいけん
⑦はい　⑧ずのう　⑨かくちょう
⑩ぶんたん

2
①{むね／きょうい}　②{せなか／はいけい}
③{す／しゅしゃ}　④{ちゅうふく／はら}

3
①頭脳　②背　③胃　④腹　⑤批判
⑥大腸　⑦胸囲　⑧四捨　⑨舌　⑩担当
⑪肺活量　⑫拡大　⑬胸　⑭中腹

4
①拝む　②捨てる

21 存・孝・宗・派・党
43・44ページ

6
①こうこう　②ほぞん　③りゅうは
④せいとう　⑤ふこう　⑥そんざい
⑦しゅうきょう　⑧りっぱ　⑨しゅうは
⑩とうは

7
①宗教　②不孝　③存在　④立派
⑤孝行　⑥党派　⑦保存　⑧宗派
⑨政党　⑩流派

22 穴・窓・延・誕・聖
45・46ページ

6
①えんちょう　②まどべ　③あな
④せいか　⑤あな　⑥たんじょうび
⑦どうそうかい　⑧せいしょ　⑨の
⑩せいたん

7
①聖書　②延長　③生誕　④同窓会
⑤穴　⑥延びる　⑦穴　⑧誕生日
⑨窓辺　⑩聖火

23 己・巻・危・卵・我
47・48ページ

6
①たまご　②じこ　③われ　④ま
⑤あぶ　⑥まき　⑦りこてき
⑧じょうかん　⑨たまご　⑩きけん

7
①下巻　②危険　③利己的　④我
⑤自己　⑥卵　⑦巻　⑧危ない　⑨卵
⑩巻

24 確認《かくにん》ドリル⑥
49・50ページ

1
①こうこう　②せいしょ　③せいとう
④たまご　⑤あな　⑥われ
⑦たんじょうび　⑧じこ　⑨りゅうは
⑩しゅうきょう

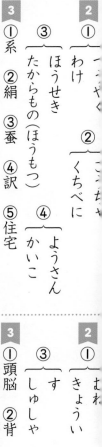

2

① まどべ / どうそうかい
② そんざい / ほぞん
③ ま / じょうかん
④ の / えんちょう

3

①宗派 ②存続 ③党派 ④利己的
⑤穴 ⑥聖火 ⑦誕生 ⑧巻末 ⑨卵
⑩我 ⑪延 ⑫巻 ⑬立派 ⑭存分

4

①危ない ②延びる

25 秘・密・筋・策・簡 51・52ページ

6

①きんにく ②たいさく ③ひみつ
④せいさく ⑤かんたん ⑥しんぴ
⑦みつど ⑧すじみち ⑨かんけつ
⑩てっきん

7

①筋道 ②秘密 ③鉄筋 ④政策
⑤簡潔 ⑥筋肉 ⑦密度 ⑧神秘
⑨簡単 ⑩対策

26 沿・洗・済・源・激 53・54ページ

6

①せんめんじょ ②かんげき
③えんがん ④しげん ⑤そ ⑥あら
⑦はげ ⑧す ⑨みなもと ⑩けいざい

7

①激しい ②沿 ③資源 ④洗う
⑤済ます ⑥経済 ⑦沿岸 ⑧感激
⑨源 ⑩洗面所

27 推・探・揮・操・縦 55・56ページ

6

①すいり ②さが ③たいそう
④そうじゅう ⑤はっき ⑥たんけん
⑦しき ⑧たて ⑨すいそく ⑩そうさ

7

①操縦 ②探す ③推理 ④指揮
⑤体操 ⑥操作 ⑦推測 ⑧探検 ⑨縦
⑩発揮

28 確認《かくにん》ドリル⑦ 57・58ページ

1

①たんけん ②すじみち ③たいそう
④たてが ⑤すいそく ⑥しんぴ
⑦しきしゃ ⑧せんめんじょ
⑨たいさく ⑩みつど

2

① かんげき / はげ
② けいざい / す
③ しげん / みなもと
④ えんがん / そ

3

①資源 ②秘密 ③済 ④発揮 ⑤筋肉
⑥簡潔 ⑦操縦 ⑧推理 ⑨政策 ⑩済
⑪沿

4

①激しい ②洗う ③探す

29 砂・糖・困・難・革 59・60ページ

6

①かくめい ②むずか ③さとう
④こま ⑤すなば ⑥かいかく
⑦さいなん ⑧とうぶん ⑨なんもん
⑩こんなん

7

①糖分 ②難問 ③革命 ④難しい
⑤砂糖 ⑥困る ⑦砂場 ⑧改革
⑨災難 ⑩困難

30 寸・専・射・将・賃 61・62ページ

6

①い ②やちん ③はんしゃ
④すんぽう ⑤せんもん ⑥ちんぎん
⑦すんぜん ⑧しょうぐん ⑨せんよう
⑩しょうらい

7

①寸法 ②賃金 ③専用 ④将軍
⑤家賃 ⑥射 ⑦将来 ⑧寸前 ⑨反射
⑩専門

31 忠・誠・尊・敬・痛 63・64ページ

6

①いた ②けいご ③せいじつ
④つうかん ⑤とうと(たっと)
⑥ちゅうじつ ⑦ふくつう ⑧うやま
⑨ちゅうせい ⑩そんけい

7

①腹痛 ②誠実 ③忠誠 ④痛める
⑤敬語 ⑥尊い ⑦尊敬 ⑧忠実
⑨痛感 ⑩敬う

32 確認《かくにん》ドリル⑧ 65・66ページ

1

①そんけい ②とうぶん ③しょうらい
④すんぜん ⑤こま ⑥ちゅうじつ
⑦せんもん ⑧ちんぎん ⑨せいじつ
⑩かくめい

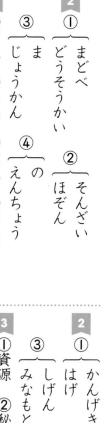

2 ①はんしゃ／い ②さいなん／むずか ③つうかん／いた ④さてつ／すな

3 ①注射 ②砂糖 ③専用 ④家賃 ⑤改革 ⑥忠誠 ⑦敬語 ⑧将軍 ⑨困難 ⑩寸法 ⑪射

4 ①困る ②痛める ③敬う ④難しい ⑤尊ぶ

33 律・従・泉・届・奏 67・68ページ

6 ①とど ②きりつ ③したが ④えんそう ⑤ほうりつ ⑥いずみ ⑦おんせん ⑧がっそう ⑨とど ⑩じゅうぎょういん

7 ①泉 ②従業員 ③届ける ④法律 ⑤従う ⑥届く ⑦演奏 ⑧規律 ⑨合奏 ⑩温泉

34 俳・優・縮・尺・勤 69・70ページ

6 ①ゆうしょう ②しゅくしょう ③つと ④ちぢ ⑤じゃく ⑥ゆうせん ⑦はいゆう ⑧はいく ⑨しゅくしゃく ⑩きんむ

7 ①俳優 ②俳句 ③勤務 ④縮尺 ⑤縮小 ⑥優勝 ⑦尺 ⑧勤める ⑨優先 ⑩縮める

35 展・覧・針・鋼・郷 71・72ページ

6 ①はり ②てんらんかい ③こきょう ④てんじ ⑤ほうしん ⑥はってん ⑦てっこう ⑧きょうり ⑨かいらんばん ⑩こうてつ

7 ①鉄鋼 ②発展 ③郷里 ④回覧板 ⑤展示 ⑥方針 ⑦故郷 ⑧鋼鉄 ⑨針 ⑩展覧会

36 確認《かくにん》ドリル⑨ 73・74ページ

1 ①てんらんかい ②じゅうじゅん ③じゃく ④きりつ ⑤えんそう ⑥こうてつ ⑦ゆうしょう ⑧こきょう ⑨とど ⑩はいく

2 ①おんせん／いずみ ②ひょうしん／はり ③きんむ／つと ④しゅくしょう／ちぢ

3 ①法律 ②回覧板 ③鉄鋼 ④縮尺 ⑤従業員 ⑥発展 ⑦俳優 ⑧方針 ⑨従 ⑩郷里 ⑪合奏 ⑫温泉

4 ①縮む ②勤める ③届く ④縮める

37 否・善・若・蒸・就 75・76ページ

6 ①ひてい ②わかもの ③しゅうにん ④ひけつ ⑤かいぜん ⑥わか ⑦よ ⑧じょうき ⑨しゅうしょく ⑩じょうはつ

7 ①若い ②若者 ③否決 ④就任 ⑤蒸気 ⑥改善 ⑦就職 ⑧否定 ⑨蒸発 ⑩善

38 刻・割・創・劇・衆 77・78ページ

6 ①わ ②じこく ③やくわり ④そうさく ⑤きざ ⑥こうしゅう ⑦げきてき ⑧たいしゅう ⑨つく ⑩げきじょう

7 ①時刻 ②公衆 ③割れる ④劇場 ⑤創作 ⑥刻む ⑦役割 ⑧劇的 ⑨大衆 ⑩創る

39 染・棒・模・権・樹 79・80ページ

6 ①ぼう ②そ ③もよう ④てつぼう ⑤じゅもく ⑥じんけん ⑦だいきぼ ⑧じゅりん ⑨そ ⑩けんり

7 ①染まる ②樹林 ③鉄棒 ④樹木 ⑤権利 ⑥棒 ⑦模様 ⑧染める ⑨人権 ⑩大規模

40 確認《かくにん》ドリル⑩ 81・82ページ

1 ①しゅうしょく ②じょうき ③てつぼう ④たいしゅう ⑤ひてい ⑥げきじょう ⑦けんり ⑧じゅりん ⑨わか ⑩もよう

2
① もけい／だいきぼ　② じこく／きざ
③ わ／やくわり　④ かいぜん／よ

3
①創作　②劇的　③蒸発　④若者　⑤棒
⑥人権　⑦樹林　⑧模型　⑨公衆　⑩時刻

4
①若い　②染まる　③割れる　④刻む
⑤染める　⑥創る

41 閉・閣・私・穀・骨

83・84ページ

6
①てっこつ　②わたくし(わたし)・し
③こくそう　④へいかい　⑤ほね
⑥てんしゅかく　⑦と　⑧ないかく
⑨しふく　⑩こくもつ

7
①私服　②穀物　③骨　④内閣　⑤閉会
⑥鉄骨　⑦私・閉める　⑧穀倉
⑨閉じる　⑩天守閣

ポイント
7 ②・⑧「穀」、③・⑥「骨」は、細かい部分の形にも注意して覚えましょう。

42 垂・郵・蔵・臓・層

85・86ページ

6
①ちそう　②しんぞう　③こうそう
④れいぞうこ　⑤すいちょく
⑥ないぞう　⑦じぞう　⑧ゆうびん
⑨た　⑩ゆうそう

7
①内臓　②郵送　③地蔵　④郵便
⑤地層　⑥垂直　⑦高層　⑧垂れる
⑨心臓　⑩冷蔵庫

43 貴・遺・退・域・臨

87・88ページ

6
①い　②たいいん　③きちょう
④いさん　⑤しりぞ　⑥りんじ
⑦りゅういき　⑧りんき　⑨ちいき
⑩きぞく

7
①地域　②遺産　③臨機　④退院　⑤流域
⑥貴族　⑦退く　⑧遺　⑨貴重　⑩臨時

44 確認《かくにん》ドリル⑪

89・90ページ

1
①ゆうそう　②へいかい　③しんぞう
④こうそう　⑤こくもつ　⑥りんき
⑦きぞく　⑧れいぞうこ　⑨りゅういき
⑩た

2
① たいいん／しりぞ　② てっこつ／ほね
③ しふく／わたくし(わたし)

3
①穀倉　②私　③臨時　④地層　⑤遺産
⑥郵便　⑦垂直　⑧地蔵　⑨内閣
⑩内臓　⑪鉄骨　⑫貴重　⑬地域
⑭退院

4
①閉める　②垂れる

45 盛・盟・仁・供・傷

91・92ページ

6
①そな　②も　③じんあい　④かめい
⑤こども　⑥ふしょう　⑦どうめい
⑧ていきょう　⑨きず　⑩も

7
①傷　②提供　③子供　④負傷　⑤同盟
⑥盛　⑦供える　⑧仁愛　⑨加盟　⑩盛

46 裁・装・裏・補・奮

93・94ページ

6
①そうび　②さば　③りっこうほ
④ふくそう　⑤ふる　⑥うら
⑦さいばん　⑧おぎな　⑨うらがわ
⑩こうふん

7
①裏側　②服装　③興奮　④裏　⑤補う
⑥裁判　⑦装備　⑧奮う　⑨裁く
⑩立候補

47 幕・暮・誤・誌・認

95・96ページ

6
①あやま　②く　③にっし　④ごかい
⑤ばくふ　⑥みと　⑦まく　⑧あやま
⑨ぐ　⑩ざっし

7
①雑誌　②誤り　③暮　④認める
⑤暮らす　⑥誤解　⑦日誌　⑧幕
⑨幕府　⑩誤る

48 確認《かくにん》ドリル⑫

97・98ページ

1
①じんあい　②うらがわ　③そうび
④かめい　⑤も　⑥さいばんしょ
⑦みと　⑧にっし　⑨あやま
⑩りっこうほ

2
①こども ②まく
③ふる／こうふん ④きず／ふしょうしゃ

3
①服装 ②雑誌 ③提供 ④同盟 ⑤仁愛
⑥裏 ⑦負傷 ⑧誤解 ⑨盛 ⑩興奮

4
①補う ②供える ③誤る ④裁く
⑤暮らす ⑥認める

49 預・恩・券・承 99・100ページ

5
①よきん ②おんし
③にゅうじょうけん ④しょうち
⑤あず ⑥おんじん ⑦しょっけん
⑧でんしょう ⑨あず ⑩しょう

6
①預ける ②食券 ③恩人 ④承知
⑤預かる ⑥預金 ⑦承 ⑧恩師
⑨入場券 ⑩伝承

50 俵・敵・銭・警 101・102ページ

5
①どひょう ②きょうてき ③けいさつ
④こめだわら ⑤けいほう ⑥きんせん
⑦けいび ⑧てき ⑨せんとう
⑩けいご

6
①警察 ②銭湯 ③警護 ④強敵 ⑤米俵
⑥警報 ⑦金銭 ⑧敵 ⑨土俵 ⑩警備

51 疑・磁・熟・憲・厳 103・104ページ

6
①じゅくご ②けんぽう ③じしゃく
④うたが ⑤げんじゅう ⑥じき
⑦じゅく ⑧けんしょう ⑨ぎもん
⑩きび

7
①磁器 ②疑問 ③熟 ④厳しい
⑤憲法 ⑥疑い ⑦憲章 ⑧磁石
⑨厳重 ⑩熟語

52 確認《かくにん》ドリル⑬ 105・106ページ

1
①けんしょう ②けいさつかん ③じき
④せんとう ⑤きょうてき
⑥にゅうじょうけん ⑦おんじん
⑧じゅくご ⑨でんしょう ⑩あず

2
①げんしゅ ②ぎもん
③こめだわら／どひょう ④よきん／あず

3
①磁石 ②警報 ③憲法 ④恩師
⑤食券 ⑥敵 ⑦承知 ⑧金銭
⑨熟語 ⑩米俵 ⑪疑問 ⑫厳重

4
①厳しい ②預かる ③疑い ④預ける

53 5年生までのまちがえやすい漢字① 107・108ページ

1
①といろ ②みょうちょう ③みかづき
④い ⑤もち ⑥てんねん
⑦ぎょくせき ⑧うん ⑨ゆだ
⑩ばいう

2
①ずこう／としょ ②がっしょう／かっせん
③とうてん／とくほん ④みぎあし／た

3
①待機 ②公共 ③直 ④戸外 ⑤社
⑥外 ⑦係 ⑧皮 ⑨元来・気質

4
①混／交 ②暑／熱 ③条／定 ④周／週

54 5年生までのまちがえやすい漢字② 109・110ページ

1
①せっち ②さくや ③ふんまつ
④ふうけい ⑤とな ⑥こうせき
⑦しお・くわ ⑧たいりく・こうろ

2
①いき／そくさい ②せっとく／と
③りかい／と ④しっそく／うしな

3
①目標 ②気候・変化 ③南極
④牧羊・追 ⑤観察 ⑥試 ⑦消費
⑧卒業

4
①鏡／競 ②量／計 ③議／義 ④務／努

55 5年生までのまちがえやすい漢字③ 111・112ページ

1 ①ぞう ②あんい ③はぶ ④せいし ⑤とういつ ⑥ゆうえき ⑦たいが ⑧けわ ⑨かかく・ひ

2 ① むしゃ／ぶき ② いきお／おおぜい ③ きょうみ／ふっこう ④ も／かねん

3 ①軽快 ②適切・判断 ③衛生 ④国際 ⑤制服 ⑥増築 ⑦潔白・証明 ⑧特性

4 ① 便／弁 ② 積／績 ③ 復／複 ④ 治／修

56 6年生のしんだんテスト① 113・114ページ

1 ①とど ②かんけつ ③ふる ④つうやく ⑤げきてき ⑥たから ⑦どうそうかい ⑧ろうほう ⑨こと ⑩かくしん ⑪さば ⑫わか

2 ① いただき／ちょうじょう ② あやま／ごかい ③ はいけい／せい ④ おんだんか／あたた

3 ①翌日 ②模様 ③臨 ④議論 ⑤補 ⑥盟 ⑦星座 ⑧熟 ⑨善 ⑩処理 ⑪将来 ⑫穀倉

4 ① 幕／暮 ② 臓／蔵 ③ 遺／貴 ④ 垂／郵

57 6年生のしんだんテスト② 115・116ページ

1 ①かんばん ②ふしょう ③そうび ④さとう ⑤はんちょう ⑥のうぜい ⑦ほうりつ ⑧けい ⑨こうしゅう ⑩せんでん ⑪じゅうぎょういん ⑫じんあい

2 ① とうと(たっと)／そんけい ② ぎもん／うたが ③ ようじ／おさな ④ わたくし(わたし)／しふく

3 ①縦 ②胃腸 ③故障 ④皇后 ⑤聖火 ⑥拝 ⑦吸 ⑧家賃 ⑨痛 ⑩密度 ⑪忘 ⑫検討

4 ① 映／晩 ② 延／誕 ③ 署／著 ④ 誌／認

58 6年生のしんだんテスト③ 117・118ページ

1 ①けんしょう ②そ ③はいいろ ④まんちょう ⑤われ ⑥しょこく ⑦せいい ⑧てっこうぎょう ⑨こきょう ⑩よ ⑪きけん ⑫ぶんたん

2 ① かち／ねだん ② たず／ほうもん ③ かん／ほ ④ しゅくしょう／ちぢ

3 ①体操 ②宇宙 ③中腹 ④展示 ⑤卵 ⑥穴 ⑦激 ⑧立派 ⑨警報 ⑩食欲 ⑪神秘 ⑫演奏

4 ① 閉／閣 ② 専／寸 ③ 枚／株 ④ 割／創

59 6年生のしんだんテスト④ 119・120ページ

1 ①せいさく ②はいく ③たんじゅん ④おやこうこう ⑤とうは ⑥しぼう ⑦さっすう ⑧しゃ ⑨なら ⑩きょうきゅう ⑪こめだわら ⑫ちゅうじつ

2 ① こうすい／お ② かいこ／ようさん ③ じこく／きざ ④ けいろう／うやま

3 ①否定 ②敵 ③就職 ④蒸気 ⑤針 ⑥厳重・警護 ⑦裏側 ⑧券売 ⑨権利 ⑩伝承 ⑪回覧

4 ① 推／揮 ② 批／拡 ③ 乱／乳 ④ 肺／脳

小学ドリル

つまずき解決

漢字カード

使い方

・点線で切り取ってカードにしましょう。

・カードをひっくり返して答え合わせができます。

くもん出版

6年生

同じ部分をもつ漢字

●——の読み方を答えましょう。

・大きさを比かくする。

・意見を批判《はん》する。

同じ部分をもつ漢字

●——の読み方を答えましょう。

・ロケットを発《はっ》射する。

・人に感《かん》謝をする。

同じ部分をもつ漢字

●——の読み方を答えましょう。

・尊《そん》敬する人物。

・警察《さつ》が犯人を追う。

同じ部分をもつ漢字

●——の読み方を答えましょう。

・冷《れい》蔵庫《こ》にしまう。

・内《ない》臓を調べる。

同じ部分をもつ漢字

●——の読み方を答えましょう。

・暑中《ちゅう》見まいを出す。

・書類に署名《めい》する。

同じ部分をもつ漢字

●——の読み方を答えましょう。

・有《ゆう》志で演《えん》劇《げき》をする。

・雑《ざっ》誌を読む。

同じ部分をもつ漢字

●——の読み方を答えましょう。

・先生《せい》が教える。

・洗ざいを使う。

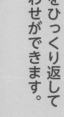

同じ部分をもつ漢字

◆——を漢字で書きましょう。

・尊《そん》けいする人物。

・けい察《さつ》が犯人を追う。

同じ部分をもつ漢字

◆——を漢字で書きましょう。

・ロケットを発《はっ》しゃする。

・人に感《かん》しゃをする。

同じ部分をもつ漢字

◆——を漢字で書きましょう。

・大きさをひかくする。

・意見をひ判《はん》する。

小学ドリル

つまずき解決

漢字カード

同じ部分をもつ、同じ読み方の漢字はまちがえやすいので、使い方のちがいをしっかり覚えよう！

6年生

くもん出版

同じ部分をもつ漢字

◆——を漢字で書きましょう。

・せん生《せい》が教える。

・せんざいを使う。

同じ部分をもつ漢字

◆——を漢字で書きましょう。

・有《ゆう》しで演劇《えんげき》をする。

・雑《ざっ》しを読む。

同じ部分をもつ漢字

◆——を漢字で書きましょう。

・しょ中《ちゅう》見まいを出す。

・書類にしょ名《めい》する。

同じ部分をもつ漢字

◆——を漢字で書きましょう。

・冷《れい》ぞう庫《こ》にしまう。

・内《ない》ぞうを調べる。

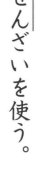

小学ドリル

つまずき解決

漢字カード

使い方

・点線で切り取ってカードにしましょう。
・カードをひっくり返して答えあわせができます。

6年生

くもん出版

同音異《い》義《ぎ》語《ご》

――の読み方を答えましょう。

・ごみを回収する。
・改修工事をする。

同音異《い》義《ぎ》語《ご》

――の読み方を答えましょう。

・保証書《しょ》をもらう。
・権《けん》利《り》を保障する。

同音異《い》義《ぎ》語《ご》

――の読み方を答えましょう。

・規律を守る。
・起立してあいさつする。

同音異《い》義《ぎ》語《ご》

――の読み方を答えましょう。

・解答用紙に書く。
・容姿のすぐれた人。

同音異《い》義《ぎ》語《ご》

――の読み方を答えましょう。

・世界を創造する。
・想像上《じょう》の生き物。

同音異《い》義《ぎ》語《ご》

――の読み方を答えましょう。

・進路を相談する。
・船の針路を北にとる。

同音異《い》義《ぎ》語《ご》

――の読み方を答えましょう。

・検討を重ねる。
・見当もつかない。

同音異《い》義《ぎ》語《ご》

◆——を漢字で書きましょう。

・きりつを守る。

・きりつしてあいさつする。

同音異《い》義《ぎ》語《ご》

◆——を漢字で書きましょう。

・ほしょう書《しょ》をもらう。

・権利《けんり》をほしょうする。

同音異《い》義《ぎ》語《ご》

◆——を漢字で書きましょう。

・ごみをかいしゅうする。

・かいしゅう工事をする。

小学ドリル

つまずき解決

漢字カード

同音異《い》義《ぎ》語《ご》は
まちがえやすいので、
使い方や意味のちがいを
しっかり覚えよう！

6年生

くもん出版

同音異《い》義《ぎ》語《ご》

◆——を漢字で書きましょう。

・けんとうを重ねる。

・けんとうもつかない。

同音異《い》義《ぎ》語《ご》

◆——を漢字で書きましょう。

・しんろを相談する。

・船のしんろを北にとる。

同音異《い》義《ぎ》語《ご》

◆——を漢字で書きましょう。

・世界をそうぞうする。

・そうぞう上《じょう》の生き物。

同音異《い》義《ぎ》語《ご》

◆——を漢字で書きましょう。

・解答ようしに書く。

・ようしのすぐれた人。

つまずき解決

小学ドリル

漢字カード

四字熟語《じゅくご》

使い方

・点線で切り取ってカードにしましょう。

・カードをひっくり返して答え合わせができます。

くもん出版

6年生

四字熟語《じゅくご》

●——の読み方を答えましょう。

・一石二鳥の案を思いつく。

四字熟語《じゅくご》

●——の読み方を答えましょう。

・試合は、一進一退のこう防が続いた。

四字熟語《じゅくご》

●——の読み方を答えましょう。

・二人《ふたり》の実力は五分五分だ。

四字熟語《じゅくご》

●——の読み方を答えましょう。

・四苦八苦して算数の問題を解いた。

四字熟語《じゅくご》

●——の読み方を答えましょう。

・心機一転して、勉強するようになった。

四字熟語《じゅくご》

●——の読み方を答えましょう。

・四六時中、いそがしくかけ回っている。

四字熟語《じゅくご》

●——の読み方を答えましょう。

・相手チームを一刀両断にする。

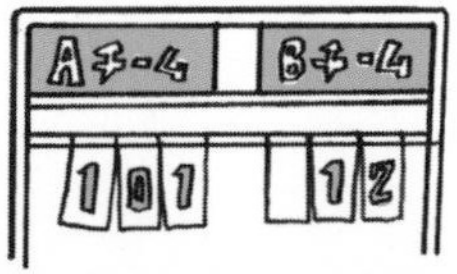

小学ドリル

つまずき解決

漢字カード

四字熟語《じゅくご》

6年生

四字熟語《じゅくご》の使い方や意味をしっかり覚えよう！

くもん出版

四字熟語

◆□に合う漢字を書きましょう。

・□《ご》□《ぶ》□《ご》□《ぶ》の勝負。

意味

力が同じくらいで、どちらがすぐれているか決まらないこと。

四字熟語

◆□に合う漢字を書きましょう。

・□《いっ》□《しん》□《いっ》□《たい》の状きょうだ。

意味

進んだり、もどったりをくり返すこと。

四字熟語

◆□に合う漢字を書きましょう。

・まさに□《いっ》□《せき》□《に》□《ちょう》だ。

意味

一つのことをして、二つの利益を同時に得ること。

四字熟語

◆□に合う漢字を書きましょう。

・□《いっ》□《とう》□《りょう》□《だん》にする。

意味

思い切った判断で処理《しょり》すること。

四字熟語

◆□に合う漢字を書きましょう。

・□《し》□《ろく》□《じ》□《ちゅう》働く。

意味

四かける六で二十四時間ということから、一日中。

四字熟語

◆□に合う漢字を書きましょう。

・□《しん》□《き》□《いっ》□《てん》がんばる。

意味

あるきっかけで、気持ちが変わること。

四字熟語

◆□に合う漢字を書きましょう。

・□《し》□《く》□《はっ》□《く》してやりとげた。

意味

思うようにいかず、とても苦しむこと。

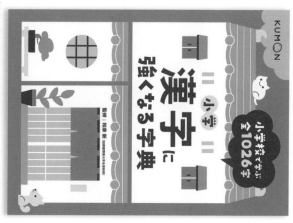

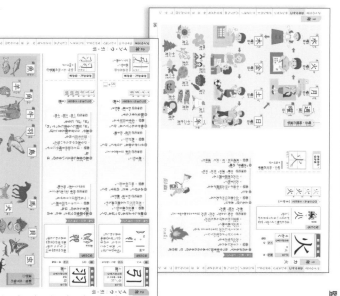

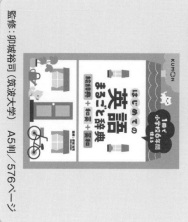

くもんの小学生向け学習書

くもんの学習書には、「ドリル」「問題集」「テスト」「ワーク」があり、課題や目標にあわせてぴったりの１冊と出合うことができます。

「お子さまが自分自身で解き進められる」次の一歩につながるこのことを、くもんの学習書は大切にしています。

くもんのドリル

●独自の**スモールステップ**で配列された問題と**繰り返し練習**を通して、やさしいところから到達目標まで、**テンポよくステップアップ**しながら力をつけることができます。

●書き込み式と１日単位の紙面構成で、**毎日学習する習慣**が身につきます。

- **小学ドリル**シリーズ　国／算／英／プログラミング
- **にがてたいじドリル**シリーズ　国／算
- **いっきに極める**シリーズ　国／算／英
- **夏休みドリル**シリーズ　国・算・英
- **夏休みもっとぐんぐん復習ドリル**シリーズ　国／算
- **総復習ドリル**シリーズ　国・算・英・理・社　※1・2年生はせいかつ
- **文章題総復習ドリル**シリーズ　国・算

くもんの問題集

●**たくさんの練習問題**が、**効果的なグルーピングと順番**でまとまっている本で、**力をしっかり定着**させることができます。

●基礎～標準～発展・応用まで、目的やレベルにあわせて、さまざまな種類の問題集が用意されています。

- **集中学習ぐ～んと強くなる**シリーズ　国／算／理／社／英
- **算数の壁をすらすら攻略**シリーズ　(大きなかず／とけい など)
- **おさらいできる本**シリーズ　算(単位／図形)

くもんのテスト

●**力が十分に身についているかどうかを測る**ためのものです。苦手がはっきりわかるので、効率的な復習につなげることができます。

- **小学ドリル学力チェックテスト**シリーズ　国／算／英
- **覚え残し0《ゼロ》問題集！**シリーズ (漢字)

くもんのワーク

●１冊の中で**バリエーションにとんだタイプの問題**に取り組み、はじめての課題や教科のわくにおさまらない課題でも、しっかり見通しを立て、自ら答えを導きだせる力が身につきます。

- **読解力を高めるロジカル国語**シリーズ
- **小学1・2年生のうちに**シリーズ　理／社
- **思考力トレーニング**シリーズ　算・国／理・社

3 次の部首をもつ漢字は、どんなことがらと関係がありますか。下から選んで、•—•で結びましょう。（一つ5点）

① 亻（にんべん）・
② 扌（てへん）・
③ 辶（しんにょう）・
④ 氵（さんずい）・

・手や手の働きに関係がある。
・言葉や言うことに関係がある。
・人に関係がある。
・水に関係がある。
・道や行くことに関係がある。

4 □と読む漢字を書きましょう。（一つ5点）

① あつ(い)
真夏のように□い。
□いお茶を飲む。

② けん
駅前にビルが□築《ちく》される。
□康的《こうてき》な生活。

5 —の言葉を、漢字と送りがなで書きましょう。（一つ5点）

① 夕食の後、かならず歯をみがく。（　　）
② 両チームが全力を出してたたかう。（　　）
③ 会話文なので、行をあらためる。（　　）
④ さか上がりができるかどうかこころみる。（　　）

2の慣用句《かんようく》は、二つ以上の言葉が結びついて、ある特定の意味を表すようになった言葉をいうよ。それぞれの意味を確《たし》かめておこう。

2 四年生の復習《ふくしゅう》②

月　日
名前
始め　時　分
終わり　時　分
かかった時間　分
とく点　点

1 次のような漢字のとき、漢字辞典（漢和辞典）のどのさくいんを使って調べますか。［　］から選んで、記号を書きましょう。（一つ5点）

① 部首も総画数《そうかくすう》もわからず、読み方がわかるとき。（　　）

② 総画数《そうかくすう》も読み方もわからず、部首がわかるとき。（　　）

③ 部首も読み方もわからず、総画数《そうかくすう》がわかるとき。（　　）

［ア 部首さくいん　イ 音訓さくいん　ウ 総画《そうかく》さくいん］

2 ［　］から漢字を選んで、次の組み合わせの熟語《じゅくご》を作りましょう。（一つ5点）

① 反対の意味になる漢字を組み合わせた熟語《じゅくご》。

内□・明□・高□

② 似《に》た意味をもつ漢字を組み合わせた熟語《じゅくご》。

身□・道□・変□

［体・長　化・外　暗・路　速・低］

3 □の言葉（修飾語《しゅうしょくご》）がくわしくしている言葉に、——を引きましょう。（一つ5点）

① ［今朝《けさ》］、兄は　朝早く　家を　出た。

② ［大きな　かさを　持った］　男の子が、駅前に　立っていた。

③ えいがが　始まっていたので、［静かに］　席に　ついた。

4 次の文を、〈　〉の言葉を使って、一つの文に書きかえましょう。（一つ5点）

〈例〉 雨がふった。それで、シャツがぬれた。〈ので〉

［雨がふったので、シャツがぬれた。］

❶ おなかがすいた。それで、バナナを食べた。〈ので〉

［　　　　　　　　　　　　　　］

❷ 前日は早くねた。しかし、朝早くには起きられなかった。〈けれど〉

［　　　　　　　　　　　　　　］

5 人から聞いた言い方の文に「聞」、様子をおし量る言い方の文に「お」、どちらでもないものに○をかきましょう。（一つ5点）

❶ 父は、夜おそく帰ってきたようだ。（　）

❷ あの人は、まるでモデルのようだ。（　）

❸ 今年《ことし》の冬は、寒くなるそうだ。（　）

❹ 今年《ことし》の冬は、寒くなりそうだ。（　）

❺ 来週には、桜《さくら》が満開になるということだ。（　）

❻ 今日《きょう》はあたたかく、とても春らしい。（　）

3 くわしくする言葉（修飾語《しゅうしょくご》）は、一つの言葉とはかぎらないよ。
❷ の□のように、まとめてくわしくしていることもあるよ。

月　日　名前

始め　時　分
終わり　時　分
かかった時間　分
とく点　点

4年生のおさらい!

1 〈　〉の言葉を、□に合う形で書きましょう。（一つ2点）

① 〈使う〉
- 使［わ］ない。
- 使□ます。
- 使□ば、
- 使□う。
- 使□た。

② 〈軽い〉
- 軽［かっ］た。
- 軽□□ない。
- 軽□□なる。
- 軽□□荷物。
- 軽□□ば、

③ 〈ゆかいだ〉
- ゆかい［だろ］う。
- ゆかい□□た。
- ゆかい□□なる。
- ゆかい□□話。
- ゆかい□□ば、

2 次の言葉の説明で、（　）に合う言葉を□から選んで書きましょう。（一つ4点）

① 名詞《めいし》…物や人、ことがらの（　　）を表す言葉。

② 動詞《どうし》…（　　）や存在《そんざい》を表す言葉。「言う」「走る」のように、言い切りの形が（　　）段《だん》の音で終わる。

③ 様子を表す言葉…「大きい」「明るい」のように、言い切りの形が（　　）で終わるものと、「明らかだ」「にぎやかだ」のように、言い切りの形が（　　）で終わるものがある。

物・数・動き・名前
ウ・だ・し・い

②・③の言葉は、使い方によって言葉の形が変わるよ。

3 〈　〉の言葉を、文に合う形に変えて、(　)に書きましょう。（一つ5点）

① 〈飲む〉…のどがかわいたのでジュースを(　　　)う。

② 〈遊ぶ〉…土曜日の夜は、家族でゲームをして(　　　)だ。

③ 〈浅い〉…小さい子が泳ぐプールは、(　　　)た。

④ 〈静かだ〉…夜になると辺りは(　　　)なった。

4 次の——の言葉を、「物や人、ことがらの名前を表す言葉(名詞《めいし》)」「動きや存在《そんざい》を表す言葉(動詞《どうし》)」「様子を表す言葉」に分けて、記号を書きましょう。（一つ2点）

・㋐広い　㋑公園を　㋒歩く。
・㋓赤い　㋔りんごを　たくさん　㋕買った。
・㋖部屋《へや》の　中を　㋗きれいな　花で　㋘かざる。
・㋙妹が　㋚ほがらかに　㋛笑います。
・㋜つくえの　上に　㋝ノートが　㋞ある。

動詞《どうし》は、文の終わりにくることが多いよ。

① 名詞《めいし》……(　　　)

② 動詞《どうし》……(　　　)

③ 様子を表す言葉…(　　　)

4②③の言葉は、使い方によって形が変わるよ。

言葉の種類②

4年生のおさらい!

1 〈　〉の言葉を、文に合う形に変えて、(　)に書きましょう。（一つ5点）

① 〈泣く〉
妹は、公園で転んで(　　　)ていた。
悲しい物語を読んでも、あまり(　　　)なかった。

② 〈飛ぶ〉
ダチョウは、ふつうの鳥のようには(　　　)ない。
大型《おおがた》のジェット機が、空高く(　　　)だ。

2 〈　〉の言葉を、文に合う形に変えて、(　)に書きましょう。（一つ5点）

① 〈くわしい〉
駅までの行き方を(　　　)聞いた。
父は、この辺りの様子に(　　　)た。

② 〈冷たい〉
氷を入れたら、水が(　　　)なった。
料理が(　　　)ば、すぐ温めます。

3 〈　〉の言葉を、文に合う形に変えて、(　)に書きましょう。（一つ6点）

〈にぎやかだ〉
祭りの夜は、(　　　)なる。
(　　　)朝市を見て回る。

月　日

始め　時　分

終わり　時　分

かかった時間　分

名前

とく点　点

4 （　）に合う言葉を［　］から選んで、文に合う形に変えて書きましょう。（一つ6点）

① くつのひもを、しっかり（　　　　）だ。

② ゴールキーパーが、シュートを（　　　　）だ。

③ 桜《さくら》の花が、あっという間に（　　　　）てしまった。

［ 散る ・ 結ぶ ・ 防《ふせ》ぐ ］

5 （　）に合う言葉を［　］から選んで、文に合う形に変えて書きましょう。（一つ6点）

① クイズが（　　　　）ば、ぼくでも答えられる。

② 小さいころのアルバムを見て、（　　　　）なる。

③ 自転車がぶつかりそうになって、（　　　　）た。

［ あぶない ・ やさしい ・ なつかしい ］

6 （　）に合う言葉を［　］から選んで、文に合う形に変えて書きましょう。（一つ6点）

① テーブルの上の料理が、（　　　　）なくなった。

② ほこりをかぶっているが、折れない（　　　　）つえ。

［ きれいだ ・ のどかだ ・ じょうぶだ ］

1 **4** は動きを表す言葉（動詞《どうし》）、**2** **5** は様子を表す言葉で言い切りの形が「〜い」で終わるもの、**3** **6** は様子を表す言葉で言い切りの形が「〜だ」で終わるものだよ。

1 次のローマ字の言葉の読み方を，ひらがなで書きましょう。　(1つ3点)

❶ kasa (　　　)　❷ inu (　　　)　❸ ume (　　　)

❹ sakura (　　　)　❺ megane (　　　)

2 次の言葉をローマ字で書きましょう。　(1つ3点)

❶ かめ ＿＿＿＿＿　❷ くま ＿＿＿＿＿

❸ はこ ＿＿＿＿＿　❹ きもの ＿＿＿＿＿

3 次の言葉の書き表し方が正しいほうに，○をつけましょう。　(1つ3点)

❶ 金魚《きんぎょ》 ( ) kingo / ( ) kingyo

❷ せっけん ( ) sekken / ( ) seeken

❸ 一等《いっとう》 ( ) itô / ( ) ittô

❹ 問屋《とんや》 ( ) tonya / ( ) ton'ya

5
ローマ字

月　日

名前

始め　時　分

終わり　時　分

かかった時間　分

とく点　点

ローマ字の書き方や線のはばに決まりはないよ。つまる音では、次にくる字を二つ重ね、のばす音では、「a・i・u・e・o」の上に「^」を付けるよ。

4 次のローマ字の言葉の読み方を，ひらがなで書きましょう。 (1つ4点)

❶ tsuki (　　　)　❷ ishi (　　　)　❸ ocha (　　　)

❹ Chiba (　　　)　❺ Fujisan (　　　)

5 次の言葉をローマ字で書きましょう。 (1つ4点)

❶ おとうさん　❷ 鉄板《てっぱん》　❸ 本屋《ほんや》

❹ おもちゃ　❺ ゆうびんきょく

6 次の地名をローマ字で書きましょう。最初の一文字だけ大文字で，あとは小文字で書きましょう。 (1つ7点)

❶ 名古屋《なごや》　❷ 九州《きゅうしゅう》　❸ 北海道《ほっかいどう》

6 仕上げドリル①

月　日

名前

始め　時　分

終わり　時　分

かかった時間　分

とく点　点

1 [　]の文章を読んで、後の問題に答えましょう。

わたしは、毎朝㋐早く起きて、走る練習をしています。

というのは、今年《ことし》こそ運動会の徒競走で一等を㋑取りたいからです。

昨年は、少しの㋒差で㋓負けてしまい、残念な思いをしました。

「ももを㋔高く上げると、㋕タイムが㋖ちぢまるよ。」

という、先生の助言を㋗参考に、毎朝がんばっています。

❶ 次の言葉を、ローマ字で書きましょう。（一つ3点）

① 練習

② 徒競走

③ 一等

❷ ㋐～㋗の━の言葉を、次の言葉に分けて書きましょう。（一つ4点）

① 物や人、ことがらの名前を表す言葉（名詞《めいし》）……（　　）

② 動きや存在《そんざい》を表す言葉（動詞《どうし》）……（　　）

③ 様子を表す言葉……（　　）

2 □の文章を読んで、後の問題に答えましょう。

今日《きょう》は、一年生のかんげい会でした。五年生が一年生と組になって、植物園に行きました。

五年生は、責任《せきにん》をもって一年生の世話をしました。ぼくの相手のよしや君は、とても元気な子でした。ちょっと目をはなすと、すぐはぐれるので、手をつないで歩きました。

1 次の言葉をローマ字で書きましょう。（一つ3点）

① 一年生

② かんげい会

③ 植物園

2 動きや存在《そんざい》を表す言葉すべてに、――を引きましょう。（一つ2点）

3 物や人、ことがらの名前を表す言葉すべてに、〰〰を引きましょう。（一つ2点）

1 **2**②・③や**2** **2**の言葉は、使い方によって形が変わるかどうかを確《たし》かめてみよう。

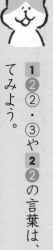

7 いろいろな働きをする言葉①

月　日　名前

始め　時　分
終わり　時　分
かかった時間　分
とく点　点

1 ――の言葉の使い方が正しい文を二つ選んで、○をつけましょう。（一つ8点）

ア（　）兄は、決して部屋《へや》でねていた。
イ（　）どうぞ、温かい料理を食べたい。
ウ（　）この箱は、わたしにはとうてい持てそうにない。
エ（　）今年こそ、ぜひ家族で旅行する予定がある。
オ（　）風の音が、まるで話し声のように聞こえた。

2 （　）に合う言葉を、□から選んで書きましょう。（一つ6点）

①（　　）白線の内側に入ってはいけません。
②（　　）きりんの首は長いのか。
③（　　）ぼくたちのチームが負けるとは思わなかった。

まるで・決して・まさか・なぜ

3 ――の言葉は、どんな気持ちを表すときに使いますか。□から選んで、記号を書きましょう。（8点）

たぶん、明日《あす》は晴れるでしょう。（　　）

ア 仮定《かてい》の気持ち。　イ 疑問《ぎもん》の気持ち。　ウ おし量る気持ち。

4 ──の言葉は、どんな気持ちを表すときに使いますか。[　]から選んで、記号を書きましょう。（8点）

もし雨がふったら、運動会は中止です。（　　）

ア 仮定《かてい》の気持ち。　イ 疑問《ぎもん》の気持ち。　ウ おし量る気持ち。

5 （　）に合う言葉を、[　]から選んで書きましょう。（一つ6点）

① 今年《ことし》は、ぜひ五十メートル泳げるようになり（　　）。

② 未来がどうなるかは、わたしには全くわから（　　）。

③ 大会で優勝《ゆうしょう》するなんて、まるで夢《ゆめ》の（　　）。

ようだ・たい・ない・だろう

6 ──の言葉に注意して、（　）に合う言葉を書きましょう。（一つ8点）

① たとえ時間がかかっ（　　）、最後までがんばろう。

② まさか雨がふることは（　　）だろう。

③ どうぞ、ゆっくりお休み（　　）。

④ この雨は、夜には、おそらく雪になる（　　）。

「たぶん～だろう」や「まるで～ようだ」のように、あとに決まった言い方がくる言葉があるよ。何を表す言葉がくるのか理解《りかい》しておこう。

8 いろいろな働きをする言葉②

月	日

名前

始め　時　分

終わり　時　分

かかった時間　分

とく点　点

1 ——の言葉に注意して、絵に合う文に、○をつけましょう。（一つ4点）

① 

（　）十円しか持っていなかった。

（　）十円まで持っていなかった。

② 

（　）コップ一ぱいなどの水を入れる。

（　）コップ一ぱいぐらいの水を入れる。

③ 

（　）ぼくは、サッカーほどのスポーツが好きだ。

（　）ぼくは、サッカーなどのスポーツが好きだ。

2 （　）に合う言葉を、[　]から選んで書きましょう。（一つ8点）

① 休日には、部屋《へや》のそうじ（　　）しよう。

② 父は、駅（　　）行って、もどってきた。

③ 今度（　　）勝てるように、練習しよう。

④ 今年《ことし》の冬は、昨年（　　）寒くなかった。

[まで・でも・ほど・こそ]

それぞれ、「程度《ていど》」を表したり、「例」を示《しめ》したり、「強調」したりするなどの意味があるよ。

3 （　）に合う言葉を、[　]から選んで書きましょう。（一つ8点）

❶ 今日《きょう》は日が照って、あまり寒く（　　　）なかった。

❷ 妹と二人《ふたり》（　　　）で留守番《るすばん》をした。

❸ 弟は、いつもゲーム（　　　）している。

❹ だんぼうがあるので、真冬で（　　　）寒くはない。

きり・は・さえ・ばかり

文を書く力

4 〈　〉の言葉を使って、絵に合う文を書きましょう。（一つ8点）

❶ 

〈一ぴきしか〉

水そうで泳いでいる魚は、

❷ 

〈ソフトボールぐらい〉

手にしたハムスターは、

❸ 

〈ケーキなど〉

わたしは、

4 ❶「しか」は限定《げんてい》する意味で、❷「ぐらい（くらい）」は、およその程度《ていど》を表す意味で、❸「など」は例を示《しめ》す意味で使っているよ。

9 反対の意味の言葉・似《に》た意味の言葉①

名前

始め　時　分

終わり　時　分

かかった時間　分

とく点　点

4年生のおさらい!

1 □と反対の意味の言葉を、（　）に書きましょう。（一つ6点）

① [高い]ビルが多くて日が当たらない。（　　）

② [冷たい]飲み物がほしい。（　　）

③ 公園に落ちていた空きかんを[拾う]。（　　）

④ 七時[以後]、天気が悪くなった。（　　）

⑤ 今年の[年末]は、家族で旅行する。（　　）

2 □と反対の意味の言葉を、［　］から選んで書きましょう。（一つ6点）

① 信用を[得《え》る]。↔（　　）

② 船が[近づく]。↔（　　）

③ バネが[のびる]。↔（　　）

④ 前に[進む]。↔（　　）

拾う・失う・遠回し・遠ざかる
ちぢむ・つづく・古びる・しりぞく

3 ―の言葉の使い方が正しい文に、○をつけましょう。（一つ7点）

① （　）おかの上から、町の様子をのぞく。
（　）おかの上から、町の様子をながめる。

② （　）赤ちゃんのほっぺたに、そっとふれる。
（　）赤ちゃんのほっぺたに、そっとにぎる。

③ （　）授業中《じゅぎょうちゅう》なので、となりの人に小さな声でどなる。
（　）授業中《じゅぎょうちゅう》なので、となりの人に小さな声でささやく。

④ （　）将来《しょうらい》は医者になりたいという夢《ゆめ》をもっている。
（　）将来《しょうらい》は医者になりたいという夢《ゆめ》をつかまえている。

4 〈　〉の反対の意味の言葉を二つとも使って、絵に合う文を作りましょう。（一つ9点）

①

〈易《やさ》しい ↕ むずかしい〉

②

〈減《へ》る ↕ 増《ふ》える〉

3のように、似《に》た意味の言葉でも、同じ文で使えないことがあるよ。それぞれの言葉の意味を確《たし》かめておこう！

10 反対の意味の言葉・似《に》た意味の言葉②

月	日

名前

始め　時　分

終わり　時　分

かかった時間　分

とく点　点

1 □と似《に》た意味の言葉を、[　]から選んで書きましょう。（一つ6点）

① 出場する選手が、一人《ひとり》［足りない］。（　　）

② 用紙に住所と名前を［書き入れる］。（　　）

③ 父が、こわれた時計を［直す］。（　　）

④ 親と子どもが［向かい合って］すわる。（　　）

［記入する ・ 不足する ・ 対面して ・ 修理《しゅうり》する］

2 □と反対の意味になるように、□に合う漢字を[　]から選んで書きましょう。（一つ6点）

① ［長所］をのばす。 ↔ □所を直す。

② 絵が［入選］する。 ↔ 絵が□選する。

③ ［多数］の意見がある。 ↔ □数の意見がある。

④ ［直接《ちょくせつ》］、話を聞く。 ↔ □接《せつ》的《てき》に話を聞く。

［住・短・当・落・小・少・間］

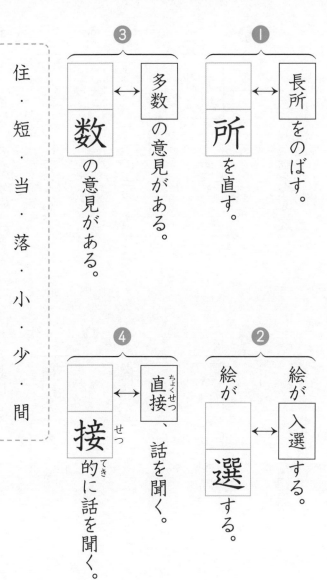

3 □と反対の意味の言葉を、□に書きましょう。（一つ8点）

① 人工的《てき》に育てる。 ↔ □□の中で育てる。

② 機能《きのう》が向上する。 ↔ 機能《きのう》が□□する。

③ 賛成《さんせい》する意見。 ↔ □□する意見。

④ きけんな場所。 ↔ □□な場所。

4 ――の言葉と似《に》た意味の言葉を［　］から選んで、（　）で囲《かこ》みましょう。
また、その言葉を使って、絵に合う文を作りましょう。（一つ10点）

① みんなで力を合わせて、つなを引く。

［強力・全力で・協力して］

四人で

② 橋を造《つく》るには、ひじょうにお金がかかる。

［だいたい・たいへん・少しも］

1は、言葉を入れかえても意味が通るか、確《たし》かめてみよう。**2**は、二字の熟語《じゅくご》のうち一字が同じ漢字だよ。

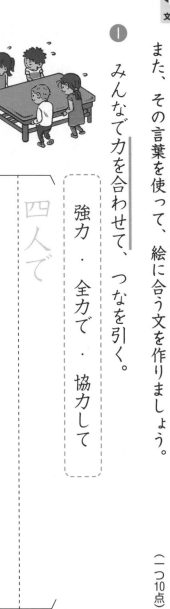

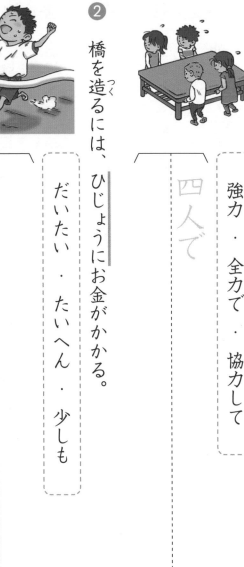

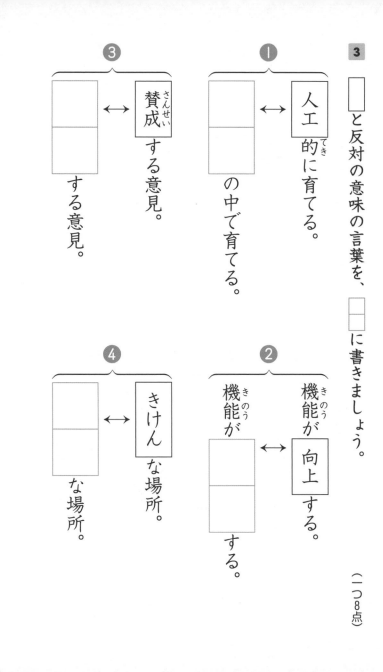

仕上げドリル②

1 □の文章を読んで、後の問題に答えましょう。

家のベランダで朝顔を育てました。

日がたつにつれて、朝顔のつるは、ぼうの周りにまきついていきます。□ぜんまいのようにきれいにまいています。数日たつと、わたしのこしぐらいの高さまで来ました。こんなに①高い所までまきついていく朝顔のつるを見ていると、②自然の力はすごいなあと感心してしまいます。

❶ □に合う言葉を選んで、○で囲《かこ》みましょう。（10点）

（どうぞ・たぶん・まるで）

❷ 「ぐらい」は、前の言葉にどんな意味をそえていますか。合うものに、○をつけましょう。（10点）

ア（　）きびしい限定《げんてい》。
イ（　）おおまかな例。
ウ（　）だいたいの程度《ていど》。

❸ ①・②の言葉と反対の意味の言葉を書きましょう。（一つ10点）

① 高い ↕（　　　）

② 自然 ↕（　　　）

2 □の文章を読んで、後の問題に答えましょう。

先日、家族で温泉《おんせん》旅行をしました。

旅館に着いてから、近くを散歩しました。

神社へ続く境内《けいだい》には、見たこともないほどの大きな木がありました。手でさわっても、全くびくとも［①］。

［②］いつからここに生えていたのでしょうか。そんなことを考えると、不思議な気持ちになりました。

❶ 次の言葉と似《に》た意味の言葉を下から選んで、○で囲《かこ》みましょう。（一つ10点）

① 旅館……〔水族館・宿屋・酒屋〕

② さわる……〔つまむ・にぎる・ふれる〕

❷ ［①］・［②］には、どんな言葉が入りますか。合うものを下から選んで、○で囲《かこ》みましょう。（一つ15点）

［①］……〔しました・したでしょうか・しません〕

［②］……〔いったい・どうして・まるで〕

❸ 「ほど」と同じ意味で使われている文に、○をつけましょう。（10点）

ア（　）二日ほど後に手紙がとどいた。

イ（　）見れば見るほど、不思議な形だ。

ウ（　）昨年ほど暑さはきびしくない。

1❶、2❷は、いつも組になって使われる言葉だよ。作文などで使えるように、その働きをしっかり覚えておこう。

和語・漢語・外来語

1 和語について書いた文に「和」を、漢語について書いた文に「漢」を、外来語について書いた文に「外」を書きましょう。（一つ4点）

① 古くから日本で使われていた、漢字の訓読みの言葉で、やわらかい感じがする。（　　）

② 近代になって、世界の国々から入ってきた言葉。（　　）

③ 昔、中国から入ってきた言葉が多く、漢字の音読みの言葉で、かたい感じがする。（　　）

2 次の言葉で、和語には「和」を、漢語には「漢」を、外来語には「外」を書きましょう。（一つ4点）

① ボール……（　　）
② 博物館……（　　）
③ 音楽会……（　　）
④ 夏休み……（　　）
⑤ 毛織物《けおりもの》……（　　）
⑥ チャイム…（　　）

3 次の□に合う言葉を書いて、表を完成させましょう。（一つ5点）

和語	漢語	外来語
昼飯	昼食	ランチ
宿屋	①	②

4 次の言葉の組み立てを[　]から選んで、記号を書きましょう。（一つ3点）

① 花畑（　　）
② クラス委員（　　）
③ 図書係（　　）
④ 観察記録（　　）
⑤ 消しゴム（　　）
⑥ アイススケート（　　）
⑦ 焼き魚（　　）
⑧ 野菜サラダ（　　）

ア 和語と和語
イ 漢語と漢語
ウ 外来語と外来語
エ 和語と漢語
オ 和語と外来語
カ 漢語と外来語

5 ―の言葉を、〈 〉の言葉に書きかえましょう。（一つ6点）

〈例〉ゴルフの球。〈外来語〉（ボール）

① くだもののサラダ。〈外来語〉（　　）
② 自動車の速度。〈外来語〉（　　）
③ 山登りに行く。〈漢語〉（　　）
④ ダンスのリズム。〈和語〉（　　）
⑤ 公園の長いす。〈外来語〉（　　）

外来語は、ふつうカタカナで書くよ。和語は漢字の訓読み、漢語は漢字の音読みと覚えておくといいね。

13 言葉の組み立て

4年生のおさらい!

1 次の言葉を組み合わせて、一つの言葉（複合語《ふくごうご》）を作りましょう。（一つ5点）

① 焼く ＋ 肉 → （　　）

② 見る ＋ 上げる → （　　）

③ 海外 ＋ 旅行 → （　　）

④ テニス ＋ ボール → （　　）

⑤ 細い ＋ 長い → （　　）

⑥ 消す ＋ ゴム → （　　）

2 □にあてはまる言葉を、ひらがなで書きましょう。（一つ4点）

① や ＋ しる し → □

② ごみ ＋ □ → ごみぶくろ

③ ゆき ＋ □ → ゆきだるま

④ □ ＋ たび → ふなたび

⑤ □ ＋ くも → あまぐも

月　日

名前

始め　時　分

終わり　時　分

かかった時間　分

とく点　点

3 次の言葉を組み合わせて、一つの言葉（複合語《ふくごうご》）を作り、ひらがなで書きましょう。（一つ5点）

❶ 金 ＋ 物 →（　　　）

❷ 雨 ＋ かさ →（　　　）

❸ 下る ＋ 坂 →（　　　）

❹ 力 ＋ 強い →（　　　）

❺ 重い ＋ 苦しい →（　　　）

❻ 考える ＋ 深い →（　　　）

4 次の文章から組み合わせた言葉（複合語《ふくごうご》）をさがして、もとの二つの言葉に分けて、ひらがなで書きましょう。（一つ5点）

> 弟が鼻血を出しながら帰ってきた。どうしたのかとたずねても、聞きづらくて、よくわからない。わたしは、薬箱を持ってきて、ガーゼで血をふき取った。

〈例〉切り取って（きる＋とる）

（　　＋　　）（　　＋　　）

（　　＋　　）（　　＋　　）

4 組み合わせるときに、言葉の形や音が変わるところに注意しよう。**4**では、形の変わる言葉は〈例〉のように言い切りの形で書くよ。

14 決まった言い方をする言葉①

月	日
名前	
始め	時 分
終わり	時 分
かかった時間	分
とく点	点

4年生のおさらい!

1 （　）に合う慣用句《かんようく》を、[　]から選んで書きましょう。（一つ6点）

① 妹は、すぐに、人の話に（　　　　）。

② 転校生が来ることを（　　　　）。

③ 格上《かくうえ》の油断《ゆだん》した相手に勝って、相手の（　　　　）。

④ いたずら好きの弟に（　　　　）。

鼻を折る・口をはさむ・手をやく・耳にする

二つ以上の言葉が結びついて、特別な意味を表すようになった言葉を「慣用句《かんようく》」というよ。

2 慣用句《かんようく》を使った言い方の文で、（　）に合う言葉を[　]から選んで書きましょう。（一つ6点）

① 物音がしたので、（　　　　）を殺《ころ》して様子をうかがった。

② あの人は（　　　　）が短いので、すぐおこる。

③ 弟は、少しほめると、すぐ（　　　　）に乗る。

④ 両親がいないので、兄は（　　　　）をのばしている。

図・水・息・火・羽・気・根

3 ——の慣用句《かんようく》の使い方が正しい文に、○をつけましょう。（一つ6点）

① （　）息もつかず、最後まで物語を読んでしまった。
（　）バスが定時になっても息もつかず、いらいらしてきた。

② （　）兄が、うでによりをかけて料理を作ってくれた。
（　）弟のうでによりをかけて、母が病院に連れていく。

③ （　）ぬぎ散らかしたくつの気を取り直した。
（　）失敗したが、気を取り直して、またやってみる。

4 （　）に合う慣用句《かんようく》を[　]から選んで、記号を書きましょう。（一つ6点）

① すばやく動いて、相手の（　）。
② めんどうな仕事に（　）。
③ 入賞者《にゅうしょうしゃ》の名前の発表に、（　）。

㋐ 首をつっこむ
㋑ むねが高鳴る
㋒ きまりが悪い
㋓ 目をくらます

文を書く力

5 〈　〉の慣用句《かんようく》を使って、絵に合う文を作りましょう。（一つ8点）

① 
〈足のふみ場もない〉

② 
〈くちびるをかむ〉

体の部分の言葉を使った慣用句《かんようく》は、たくさんあるよ。辞典で調べて、意味や使い方を確《たし》かめておこう！

15 決まった言い方をする言葉②

名前

始め　時　分
終わり　時　分
かかった時間　分

とく点　点

4年生のおさらい!

1 次のことわざの意味に合うものを[　]から選んで、記号を書きましょう。（一つ10点）

① 石の上にも三年……（　　）
② 急がば回れ……（　　）
③ おにの目にもなみだ……（　　）

ア ふだんきびしい人でも、時にはやさしい心になるということ。
イ 手おくれで、効《き》き目《め》がないこと。
ウ しんぼう強くやりぬけば、いつかは成功するということ。
エ 遠回りでも安全な方法を選んだほうがよいということ。

昔から言い伝えられてきた言葉で、生活に役立つような教訓や知識《ちしき》がもりこまれているものを「ことわざ」というよ。

2 下の意味のことわざになるように、（　）に合う言葉を[　]から選んで書きましょう。（一つ10点）

① （　　）の耳に念仏《ねんぶつ》……〔いくら言っても少しも聞き入れようとしないこと。〕
② （　　）は災《わざわ》いのもと……〔言葉には、十分気をつけたほうがよいということ。〕
③ 知らぬが（　　）……〔知っていると気になってしまうが、知らなければ、平気でいられるということ。〕

口・目・仏《ほとけ》・桜《さくら》・情《じょう》・馬

3 （　）に合う言葉を□から選んで、下の意味に合うことわざを作りましょう。（一つ5点）

① （　　）から目薬……思うようにならないこと。回りくどくて効果《こうか》がないこと。

② （　　）あることは三度ある……同じようなことは、何度もくり返されるものであるということ。

一回・二階・三番
一年・二度・三万

4 次のようなとき、どんなことわざを使いますか。□から選んで、記号を書きましょう。（一つ10点）

① 歌の上手《じょうず》な歌手が、歌っているとちゅうで、めずらしく調子を外してしまったとき。……（　　）

② ギターがとても上手《じょうず》な人が、人前に出て演奏《えんそう》することを望まないとき。……（　　）

③ 少しずつためていた小銭《こぜに》が、いつの間にか一万円もたまっていたとき。……（　　）

ア　たからのもちぐされ
イ　すずめのなみだ
ウ　さるも木から落ちる
エ　ちりも積もれば山となる

ことわざは、ふだんの生活の中でも、よく使われているよ。
意味を知らないと、何のことを言っているのか全然わからないよね。
ことわざを集めて、辞典で意味を調べてみよう！

月　日

始め　時　分
終わり　時　分
かかった時間　分

名前

とく点　点

1 □の文章を読んで、後の問題に答えましょう。

わたしは今年、図書委員になりました。

図書委員の仕事は、休み時間に、図書室で本の貸《か》し出《だ》しと返却《へんきゃく》される本の確認《かくにん》を、読み取りマシンを使ってすることです。借りに来る人が少ないときは、たなの本をきれいにならべて整理しています。

先生からは、

「図書委員が、すっかり板についてきたね。」

と言われ、とてもうれしくなりました。

❶ 次の言葉の組み立てを、□から選んで、記号を書きましょう。（一つ10点）

① 図書委員（　　）　② 休み時間（　　）

ア　和語と和語　　イ　漢語と漢語
ウ　和語と漢語　　エ　漢語と外来語

❷ 「和語と外来語」でできた言葉（複合語《ふくごうご》）に、――を引きましょう。（10点）

❸ 「チェック」を漢語に書きかえた言葉を、□で囲《かこ》みましょう。（10点）

❹ 慣用句《かんようく》を使った言い方を見つけて、〰〰を引きましょう。（10点）

2 □の文章を読んで、後の問題に答えましょう。

明日《あす》は、五年生の遠足の日です。①持ち物を準備《じゅんび》しているとき、ふとクラスメートの顔が②思いうかびました。それで、ぼくは思い立って、旅行用の小さな③薬箱をリュックに入れました。折りたたみの④雨がさも一本入れました。

そんなぼくの様子を見ていた母が、

「石橋をたたいてわたるようだね。」

と、にこにこして言いました。

❶ ①〜④の複合語《ふくごうご》を、もとの二つの言葉に分けて、ひらがなで書きましょう。（一つ10点）

〈例〉焼き魚→（やく＋さかな）

① 持ち物→（　　＋　　）

② 思いうかぶ→（　　＋　　）

③ 薬箱→（　　＋　　）

④ 雨がさ→（　　＋　　）

❷ 「石橋をたたいてわたる」の意味に合うものを選んで、○をつけましょう。（10点）

ア（　）朝早く起きる人には、何かよいことがあるということ。

イ（　）ねうちのわからない相手に高価《こうか》なものをあたえてもむだであること。

ウ（　）たいへん用心深く行動すること。

2 ❷ ことわざの中には、よく似《に》た意味のものがあるよ。「ねこに小判《こばん》」と「ぶたに真珠《しんじゅ》」など、意味を調べて、どんなときに使えるか考えてみよう。

17 漢字の読み方と部首

月　日

始め　時　分

終わり　時　分

かかった時間　分

名前

とく点　点

4年生のおさらい!

1 次の部首をもつ漢字を書きましょう。（一つ2点）

① 口…土を□《かた》める。家の周《しゅう》□《い》をきれいにする。

② 辶…委員を□《えら》ぶ。速《そく》□《たつ》郵便《ゆうびん》がとどく。

2 ――の漢字の読みがなを書きましょう。（一つ3点）

① 救急車（　　）が走る。
多くの命を救（　）う。

② 栄養（　　）がある食品。
家族を養（　）うために働く。

③ ひみつを告白（　　）する。
事実を告（　）げる。

④ 雨の確率（　　）が高い。
出口を確（　）かめる。

3 ――の漢字の読みがなを書きましょう。（一つ3点）

虫歯を治（　）す。国王が領土《りょうど》を治（　）める。

政《せい》治（　）にかかわる仕事。病院で治（　）療《りょう》する。

「治」には、音読み、訓読みが二つずつあるよ。

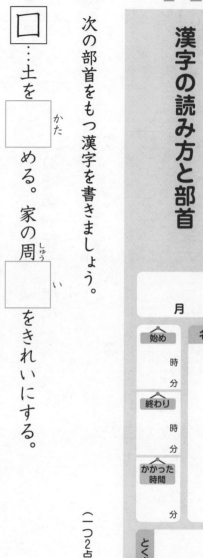

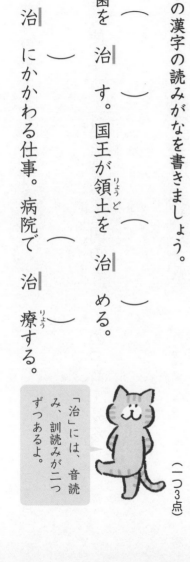

4 同じ部首の漢字を書きましょう。（一つ4点）

① 料理に使う［木］《ざい》料《りょう》を買う。玄関《げんかん》の表《ひょう》［　］《さつ》の名前を見る。

② ねじで台を［口］《こ》定《てい》する。失敗した原《げん》［　］《いん》を調べる。

③ 商品の［　］《か》格《かく》。［　］《ほ》育園《いくえん》で遊ぶ子ども。自転車を［　］《しゅう》理《り》する。

④ 工業［　］《ぎ》術《じゅつ》の進歩。体育の［　］《じゅ》業《ぎょう》。答案用紙を［　］《てい》出《しゅつ》する。

5 次の部首をもつ漢字は、どんなことがらと関係がありますか。（　）に合う言葉を、［　］から選んで書きましょう。（一つ4点）

① 扌…（　　　）や手の働きに関係がある。

② 女…（　　　）に関係がある。

③ 貝…（　　　）や財産《ざいさん》に関係がある。

④ 宀…（　　　）の種類や様子に関係がある。

木・手・家・道・お金・仕事・女性《じょせい》

それぞれの部首の漢字を集めてみると、わかりやすいよ。

3 のように、音読みや訓読みが二つ以上ある漢字もあるよ。「生」「明」などの読み方を辞典で調べてみよう。

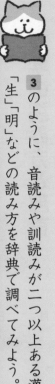

18 形の似《に》た漢字

月　日

名前

始め　時　分

終わり　時　分

かかった時間　分

とく点　点

4年生のおさらい!

1 形に気をつけて、漢字を書きましょう。（一つ3点）

①
学級□《い》員《いん》を選ぶ。
暑い□《き》節《せつ》になる。

②
住所と□《し》名《めい》を書く。
市《し》□《みん》の声が高まる。

③
□《み》来を想像《そうぞう》する。
粉《ふん》□《まつ》の薬を飲む。

④
キュリー□《ふ》人《じん》の伝記。
□《しっ》敗《ぱい》をくり返さない。

2 ■の部分をもつ漢字を、□に書きましょう。（一つ3点）

① 支…農業の□《ぎ》術《じゅつ》が進む。桜《さくら》の□《えだ》が折れる。

② 艮…□《がん》科《か》の医院に行く。賞味期《しょうみき》□《げん》までに食べる。

③ 各…進級試験に合《ごう》□《かく》する。細かい説明を省《しょう》□《りゃく》する。

④ 青…パソコンから□《じょう》報《ほう》を得《え》る。スポーツマン□《せい》神《しん》。

3 形に気をつけて、漢字を書きましょう。（一つ3点）

① 給食係の［　］《し》事《ごと》。
責《せき》［　］《にん》をもって行動する。

② まど［　］《がわ》の席にすわる。
夏休みに天体観《かん》［　］《そく》をする。

③ ［　］《ざん》念《ねん》な結果になる。
底の［　］《あさ》い川。

④ 姉が中学校を［　］《そつ》業《ぎょう》する。
能《のう》［　］《りつ》よく作業を進める。

4 漢字のまちがいに――を引いて、右側に正しく書きましょう。（①②は一つ3点、③④は一つ4点）

〈例〉 週未《しゅうまつ》に、公氏館《こうみんかん》で行事《ぎょうじ》がある。　末　民

① 希切《ぬのき》れに線《わた》を入れて、パッチワークを作《つく》った。

② 雨《あめ》がふったとき、友人《ゆうじん》が決《こころよ》くかさを貨《か》してくれた。

③ 然《も》えるごみかどうか述《まよ》ったので係《かかり》の人《ひと》に聞《き》いた。

④ 規金《げんきん》を安全《あんぜん》に輪送《ゆそう》するために、けい備《び》を行《おこな》う会社《かいしゃ》がある。

形の似《に》ている漢字は書きまちがえやすいので、読み方・意味・使い方のちがいをしっかり覚えよう！

19 同じ読み方の漢字

月　日

名前

始め　時　分

終わり　時　分

かかった時間　分

とく点　点

4年生のおさらい!

1 □と読む漢字を書きましょう。（一つ3点）

① い
- 十人□上《じょう》集まる。
- □味《み》を調べる。

② せつ
- 季《き》□の移《うつ》り変《か》わり。
- くわしい□明《めい》を聞く。

③ さ(める)
- ふろのお湯が□める。
- 夜中に目が□める。

④ た(てる)
- 白組の旗を□てる。
- 高いビルを□てる。

2 ―に合う漢字を、○で囲《かこ》みましょう。（一つ2点）

① 週《しゅう》かん｛刊・幹｝誌《し》を読む。

② ぶあつ｛厚・熱｝い本を読む。

③ さい｛災・再｝害《がい》を防《ふせ》ぐ。

④ 布《ぬの》にもようをお｛折・織｝りこむ。

⑤ 接戦《せっせん》の試合で観客がこう｛効・興｝奮《ふん》する。

⑥ 聞いたことをメモ帳に書きと｛止・留｝める。

3 □と読む漢字を書きましょう。（一つ4点）

① ぼう
- 事故《じこ》を□止《し》する。
- 中国との□易《えき》。

② せつ
- ビルの建《けん》□工事。
- 直《ちょく》□、手でさわらない。

③ はか(る)
- 子犬の体重を□る。
- ひもの長さを□る。

④ うつ(す)
- 文章をノートに書き□す。
- 飲み物を冷蔵庫《れいぞうこ》に□す。

4 漢字のまちがいに――を引いて、右側に正しく書きましょう。（一つ4点）

〈例〉 合笑《がっしょう》コンクールの会場《かいじょう》に付《つ》いた。　唱　着

① 最初《さいしょ》に寄本《きほん》の易《やさ》しい問題《もんだい》を説《と》くようにしている。

② 朝《あさ》の天気予豊《てんきよほう》のとおり、午後《ごご》から太陽《たいよう》が表《あらわ》れた。

③ 相手《あいて》チームと三回対結《さんかいたいけつ》して、一回破《いっかいやぶ》れてしまった。

④ それぞれの選手《せんしゅ》が、自分《じぶん》の役《やく》わりを努《つと》め、みごとな成責《せいせき》を残《のこ》した。

同じ読み方の漢字は書きまちがえやすいので、3④「カメラで写す。」「荷物を移す。」のように、使い方で意味のちがいを覚えよう。

20 まちがえやすい漢字

月　日

名前

始め　時　分

終わり　時　分

かかった時間　分

とく点　点

1 形に気をつけて、□と読む漢字を書きましょう。（一つ3点）

① れい

犬が命《めい》□にしたがう。

□蔵庫《ぞうこ》に牛乳《ぎゅうにゅう》を入れる。

② か

試合の結《けっ》□を伝える。

放《ほう》□後《ご》の教室は静かだ。

③ てい

□気圧《きあつ》が近づく。

海《かい》□にすむ生物。

④ ひょう

投《とう》□用紙に名前を書く。

今年《ことし》の目《もく》□をかかげる。

2 □の部分をもつ漢字を、□に書きましょう。（一つ3点）

① 反…鉄《てっ》□《ぱん》で肉を焼く。出《しゅっ》□《ぱん》社《しゃ》で発行している本。

② 皮…ラジオの周《しゅう》□《は》数《すう》。ガラスの□《は》片《へん》。

③ 君…市や□《ぐん》部《ぶ》の町村で決める。魚の大《たい》□《ぐん》が黒く見える。

④ 圣…直《ちょっ》□《けい》一メートルの岩石。一時間□《けい》過《か》する。

3 形に気をつけて、□と読む漢字を書きましょう。（一つ3点）

① ざい
- □木《もく》を運ぶ車。
- 市の□産《さん》を守る。

② ちょう
- メモ□にくわしく記す。
- 父が大阪《おおさか》に出《しゅっ》□する。

③ せい
- スピードを□限《げん》する。
- ガラス□の花びん。

④ ふく
- 駅まで往《おう》□三十分かかる。
- □数《すう》の意見が出る。

4 漢字のまちがいに――を引いて、右側に正しく書きましょう。（①②は一つ3点、③④は一つ4点）

〈例〉ビルを健設《けんせつ》する功事《こうじ》が始《はじ》まる。　建　工

① 国際的《こくさいてき》な会議《かいぎ》に、いくつかの市民団体《しみんだんたい》が昭待《しょうたい》された。

② 想象《そうぞう》していたとおり、兄《あに》はスポーツ大会《たいかい》でよい成積《せいせき》をおさめた。

③ 南部《なんぶ》の国鏡《こっきょう》の周辺《しゅうへん》は、とてもき験《けん》なので、観光客《かんこうきゃく》はいない。

④ その会《かい》の組識《そしき》は、選出《せんしゅつ》された五名《ごめい》の委員《いいん》で講成《こうせい》された。

部首以外の部分が音《おん》を表す漢字は、同じ読みだったり、似《に》た音の読みだったりすることが多いよ。部首や意味のちがいをしっかり覚えておこう！

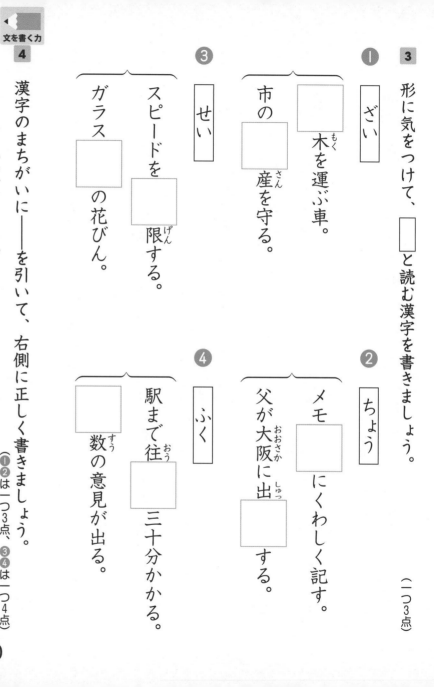

月　日

名前

始め　時　分

終わり　時　分

かかった時間　分

とく点　点

1 □の文章を読んで、後の問題に答えましょう。

先日《せんじつ》、テレビで伝続工芸《でんとうこうげい》の織人《しょくにん》さんたちの仕《し》事《ごと》ぶりを待集《とくしゅう》していました。焼物《やきもの》や識物《おりもの》などは、とても銀気《こんき》と手間《てま》のかかる仕事《しごと》ですが、すばらしい枝術《ぎじゅつ》を在産《ざいさん》として、次の世代に伝《つた》えていかなければならないと思《おも》いました。

統

文を書く力

❶ 漢字のまちがいが、七字あります。——を引いて、右側に正しく書きましょう。（一つ4点）

❷ 「伝・仕」のように、「イ（にんべん）」のつく漢字で、これまでに習ったものを「伝・仕」をのぞいて五つ書きましょう。（一つ2点）

□ □ □ □ □

❸ ——の漢字の読みがなを書きましょう。（一つ4点）

① 世代。（　　）

② 世の中。（　　）

③ 後世に残る。（　　）

2 □の文章を読んで、後の問題に答えましょう。

運動会《うんどうかい》で印象《いんしょう》に浅《のこ》っているのは、リレーの競技《きょうぎ》です。選手《せんしゅ》たちが自分《じぶん》の投《やく》わりをしっかり①［つとめた］結果《けっか》、一《いち》位《い》という成績《せいせき》を取《と》りました。応《おう》えんや練習《れんしゅう》もクラスで共力《きょうりょく》できたのが、勝因《しょういん》だと思《おも》います。最終特点《さいしゅうとくてん》では②［やぶれて］しまいましたが、よい思《おも》い出《で》になりました。

1 漢字のまちがいが、八字あります。――を引いて、右側に正しく書きましょう。（一つ4点）

2 「結・練」のように、「糸（いとへん）」のつく次の漢字を書きましょう。（一つ2点）

① 一年が□《けい》過《か》する。　② 買い物の□《そう》額《がく》。　③ 本の□《へん》集。

3 本文内の①・②の□の言葉を漢字で書きましょう。（一つ6点）

① 委員を□《つと》める。　② 敵《てき》に□《やぶ》れてしまう。

同じ読み方の漢字や形の似《に》ている漢字は、まちがえやすいので、意味や形のちがいをしっかり覚えておこう！

22 漢字辞典の使い方

月　日
名前

始め　時　分
終わり　時　分
かかった時間　分
とく点　点

4年生のおさらい!

1 漢字辞典（漢和辞典）に出ている順（画数の少ない順）に、番号をつけましょう。（全部できて一つ4点）

① （1）泣　（　）浴　（　）潟

② （　）試　（　）訓　（　）説

③ （　）材　（　）梅　（　）札　（　）松

④ （　）例　（　）便　（　）候　（　）低

漢字辞典では、同じ部首の漢字は、画数の少ない順にならんでいるよ。

2 次のような漢字のとき、漢字辞典（漢和辞典）のどのさくいんを使って調べますか。［　］から選んで、記号を書きましょう。（一つ3点）

① 部首も総画数《そうかくすう》もわからず、読み方がわかるとき。……（　）

② 総画数《そうかくすう》も読み方もわからず、部首がわかるとき。……（　）

③ 部首も読み方もわからず、総画数《そうかくすう》がわかるとき。……（　）

④ 「編」の部首「糸（いとへん）」を知っているとき。……（　）

⑤ 「編」の音読み「ヘン」を知っているとき。……（　）

⑥ 「編」の部首も読み方もわからないが、総画数《そうかくすう》を知っているとき。……（　）

ア　部首さくいん　イ　音訓さくいん　ウ　総画《そうかく》さくいん

3 次の漢字の総画数《そうかくすう》を（　）に書きましょう。（一つ3点）

① 印（　　）画
② 永（　　）画
③ 比（　　）画
④ 犯（　　）画
⑤ 求（　　）画
⑥ 率（　　）画

折れるところや曲がるところは、ひと続きで書くよ。

4 次の漢字の部首（部首のなかま）を、[　]から選んで書きましょう。（一つ3点）

① 河 □
② 祝 □
③ 似 □
④ 快 □
⑤ 照 □
⑥ 脈 □

人・火・水・心・示・肉

[　]の部首が、漢字のへんなどの部分になるときに、形が変わったのが、①～⑥の漢字の部首だよ。

5 次の漢字の部首を□に、部首以外の部分の画数を（　）に書きましょう。（両方できて一つ5点）

◀部首　◀部首以外の部分の画数

① 改 □（　　）画
② 利 □（　　）画
③ 兆 □（　　）画
④ 置 □（　　）画
⑤ 問 □（　　）画
⑥ 観 □（　　）画

4 **5** の部首については、漢字辞典で調べて確《たし》かめておこう！
部首の成り立ちや意味を知っておくと、新しく習う漢字も覚えやすいよ。

23 漢字の成り立ち

月　日　名前

始め　時　分
終わり　時　分
かかった時間　分
とく点　点

4年生のおさらい!

1 次の成り立ちに合う漢字を、[　]から選んで書きましょう。（一つ4点）

①  → □

② 日＋月 → □

③  → □

④ 糸＋会 → □

⑤  → □

⑥ 周＋辶 → □

鳥・魚・象・明・週・絵

2 次の漢字を二つの部分に分けて書きましょう。（一つ3点）

① 格 → 木 ＋ 各

② 持 → 扌 ＋ □

③ 固 → □ ＋ 口

④ 照 → □ ＋ 灬

3 次の漢字の意味を表す部分（部首）を□に、音《おん》を表す部分を〔　〕に書きましょう。（一つ2点）

◀部首　◀音を表す部分

① 貨　貝　〔化〕

② 銅　□　〔　〕

③ 板　□　〔　〕

④ 績　□　〔　〕

4 次の成り立ちに合う漢字を、[ ]から選んで書きましょう。（一つ3点）

1 目に見えるものの形を、具体的にえがいてできた漢字。（象形《しょうけい》文字）
（　　）（　　）

2 目に見えないことがらを、印などを使って表した漢字。（指《し》事《じ》文字）
（　　）（　　）

3 二つ以上の漢字の意味を組み合わせてできた漢字。（会意《かいい》文字）
（　　）（　　）

4 意味を表す部分（部首）と音《おん》を表す部分を組み合わせた漢字。（形声《けいせい》文字）
（　　）（　　）

山・信・上・花・末・門・明・府

5 次の漢字の、意味を表す部分（部首）を□に、音《おん》を表す部分を〔　〕に、その漢字の音の読みがなを（　）にカタカナで書きましょう。（一つ2点）

〈例〉晴　日　〔青〕（セイ）

1 案　□　〔　　〕（　　）

2 働　□　〔　　〕（　　）

3 救　□　〔　　〕（　　）

4 粉　□　〔　　〕（　　）

「正」の「セイ」「ショウ」のように、音を表す部分の漢字では、音読みが二つ以上ある漢字もあるので、注意しよう。

漢字の多くは、4 3 4のような、会意《かいい》文字や形声《けいせい》文字だよ。漢字辞典で成り立ちを調べてみよう！

熟語《じゅくご》の組み立て①

4年生のおさらい!

1 [　]から漢字を選んで、次の意味に合う熟語《じゅくご》を作りましょう。（一つ4点）

① 荷物などのおもさ。……重□

② 大切なこと。だいじなこと。……重□

③ からだのおもさ。……□重

[体・要・力・心・量]

2 □に合う漢字を書いて、反対（対《つい》）の意味の漢字を組み合わせた熟語《じゅくご》を作りましょう。（一つ3点）

① □敗が決まる。

② 高□の差が大きい。

③ 新□の交代。

④ 駅までの□復の道のり。

3 □に合う漢字を書いて、似《に》た意味の漢字を組み合わせた熟語《じゅくご》を作りましょう。（一つ3点）

① 寒□な土地。

② 自動車が停《てい》□する。

③ 色が変□する。

④ 事故《じこ》が減《げん》□する。

4 「不・未・無・非《ひ》」から、□に合う漢字を書いて、熟語《じゅくご》を作りましょう。（一つ3点）

① □安《あん》
② □意《い》識《しき》
③ □行《こう》
④ □解《かい》決《けつ》
⑤ □開《かい》
⑥ □常《じょう》識《しき》
⑦ □風《ふう》
⑧ □可《か》能《のう》

「不・未・無・非《ひ》」は、どれも、下の漢字や言葉を打ち消す意味に使われるよ。

5 次の組み合わせに合う熟語《じゅくご》を、□から二つずつ選んで書きましょう。（一つ4点）

① 反対（対《つい》）の意味の漢字の組み合わせ。〈例〉売買　（　　）（　　）
② 似《に》た意味の漢字の組み合わせ。〈例〉学習　（　　）（　　）
③ 上の漢字が下の漢字を修飾《しゅうしょく》する組み合わせ。〈例〉白線　（　　）（　　）
④ 「～に」「～を」にあたる漢字が下にくる漢字の組み合わせ。〈例〉作曲　（　　）（　　）
⑤ 打ち消す意味の漢字が上にくる組み合わせ。〈例〉不足　（　　）（　　）

悲《ひ》喜《き》・未知・投球・早朝・豊《ほう》富《ふ》
海底・救助《きゅうじょ》・登山・無害・損得《そんとく》

熟語《じゅくご》の組み合わせ方がわかると、意味を知る手がかりになるよ。

熟語《じゅくご》の組み立て②

月　日

始め　時　分
終わり　時　分
かかった時間　分

名前

とく点　点

1 〈例〉のように、次の熟語《じゅくご》の読みがなを（　）に、熟語《じゅくご》の組み立て方を〔　〕に書きましょう。（一つ3点）

〈例〉消火（しょうか）〔火を消す〕

① 開店（　　　）〔店を　　　〕

② 挙式（　　　）〔　　　〕

③ 乗車（　　　）〔　　　〕

④ 着席（　　　）〔　　　〕

2 次の組み立てに合う三字の熟語《じゅくご》を、□から三つずつ選んで書きましょう。（一つ3点）

① 一字ずつの語の集まり。〈例〉市町村

（　　　）・（　　　）・（　　　）

② 一字＋二字の組み合わせ。〈例〉新記録

（　　　）・（　　　）・（　　　）

③ 二字＋一字の組み合わせ。〈例〉音楽会

（　　　）・（　　　）・（　　　）

大中小・全世界・関係者・大成功・衣食住
感動的・多数決・天地人・無関心

3 次の三字の熟語《じゅくご》を二つに分けて、意味がわかる組み立て方を書きましょう。（一つ5点）

〈例〉新学期（新しい学期）

① 大都市（　　）（　　）

② 上半身（　　）（　　）

③ 運動場（　　）（場所）

④ 内科医（　　）（　　）

⑤ 旅行代（　　）（　　）

初めに、「一字＋二字」の熟語《じゅくご》か、「二字＋一字」の熟語かを確《たし》かめてから考えよう。

4 □に合う漢字を[　]から選んで、三字の熟語《じゅくご》を作りましょう。（一つ3点）

① 文化□

② □織物《おりもの》

③ 百貨□

④ □気圧《きあつ》

⑤ 研究□

⑥ □完成

⑦ 近代□

⑧ □制限《せいげん》

[祭・未・化・店・毛・無・所・低]

2の三字の熟語《じゅくご》の組み立て方を覚えよう。四字以上の熟語《じゅくご》についても、多くは一字と二字の組み合わせからできているよ。

26 仕上げドリル⑤

月　日

始め　時　分

終わり　時　分

かかった時間　分

名前

とく点　点

1 □の文章を読んで、後の問題に答えましょう。

わたしが住んでいる町内会では、月に一度、せいそう活動を行っています。

日曜日の朝、決められた地区のごみを集めに行きます。公園や歩道には、空きかんやプラスチックの容器などがすてられていて、ごみを入れるふくろが、すぐにいっぱいになりました。

せいそう活動のときだけでなく、ふだんからごみを見つけたら拾って、街の美化に努めたいと思いました。

❶「容」を漢字辞典で調べるとき、どのさくいんを使いますか。（一つ5点）

①「容」の部首「宀（うかんむり）」を知っているとき。（　　　）さくいん

②「容」の音読み「ヨウ」を知っているとき。（　　　）さくいん

❷ 三字の熟語《じゅくご》を二つ見つけて、――を引きましょう。（一つ6点）

❸「美化」のように、「〜化」がつく熟語《じゅくご》を二つ考えて書きましょう。（一つ7点）

（　　　）（　　　）

2 □の文章を読んで、後の問題に答えましょう。

文化祭で、ぼくたちのクラスでは手話による合唱をステージで発表した。

ぼくは、手話が初体験だったので、できるかどうか不安だった。でも、何度も練習して動作を覚えた。

本番では、合唱も手話もうまくできて、大満足で終えることができた。もっといろいろな手話を覚えたいと思った。

❶ 三字の熟語《じゅくご》を三つ見つけて、——を引きましょう。（一つ6点）

❷ 次の漢字の総画数《そうかくすう》を書きましょう。（一つ5点）

① 祭（　　）画　② 発（　　）画

❸ 次の漢字の部首を□に、部首以外の部分の画数を（　）に書きましょう。（一つ5点）

① 初　□ ◀部首　（　　）画 ◀部首以外の部分の画数

② 験　□ ◀部首　（　　）画 ◀部首以外の部分の画数

❹ 「不安」のように、「不～」がつく熟語《じゅくご》を二つ考えて書きましょう。（一つ8点）

（　　　　）（　　　　）

1③、2④は、三字の熟語《じゅくご》で作ってもいいよ。また、1②や2①の三字の熟語《じゅくご》の組み立て方も確《たし》かめておこう。

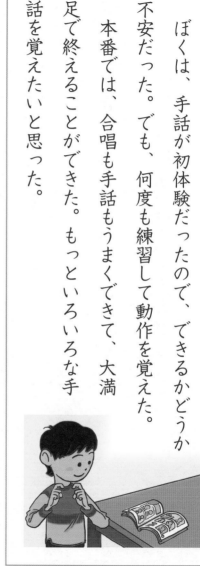

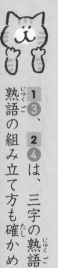

27 送りがな

1 ——の言葉の送りがなを書きましょう。（一つ4点）

① すいみんをとって体力をやしなう。　養（　　）

② 友人のすがたを見うしなう。　失（　　）

③ みだれたかみの毛をととのえる。　整（　　）

④ 会話文はかぎを付けて行をあらためる。　改（　　）

2 〈　〉の言葉を、文に合う形に変えて、（　）に書きましょう。（一つ5点）

① 〈残る〉合唱の練習をするために（　　）た。

② 〈続く〉見わたすかぎり、花畑が（　　）ていた。

③ 〈厚《あつ》い〉父から借りた本は、かなり（　　）た。

3 次の言葉の送りがなを書きましょう。（一つ3点）

① ほそい……細（　　）
こまかい…細（　　）

② なおる……治（　　）
おさめる…治（　　）

③ つれる……連（　　）
つらなる…連（　　）

④ さめる……覚（　　）
おぼえる…覚（　　）

月　日

名前

始め　時　分

終わり　時　分

かかった時間　分

とく点　点

4 ——の言葉を、漢字と送りがなで書きましょう。（一つ5点）

① 案内係が、お客を席にみちびく。（　　　）

② ふたたび、山中君と対戦することになる。（　　　）

③ プレゼントをもらって、よろこぶ。（　　　）

④ かんとくが多くの選手をひきいる。（　　　）

⑤ わすれ物がないか、荷物をたしかめる。（　　　）

文を書く力

5 送りがながまちがっている部分に——を引いて、右側に漢字と送りがなを正しく書きましょう。（一つ5点）

〈例〉多《おお》くの人《ひと》が幸《しあ》わせにくらす。　幸せ

① じゃ口《ぐち》を回《まわ》すと、水《みず》が勢《いき》おいよく流《なが》れた。

② 都合《つごう》が悪《わる》くなったので、地域《ちいき》の集《あつ》まりへの参加《さんか》を断《こと》わる。

③ 暑《あつ》い日《ひ》でも、夕方《ゆうがた》にはすずしい風《かぜ》がふいて、とても快《こころ》よい。

④ 角《かど》を曲《ま》がろうとしたら、急《きゅう》に自動車《じどうしゃ》が現《あら》われた。

3のように、訓が二通り以上ある漢字では、送りがなに注目すると、読み方がはっきりするよ。

28 かなづかい

1 〔　〕から、｜のかなづかいがまちがっている言葉を一つずつ選んで、正しく書き直しましょう。（一つ4点）

① 〔こうえん・おうかみ・ほうこく〕（　　）

② 〔じっけん・じゅんばん・そこじから〕（　　）

③ 〔ずきん・りゃくず・力ずよい〕（　　）

2 かなづかいの正しい字を〈　〉から選んで、□に書きましょう。（一つ3点）

① 日曜日、家族で動物□〈え・へ〉ん□〈え・へ〉行った。

② 家に帰ると、か□〈お・を〉と手□〈お・を〉あらう。

③ おね□〈い・え〉さんがとけ□〈い・え〉の時《じ》刻《こく》を合わせた。

④ おと□〈う・お〉とが草むらでこ□〈う・お〉ろぎを見つけた。

⑤ 妹□〈は・わ〉、祭りで□〈は・わ〉たあめを買ってもらった。

月　日

名前

始め　時　分

終わり　時　分

かかった時間　分

とく点　点

3 ｜の言葉のかなづかいが、正しいものには○をつけ、まちがっているものは、正しく書き直しましょう。（一つ3点）

① 家の　前を、パトカーが　とおったのに　気ずいた。
（　　）（　　）

② しおを　たして、少しづつ　あじを　ととのえた。
（　　）（　　）

③ ねいさんが、ジュースに　こうりを　入れて　飲んだ。
（　　）（　　）

文を書く力

4 かなづかいがまちがっている字に｜を引いて、右側に正しい字を書きましょう。（一つ4点）

〈例〉きのお、こずかいをもらった。
（う）（づ）

① 朝、うんどお会が　中止に　なったと　ゆう　ことを　知った。

② とおだいの　上に　みかずきが　うかぶ。

③ 手ずくりの　料理に　したつずみを　打つ。

④ 姉が　つまづいて、湯飲みじゃわんを　わった。

⑤ おおきい　かんずめは、一つづつ　運んだ。

4 ③「したつ□みを打つ。」は、「食べ物などがおいしくて、舌《した》を鳴らす。」という意味だよ。正しい書き表し方も覚えておこう。

29 符号《ふごう》の使い方

名前

始め　時　分
終わり　時　分
かかった時間　分

とく点　点

4年生のおさらい！

1 次の符号《ふごう》の働きを下から選んで、記号を書きましょう。（一つ5点）

① 句点《くてん》（。）（　）
② 読点（、）（　）
③ かぎ（「」）（　）
④ 中点（・）（　）
⑤ ダッシュ（――）（　）

ア　文の終わりにつける。
イ　言葉をならべるときに使う。
ウ　文の中の意味の切れめにつける。
エ　会話や思ったことを書くとき、言葉や文章を取り上げて述《の》べる（引用する）ときに使う。
オ　説明をおぎなったり、文末をとちゅうで止めたりするときなどに使う。

2 〈　〉の意味になるように、読点（、）を一つずつ書きましょう。（一つ8点）

① 〈ゆっくり泳ぐ〉
［ぼくは　ゆっくり　泳ぐ　魚を　見た。］

② 〈すばやく追いかけた〉
［ぼくは　すばやく　走り去る　兄を　追いかけた。］

③ 〈初めて飛んだ〉
［わたしは　初めて　飛ぶ　トキの　様子を　見た。］

動きを表す二つの言葉のどちらを修飾《しゅうしょく》するかを考えて、読点をつけよう！

3 次の文や文章に、かぎ(「　」)をひと組ずつ書きましょう。（一つ8点）

❶ 明日《あす》の朝、つりに行こうか。と、父に言われ、思わず手を上げて喜《よろこ》んだ。

〔　　　〕

❷ 「効果《こうか》」という言葉の意味を調べたら、ある物事を行って生じた、よい結果やききめ。と辞典に出ていた。

〔　　　〕

❸ うさぎの飼育日誌《しいくにっし》のおとといのところに、メスのうさぎの動きがおかしい。と書いてあったので、注意して観察することにした。

〔　　　〕

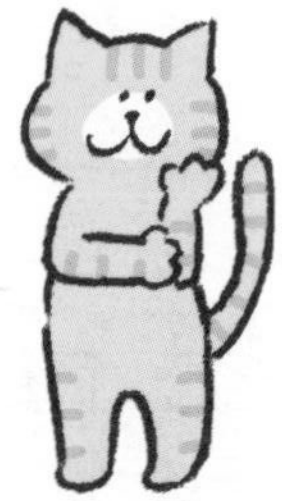

❶は会話文に、❷は辞典から、❸は日誌《にっし》からの引用部分に、かぎ(「　」)をつけるよ。

4 次の文や文章の――の部分を、〈　〉の符号《ふごう》を使って書きましょう。（一つ9点）

❶ ぼくは、店で りんご　みかん　ぶどうを　買った。
〈中点(・)〉

〔　　　〕

❷ 新年に、今年《ことし》の目標　早起きをする　を決めて、紙に書いた。
〈ダッシュ(――)〉

〔　　　〕

❸ みんなでがんばりたい。という　言葉で、作文を　しめくくった。
〈かぎ(「　」)〉

〔　　　〕

それぞれの符号《ふごう》の働きを理解《りかい》して、文や文章で効果的《こうかてき》に使えるようにしよう！

文の組み立て

月　日
名前
始め　時　分
終わり　時　分
かかった時間　分
とく点　点

4年生のおさらい!

1 次の文の形を[　]から選んで、記号を書きましょう。(一つ7点)

① 母の料理は、とてもおいしい。……(　　)

② 誕生日《たんじょうび》に、友達《ともだち》がプレゼントをくれた。……(　　)

③ 校門の両側に大きな桜《さくら》の木がある。……(　　)

④ 向こうの大きな建物は、市の体育館だ。……(　　)

ア 何が(は) どうする。
イ 何が(は) どんなだ。
ウ 何が(は) 何だ。
エ 何が(は) ある(いる)。

「どうする」「どんなだ」「何だ」「ある(いる)」を述語《じゅつご》というよ。文の終わりが何を表しているかに注目しよう。

2 次の文で、主語に——を、述語《じゅつご》に〜〜を引きましょう。(全部できて一つ7点)

〈例〉 風が ふき、 雨が ふる。

① 花が さき、 鳥が 鳴く。

② 三時間目が 国語で、 四時間目が 算数だ。

③ 父の かさは 黒いし、 かばんも 黒い。

風が ふき、 雨が ふる。のように、主語・述語《じゅつご》の関係がふた組あって、対等にならんでいる文を、「重文《じゅうぶん》」というよ。

3 次の文で、主語に——を、述語《じゅつご》に〰〰を引きましょう。（全部できて一つ7点）

〈例〉雨が　ふったので、試合は　中止だ。

❶ 風が　ふいたので、かれ葉が　まった。

❷ 天気が　よいと、富士山《ふじさん》が　見える。

❸ バスが　動くと、体が　ゆれた。

雨がふったので、（理由）→ 試合は中止だ。

「試合は中止だ。」という文に、「雨がふったので」という理由をつけ加えた形になっている。このような文を「複文《ふくぶん》」というよ。

4 主語・述語《じゅつご》の関係が、次の文と同じ種類の文を［　］から選んで、記号を書きましょう。（一つ6点）

❶ 兄が作った料理は、おいしい。（　　）

❷ 妹は本を読み、弟はテレビを見る。（　　）

❸ 母とわたしは、駅前の店で洋服を買った。（　　）

❹ 母は電車で会社へ行き、姉はバスで学校へ行く。（　　）

❺ ぼくが世話した朝顔の花がさいた。（　　）

㋐ 雨がザーザーふる。（単文《たんぶん》）　㋑ 雨がふる日は寒い。（複文《ふくぶん》）

㋒ 風がふき、雨がふる。（重文《じゅうぶん》）

2 **3** では、主語・述語《じゅつご》の関係がふた組ずつあるよ。どんな関係で結びついているかを確《たし》かめておこう。

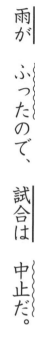

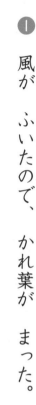

こそあど言葉

月　日
名前
始め　時　分
終わり　時　分
かかった時間　分
とく点　点

4年生のおさらい!

1 （　）に合う「こそあど言葉」を、［　］から選んで書きましょう。（一つ7点）

① 今日《きょう》、郵便局《ゆうびんきょく》に行った。（　　）で、となりのおばさんに会った。

② 父から新品の小さなかばんをわたされた。（　　）中には、本が入っていた。

③ 学校の屋上から白いえんとつが見える。（　　）が、市のせいそう工場だ。

あれ・あんな・そこ・そんな・その

2 ［　］の「こそあど言葉」がさしている部分に、——を引きましょう。（一つ7点）

① 母と出かけるのに、市営《しえい》バスに乗ったら、［その］中で友達《ともだち》の山下君に会った。

② カレンダーには、青くて美しい海の写真が出ていた。わたしも、［そんな］海を見てみたいと思った。

③ 駅前に、小さなパン屋さんがある。［そこ］では、いろいろな変わったパンを売っている。

④ 昨日《きのう》、市の体育館で、市民のための運動会が開かれた。父とぼくは、［それ］に参加して景品をもらった。

3 ――の言葉を、「こそあど言葉」に書きかえましょう。（一つ7点）

1 昼ごろ、ようやく山の頂上《ちょうじょう》に着いた。山の頂上《ちょうじょう》からのながめは、とてもすばらしかった。

（　　　　）

2 休みの日に有名な遊園地に行った。有名な遊園地の中は、たくさんの人でいっぱいだった。

（　　　　）

3 友達《ともだち》の家に、白くてかわいい犬がいた。わたしの家にも、以前、白くてかわいい犬がいた。

（　　　　）

4 □の「こそあど言葉」がさしていることがらを書きましょう。（一つ10点）

1

父の誕生日《たんじょうび》に、緑色の毛糸で編《あ》んだセーターをあげました。［それ］は、母とわたしが二人《ふたり》で作ったものです。

（　　　　）

2

夕方、学校から帰るとき、サイレンを鳴らした消防車《しょうぼうしゃ》が走っていった。①［その］あとを追いかけていったら、駅前の高い建物からけむりが見えてきた。②［そこ］は、わたしの母がつとめる会社の近くだったので、とても心配になった。

①（　　　　）

②（　　　　）

3のように、同じ言葉をくり返し使うより、「こそあど言葉」を使ったほうが、すっきりとしたわかりやすい文章になるよ。

32 文をつなぐ言葉

月　日　名前

始め　時　分
終わり　時　分
かかった時間　分

とく点　点

4年生のおさらい!

1 同じ働きをする言葉を下から選んで、•—•で結びましょう。（一つ6点）

① さらに・　　・ところが・けれども

② さて・　　・しかも・そのうえ

③ しかし・　　・それで・したがって

④ または・　　・では・ところで

⑤ だから・　　・それとも・あるいは

それぞれの言葉を、実際《じっさい》の文章の中で使って、働きを確《たし》かめておこう。

文を書く力

2 次の二つの文を、〈　〉の言葉を使って、一つの文に書きかえましょう。（一つ8点）

〈例〉雨がふった。でも、すぐにやんだ。〈が〉

［雨がふったが、すぐにやんだ。］

① 朝から雨がふっていた。それで、野球の試合は中止になった。〈ので〉

［　　　　　　　　　　］

② ぼくは必死で走った。けれども、ゴール前でぬかれてしまった。〈けれど〉

［　　　　　　　　　　］

3 次の文を二つの文に書きかえるときに使う、文をつなぐ言葉を〔　〕から選んで、〇で囲《かこ》みましょう。（一つ8点）

① わたしは絵が好きなので、よく展覧会《てんらんかい》に行きます。

〔しかも・それで・ところで〕

② 先週、水族館へ行ったが、工事中で入れなかった。

〔そして・つまり・ところが〕

③ 去年の夏休みは、海で泳いだし、山にも登った。

〔または・それに・けれども〕

4 絵に合うように、｜の言葉の続きを書いて、文を作りましょう。（一つ10点）

①

登校したときは晴れていたのに、

②

食事の用意ができると、

③

わたしは、ケーキやおかしが大好きなので、

文をつなぐ言葉を知っていると、二文を一文にしたり、長くなった文を二文に分けたりするときに役立つよ。

33 仕上げドリル⑥

月　日

名前

始め　時　分

終わり　時　分

かかった時間　分

とく点　点

1 □の文章を読んで、後の問題に答えましょう。

先週の日曜日、わたしは、いつもより早起きをして、朝食を作りました。毎日、早起きして料理を作る母への感謝《かんしゃ》の気持ちを①しめしたかったからです。

目を②さますとキッチンに向かい、おにぎり　目玉焼き　サラダ　みそしるを作りました。

母はとても③よろこんで、
由美《ゆみ》の手料理……ありがとう。

と言って、おいしそうに食べてくれました。

❶ 次の漢字の読みがなを書きましょう。（一つ6点）

①朝食（　　　）　②料理（　　　）

❷ □の言葉を、漢字と送りがなで書きましょう。（一つ6点）

①しめし（　　　）　②さます（　　　）　③よろこん（　　　）

❸ ―の部分を、中点（・）を使って書きましょう。（10点）

（　　　　　　）

❹ かぎ（「　」）を入れわすれたところがあります。かぎ（「　」）をひと組書き入れましょう。（10点）

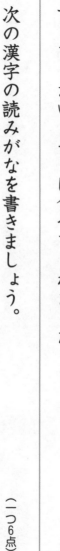

2 □の文章を読んで、後の問題に答えましょう。

夏休みに、①はじめて登山をした。体力には自信があったので、簡単《かんたん》に登れるだろうと思っていた。①、実際《じっさい》には全然ちがっていて、とちゅうでこしを下ろして休んでしまった。

二回目に休んだとき、見上げるとかすかに頂上《ちょうじょう》が見えた。ぼくは、そこを目ざして、足を動かした。何度もやめたいなと思った②、気力をふりしぼって登り切った。目の前に広がる美しい景色《けしき》が、それまでのつかれを②ふきとばしてくれた。

また登山に行きたいなと思った。

❶ □の言葉を、漢字と送りがなで書きましょう。（一つ6点）

① はじめて（　　　）　② とばし（　　　）

❷ ①、②に入る言葉を選んで、○をつけましょう。（一つ9点）

① ア（　）だから　イ（　）しかし　ウ（　）そして

② ア（　）ので　イ（　）から　ウ（　）けれど

読みとる力

❸ そこがさしていることがらに、～～を引きましょう。（10点）

❹ 次の文は、「単文《たんぶん》・複文《ふくぶん》・重文《じゅうぶん》」のうち、どの種類の文ですか。（10点）

空が晴れたので、頂上《ちょうじょう》が見えた。（　　　）

2❹ 主語・述語《じゅつご》の関係がひと組のものが「単文」、ふた組あって対等にならんでいるものが「重文」、いろいろな形で結びついているものが「複文《ふくぶん》」だよ。

いろいろな言い方①

月　日　名前

始め　時　分
終わり　時　分
かかった時間　分
とく点　点

4年生のおさらい!

1 次の文は、どんな言い方の文ですか。［　］から選んで、記号を書きましょう。（一つ5点）

❶ 教室のそうじをいっしょにしよう。……（　　）

❷ 教室のそうじをしなさい。……（　　）

❸ 教室のそうじをしましたか。……（　　）

❹ 教室のそうじをしてください。……（　　）

ア　命令する言い方。　イ　さそう言い方。
ウ　たのむ言い方。　エ　たずねる言い方。

2 人から聞いた言い方（伝聞表現《でんぶんひょうげん》）の文に「聞」、様子をおし量る言い方（推量《すいりょう》表現《ひょうげん》）の文に「お」、どちらでもないものに○をかきましょう。（一つ5点）

❶ あと一時間もしたら、日はしずむでしょう。……（　　）

❷ 小さな女の子は、ただ泣くばかりでした。……（　　）

❸ あの雲は、まるで羊のようだ。……（　　）

❹ 夜になると、気温が低くなるそうです。……（　　）

❺ どうもこのペンはインクが切れたようです。……（　　）

❻ 山口《やまぐち》さんは、今日《きょう》、学校を休むということです。……（　　）

3 次の文を、〈　〉の言葉を使って、様子をおし量る言い方（推量表現《すいりょうひょうげん》）の文に書きかえましょう。（一つ5点）

❶ 池には、なまずがいる。〈らしい〉

（池には、なまずがいるらしい。）

❷ 明日《あす》、荷物がとどく。〈ようだ〉

（　　　　　　　　　　）

❸ 理科室には、実験用具がある。〈だろう〉

（　　　　　　　　　　）

❹ 大きな動物は、動きがにぶい。〈そうだ〉

（　　　　　　　　　　）

4 次の文を、人から聞いた言い方（伝聞表現《でんぶんひょうげん》）の文に書きかえましょう。（一つ10点）

〈例〉教室にいたのは、山本《やまもと》君だ。

（教室にいたのは、山本君だそうだ。）

❶ 庭のそうじをしていたのは、田中《たなか》さんだ。

（　　　　　　　　　　）

❷ 駅前にできたビルは、十階建てだ。

（　　　　　　　　　　）

❸ 今週、市営《しえい》プールは、工事で休みだ。

（　　　　　　　　　　）

人から聞いた言い方（伝聞表現《でんぶんひょうげん》）や様子をおし量る言い方（推量表現《すいりょうひょうげん》）は、よく使う言い方なので、しっかり覚えておこう。

35 いろいろな言い方②

月　日　名前

始め　時　分　終わり　時　分　かかった時間　分　とく点　点

1 言葉の順序《じゅんじょ》を逆《ぎゃく》にした倒置《とうち》の文を選んで、○をつけましょう。（一つ5点）

① （　）祭りの夜は、にぎやかだった。
（　）にぎやかだった、祭りの夜は。

② （　）選手たちは、いっせいにとびこんだ。
（　）いっせいにとびこんだ、選手たちは。

倒置《とうち》の文は、言葉の順《じゅん》序《じょ》をふつうとは逆《ぎゃく》にして、強調しているよ。

2 次の言葉を、「れる」か「られる」を使って、受け身の形に書きかえましょう。（一つ4点）

〈例〉読む→（読まれる）　建てる→（建てられる）

① 笑う→（　　）　② 投げる→（　　）

③ 残す→（　　）　④ 育てる→（　　）

3 ――の言葉を、〈　〉の言い方にかえて、文を書きかえましょう。（一つ6点）

① 白いねこを飼《か》う。〈希望する言い方〉
（　　）

② 子犬の世話をする。〈命令する言い方〉
（　　）

③ 冷たいジュースを飲む。〈たずねる言い方〉
（　　）

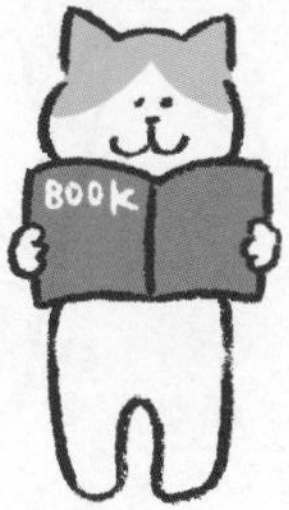

文末の言い方を変えるよ。「希望する言い方」は、「〜たい」を使うといいね。

4 次の倒置《とうち》の文を、ふつうの言い方の文に書きかえましょう。（一つ6点）

① 終わった、午後の授業《じゅぎょう》が。

（午後の授業が終わった。）

② 大声でよんだ、友達《ともだち》の名前を。

（　　　　　　　　）

③ おもしろかった、昨日《きのう》のテレビは。

（　　　　　　　　）

④ 落としてしまった、ガラスのコップを。

（　　　　　　　　）

ここでは、述《じゅつ》語《ご》が文末にくるように書きかえればいいよ！

5 次の文を、——の言葉を主語にして、受け身の文に書きかえましょう。（一つ8点）

① 親ねこが、子ねこを助ける。

（子ねこが、親ねこに助けられる。）

② 犬が、ねこを追いかける。

（　　　　　　　　）

③ 漁師《りょうし》が、大きな魚をつり上げた。

（　　　　　　　　）

④ 昼休みに、先生が、わたしをよんだ。

（昼休みに、　　　　　　　　）

5 ——の言葉を主語「〜が」にして、述語《じゅつご》を「れる」「られる」を使った受け身の形に変えよう。そのとき、元の主語（①「親ねこが」）の「が」を「に」に変えるのをわすれないように！

いろいろな言い方③

月　日

名前

始め　時　分

終わり　時　分

かかった時間　分

とく点　点

4年生のおさらい!

1 たとえる言い方の文で、——の使い方が正しいほうに、○をつけましょう。（一つ4点）

① （　）まるで魚のように泳ぎが上手《じょうず》だ。
　（　）まるで魚がつれなかった。

② （　）あせがたきのように流れる。
　（　）あせがたきのような流れる。

たとえる言い方は、「まるで～のように（ような）」という使い方をするよ。「まるで」を使わない言い方もあるよ。

2 たとえる言い方の文で、（　）に合う言葉を書きましょう。（一つ5点）

① （　　）夢《ゆめ》のような出来事だ。

② とても暑くて、まるで夏の（　　）一日だった。

3 方言について書いた文に「方」を、共通語について書いた文に「共」を、方言と共通語の両方について書いた文に「両」を書きましょう。（一つ6点）

① どの地方の人にも通じる話し方や言葉づかい。……（　）

② その地方独特《どくとく》の昔ながらの表現《ひょうげん》や言葉づかい。……（　）

③ テレビのニュースや新聞で使われる言葉づかい。……（　）

④ 人々が意思を伝え合うために使っている言葉。……（　）

⑤ その地方の人どうしが、ふだんのくらしの中で使っているその土地の言葉。……（　）

4 言い方が強められている文に、○をつけましょう。（一つ6点）

❶
（　）おばの家には、ねこが五ひきもいます。
（　）おばの家には、ねこが五ひきいます。

❷
（　）この本は、読んだこともありません。
（　）この本は、読んだことがありません。

❸
（　）赤とんぼが、くれかけた空をすいすいと飛ぶ。
（　）くれかけた空をすいすいと飛ぶ赤とんぼ。

❹
（　）ベッドの下に、妹のぬいぐるみがあった。
（　）妹のぬいぐるみがあった、ベッドの下に。

❸のように、文末が名詞《めいし》（ことがら）で終わる言い方を、「名《めい》詞《し》止《ど》め（体言止《たいげんど》め）」というよ。

5 ——の言葉を、何にたとえていますか。たとえている言い方を書きましょう。（一つ7点）

❶ 赤いほのおは、まるで生き物のようにあれくるった。
（生き物のように）

❷ 屋上から下を見ると、人や車が米つぶのように見えた。
（　　　　）

❸ ほらあなの中は、冷ぞう庫のようにひんやりしていた。
（　　　　）

❹ 海は、青緑の絵の具を落としたかのように美しかった。
（　　　　）

たとえる言い方を使うと、その様子がありありと想像《そうぞう》できるね。作文などで効果的《こうかてき》に使えるようにしよう。

37

話し言葉と書き言葉

月　日

始め　時　分

終わり　時　分

かかった時間　分

名前

とく点　点

1 次の文や文章が、話し言葉なら「話」を、書き言葉なら「書」を書きましょう。（一つ8点）

① 昨日《きのう》は、図書館で「星座《せいざ》の話」という本を借りました。……（　　）

② 昨日《きのう》は、ええと……。友達《ともだち》とサッカーをしたよ。……（　　）

③ 用意するもの…はさみ・画用紙・輪ゴム二つ。……（　　）

④ あのう……。日曜日は何をしてましたか。……（　　）

2 次の文が話し言葉のとくちょうについて書いたものなら「話」を、書き言葉のとくちょうについて書いたものなら「書」を書きましょう。（一つ7点）

① 言ったその場で消えてしまう。……（　　）

② あとから何回でも読み直すことができる。……（　　）

③ 同じ発音で意味のことなる言葉の区別がむずかしい場合がある。……（　　）

④ 同じ発音で意味のことなる言葉は、文字のちがいで区別できる。……（　　）

⑤ 言いまちがえても、すぐその場で言い直すことができるし、わからないときはその場でたずねることもできる。……（　　）

3 □の文章を読んで、後の問題に答えましょう。

先週の土曜日、本田《ほんだ》君と中山《なかやま》さんと三人で、きょうりゅう展《てん》に行く①。

　きょうりゅうの歯や骨《ほね》など、たくさんの展示《てんじ》品《ひん》がありました。いちばんすごかったのは、トウシン大《だい》の動く模型《もけい》です。模型《もけい》が近寄《ちかよ》ると、中山さんが「キャー、キャー、キャー。」とさけんで、にげ回ったけど②、その様子がおかしくて、みんなで笑いました。

❶ この文章を、先生に見てもらう文章に書き直すとき、――の部分をどのように書いたらよいでしょう。合うものを選んで、○をつけましょう。（一つ11点）

① 行く
- （　）行った
- （　）行きました
- （　）行くようだ

② けど
- （　）から
- （　）しかし
- （　）けれど

❷ 「トウシン大《だい》」を漢字で書くとき、正しいものに、○をつけましょう。（11点）

- （　）等深大
- （　）頭身大
- （　）等身大

話し言葉と書き言葉には、それぞれ長所と短所があるよ。そのとくちょうを知って、そのときの場面に合った使い方ができるようにしよう！

38 敬語《けいご》の使い方①

月　日　名前

始め　時　分
終わり　時　分
かかった時間　分
とく点　点

1 ——の言葉を、ていねい語を使って書きかえましょう。（一つ3点）

〈例〉歌を歌う。→（歌います）　ぼくが中川だ。→（中川です）

① 授業《じゅぎょう》時間が終わると、チャイムが鳴る。

（　　　）（　　　）

② このコップは、ガラス製《せい》だ。

（　　　）（　　　）

2 次の言葉を、「お～する」という形のけんじょう語に書きかえましょう。（一つ4点）

〈例〉返す→（お返しする）　教える→（お教えする）

① 持つ→（　　　）　② 分ける→（　　　）

③ 願う→（　　　）　④ 伝える→（　　　）

3 次の言葉を、「れる」「られる」を使った尊敬語《そんけいご》に書きかえましょう。（一つ4点）

〈例〉行く→（行かれる）　決める→（決められる）

① 言う→（　　　）　② かける→（　　　）

③ よぶ→（　　　）　④ 述《の》べる→（　　　）

4 次の言葉を、「お～になる」という形の尊敬語《そんけいご》に書きかえましょう。（一つ4点）

〈例〉書く→（お書きになる）　答える→（お答えになる）

① 待つ→（　　　）　② 受ける→（　　　）

③ 会う→（　　　）　④ 調べる→（　　　）

5 ――の敬語《けいご》のふつうの言い方のほうに、○をつけましょう。（一つ4点）

① 花束をいただく。
- （　）くれる
- （　）もらう

② お客様がめし上がる。
- （　）食べる
- （　）言う

③ 絵を拝見《はいけん》する。
- （　）見る
- （　）知る

④ 先生がお返事をくださる。
- （　）する
- （　）くれる

6 敬語《けいご》の使い方が正しい文に、○をつけましょう。（一つ4点）

①
- （　）お客様は、急用ですぐにお帰られた。
- （　）お客様は、急用ですぐに帰られた。

②
- （　）わたしは、先生を玄関先《げんかんさき》までお送りした。
- （　）わたしは、先生を玄関先《げんかんさき》までお送りになった。

③
- （　）お母さん、先生が先ほどからお待ちしております。
- （　）お母さん、先生が先ほどからお待ちになっています。

だれに対して使われている言葉かを考えよう。

7 ――の言葉を正しい敬語《けいご》に書きかえましょう。（一つ6点）

① 先生が申されたとおりです。（　　　　）

② 先生、どちらへ参られるのですか。（　　　　）

③ わたしが委員会でご報告《ほうこく》になります。（　　　　）

敬語《けいご》の三つの種類と働きをしっかりと覚えて、ふだんの生活の中で使えるようにしよう！

39 敬語《けいご》の使い方②

月　日

始め　時　分
終わり　時　分
かかった時間　分

名前

とく点　点

1 ――の敬語《けいご》の種類を［　］から選んで、記号を書きましょう。（一つ4点）

① 向こうに見える白い建物が、美術館《びじゅつかん》です。（　）

② 母が先生にお話しする予定です。（　）

③ 先生は、先ほど出かけられた。（　）

④ わたしが母の代わりに参ります。（　）

⑤ 校長先生が、生徒のかいた絵をご覧《らん》になる。（　）

ア　ていねい語　　イ　尊敬語《そんけいご》　　ウ　けんじょう語

2 ――の言葉の敬語《けいご》を、［　］から選んで書きましょう。（一つ5点）

① 先生のご都合をたずねる。（　）

② 先生がきれいなカレンダーをくれる。（　）

③ 明日《あす》、父の会社の人が家に来る。（　）

④ 町内会の人へ、父からの伝言を言う。（　）

おっしゃる・いらっしゃる・くださる・ご覧《らん》になる
申し上げる・参る・いただく・うかがう

3 ――の言葉を、特別な言葉を使った、尊敬語《そんけいご》かけんじょう語に書きかえましょう。（一つ6点）

1 先生が注意点を何回も言う。

（　　　）

2 母が、夕方、そちらに行く。

（　　　）

3 お客様がおみやげをくれた。

（　　　）

4 校長先生から賞状《しょうじょう》をもらった。

（　　　）

「おっしゃる」「いらっしゃる」や、「うかがう」「いただく」など、尊敬《そんけい》・けんじょうを表す特別な言葉を覚えて、正しく使えるようにしよう！

4 ――の部分を、適切《てきせつ》な敬語《けいご》に変えて（　）に書きましょう。また、そう考えた理由を（　）に書きましょう。（一つ6点）

〈例〉先生が教室に来る。

（いらっしゃる）（先生がすることには尊敬語《そんけいご》を使うから。）

1 お客様の荷物は、わたしがお持ちになります。

（　　　）（　　　）

2 先生がみんなの前で本を読んだ。

（　　　）（　　　）

3 おばさん、どうぞおかしをいただいてください。

（　　　）（　　　）

相手をうやまうときは「尊敬語《そんけいご》」、自分や身内のことをけんそんするときは、「けんじょう語」を使うよ。

月　日　名前

始め　時　分　終わり　時　分　かかった時間　分　とく点　点

1 □の文章を読んで、後の問題に答えましょう。

ぼくは茶道《さどう》を習っています。茶道《さどう》のけいこは、ぼくのたてた抹茶《まっちゃ》を、先生に①飲んでもらうところから始まります。次に、今度はぼくが先生にたててもらった抹茶《まっちゃ》を②飲みます。

先生の抹茶《まっちゃ》は、まるでわたあめのように口の中でとけます。ぼくは、この味にひかれて、茶道《どう》を習い始めたのです。

先生も、小学生のときに茶道《さどう》を始められた。くり返し抹茶《まっちゃ》をたてることで、どんどんおいしい抹茶《まっちゃ》をたてられるようになったと③言っていました。

❶ たとえる言い方をしている部分に、――を引きましょう。（10点）

❷ ――の言葉を、正しい敬語《けいご》に書き直しましょう。（一つ10点）

①　飲んでもらう（　　　　）

②　飲みます（　　　　）

③　言って（　　　　）

❸ 始められたを人から聞いた言い方（伝聞表現《でんぶんひょうげん》）に書きかえましょう。（15点）

（　　　　）

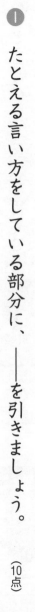

2 □の文章を読んで、後の問題に答えましょう。

うだるような暑さだった、祭りの日は。

先週、家の近くの神社で祭りがありました。わたしは、友人と二人《ふたり》で祭りの屋台や出店を見て回りました。すると、となりの家の女の子が、

あのね、向こうでおかしを配るらしいよ。

お姉《ねえ》ちゃん、いっしょに行こう。

と言うので、三人で行くことにしました。

町内会の人たちが、子どもたちにおかしの包みを配っていました。

❶ 話し言葉で書かれている部分に、かぎ(「　」)をひと組書きましょう。(10点)

❷ 様子をおし量る言い方(推量表現《すいりょうひょうげん》)をさがして、書きましょう。(10点)

(　　　　)

文を書く力

❸ さそう言い方の文をさがして、書きましょう。(10点)

(　　　　)

❹ 倒置《とうち》の文をさがして、ふつうの言い方の文に書きかえましょう。(15点)

(　　　　)

2 ❷❸文末の言い方に注目しよう。2 ❹この文章での倒置《とうち》の文では、述語《じゅつご》が前に来ているので、述語《じゅつご》が文末になるように書きかえよう。

1 次の文章を読んで、下の問題に答えましょう。

新学期になってすぐ、転校だなんて。

「ひどいよ、そんなの。」

大樹《たいき》は、夕食のテーブルから思わず立ち上がった。

生まれ育ったこの町からどこかへ行くなんて、考えたこともなかった。

小さいころから一緒《いっしょ》だった友《とも》達《だち》と別れるなんて、思いもしなかった。

「ぼくだけ、ここに残りたいな。」

父が、大樹《たいき》のかたを静かにおさえた。

雪が解《と》けて、町の少年野球の練習がそろそろ始まる。今年《ことし》こそレギュラーになれそうだった。

勉強だって、少しやる気が出てきた。二けたのわり算の宿題を全部やっていったら、めずらしいめずらしいと先生にほめられたばかりだった。

❶ 大樹《たいき》が転校するのは、いつですか。（10点）

（　　　　）

❷ 「考えたこともなかった」「思いもしなかった」こととは、どんなことですか。二つ書きましょう。（二つ10点）

❸ 大樹《たいき》が希望する気持ちを表している一文を、81ページからさがして書きましょう。（10点）

❹ おし量る言い方（推量表現《すいりょうひょうげん》）を表している文を見つけて、——を引きましょう。（10点）

月　日
名前
始め　時　分
終わり　時　分
かかった時間　分
とく点　点

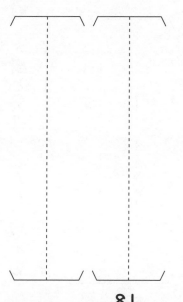

それに、いちばん大事なこと
——。

つりはどうなる。ちょっと自転車で走ればやまべ※がぴゅっとつれるサクルー川のような川が、向こうの街にあるはずがない。

「父《とう》さん、一緒《いっしょ》に毛ばりでつる話、どうなるのさ。」

五年生になったら、えさでなく毛ばりを使うやり方を教えてくれる約束だった。

「いつか、休みの日に二人《ふたり》でつりに来ような。」

そんなのいやだ。自転車で「あの場所」へ行って、毎日でもつりたい。大樹《たいき》の頭の中に、川の音が流れ始めた。

サリ、サリ、サリという水の音が、体の中から聞こえてくる。

※やまべ…「さくらます」のこと。「やまめ」ともいう。

(平成23年度版　教育出版　ひろがる言葉　小学国語五上　18〜26ページ　『五月になれば』　加藤多一)

5 「いちばん大事なこと」とは、なんですか。(10点)
(　　　　)

6 「向こうの街にあるはずがない」のは、なんですか。(15点)

7 大樹《たいき》と父は、どんな「約束」をしていましたか。(15点)

8 〰〰は、大樹《たいき》のどんな様子を表していますか。一つ選んで、○をつけましょう。(10点)
ア(　) 自転車に乗って、つり場に行っている様子。

イ(　) 近くに流れる川の音がよく聞こえている様子。

ウ(　) つりをしたい気持ちになっている様子。

⑦直前の内容《ないよう》に注目して読み取ろう。長くてもできるだけ正確《せいかく》にまとめよう。

月　日

名前

始め　時　分

終わり　時　分

かかった時間　分

とく点　点

1 次の文章を読んで、下の問題に答えましょう。

あなたに、十人の仲のよい友達《ともだち》がいるとします。その十人の友達《ともだち》にも、それぞれ十人の友達《ともだち》がいて、さらにその十人の友達《ともだち》にも、それぞれ十人の友達《ともだち》がいるとします。それらをたどると、十人の十倍のまた十倍。千人になります。仲のよい友達《ともだち》の先に、千人もの人がいると考えると、わくわくしますね。インターネットを使うと、このすべての人たちと、直接《ちょくせつ》やり取りすることが可能《かのう》になります。

インターネットの登場により、わたしたちは、世界じゅうの人たちと、瞬時《しゅんじ》に文字や写真、音声、動画などの大量の情報《じょうほう》をやり取りできるようになりました。実際《じっさい》に会うのがむずかしい人とも、まるでとなりにいるかのようにやり取りができ、「広く遠い」世界が、ぐっと「せまく近い」ものに感じられるようになりました。インターネットを通じて人と人とがつながるとは、どのようなことなのか、考えてみましょう。

❶ どのように考えると、「わくわく」するのですか。（10点）

❷ インターネットを使うと、どうすることが「可能《かのう》になります」か。（10点）

❸ インターネットによって、どんな情報《じょうほう》をやり取りできるようになりましたか。――を引きましょう。（10点）

❹ 「せまく近い」ものに感じられるのは、どのようにやり取りができるからですか。（10点）

人と人とのつながり方は、いろいろあります。家族や親友のように、あなたが結び付きを強く感じているかけがえのない人たちがいます。その人たちは、あなたのことをよく知っていて、あなたのことを気にかけています。時にけんかをすることがあっても、この人たちとのつながりは容易《ようい》には切れません。このようなつながりを、ここでは「強いつながり」と名づけましょう。いっぽう、友達《ともだち》の話によく出てくるけれど、会ったことのない人や、週に一度の習い事でいっしょになる人のような、特定の会話や場面で登場する人たちがいます。その人たちは、あなたのことをよくは知らないでしょう。数も多いし、多様である反面、そのような人とのつながりは、切れることもめずらしくありません。このようなつながりを、「ゆるやかなつながり」と名づけましょう。

（平成23年度版　光村図書　国語五　銀河　166〜171ページ　『ゆるやかにつながるインターネット』池田謙一）

5 「その人たち」とは、どんな人たちですか。——を引きましょう。（10点）

6 けんかをすることがあっても、容易《ようい》には切れないつながりを、なんと名づけていますか。（10点）

（　　　　）

7 次のような人たちとのつながりは、どのようなつながりでしょうか。「強いつながり」には「強」を、「ゆるやかなつながり」には「ゆ」を書きましょう。（一つ8点）

① 家族や親友。（　）
② 会ったことのない人。（　）
③ あなたのことをよく知っている人。（　）
④ 時にはけんかをすることがある人。（　）
⑤ あなたのことをよく知らない人。（　）

インターネットを通じて人と人とがつながるとは、どのようなことなのかを述《の》べた文章だよ。

1 次の文章を読んで、下の問題に答えましょう。

（ガンの頭領《とうりょう》）

残雪《ざんせつ》の目には、人間もハヤブサもありませんでした。ただ、救《すく》わねばならぬ仲間のすがたがあるだけでした。

いきなり、てきにぶつかっていきました。そして、あの大きな羽で、力いっぱい相手をなぐりつけました。

不意を打たれて、さすがのハヤブサも、空中でふらふらとよろめきました。が、ハヤブサも、さるものです。さっと体勢《たいせい》を整えると、残雪《ざんせつ》のむな元に飛びこみました。

ぱっ
ぱっ
羽が、
白い花弁《かべん》のように、
すんだ空に飛び散りました。

（一部省略《しょうりゃく》）

❶ 残雪《ざんせつ》の目にあったのは、なんですか。（10点）

❷ 「てき」とは、だれ（何）のことですか。（10点）

（　　　　）

❸ だれが「なぐりつけました」か。（10点）

（　　　　）

❹ ハヤブサがよろめいた様子を表す言葉を書きましょう。（10点）

（　　　　）

❺ 飛び散る羽を、何にたとえていますか。（10点）

（　　　　）

月　日

名前

始め　時　分

終わり　時　分

かかった時間　分

とく点　点

二羽の鳥は、なおも地上ではげしく戦っていました。が、ハヤブサは、人間のすがたをみとめると、急に戦いをやめて、よろめきながら飛び去っていきました。

残雪《ざんせつ》は、むねの辺りをくれないにそめて、ぐったりとしていました。しかし、第二のおそろしいてきが近づいたのを感じると、残りの力をふりしぼって、ぐっと長い首を持ち上げました。そして、じいさんを正面からにらみつけました。

それは、鳥とはいえ、いかにも頭領《とうりょう》らしい、堂々《どうどう》たる態度《たいど》のようでありました。

大造《だいぞう》じいさんが手をのばしても、残雪《ざんせつ》は、もうじたばたさわぎませんでした。それは、最期《さいご》の時を感じて、せめて頭領《とうりょう》としてのいげんをきずつけまいと努力しているようでもありました。

（令和2年度版　光村図書　国語五　銀河　220〜237ページ『大造じいさんとガン』　椋鳩十）

6 「二羽の鳥」とは、何と何ですか。（一つ5点）

（　　　）と（　　　）

7 残雪《ざんせつ》のきずついた様子が分かる部分に、――を引きましょう。（10点）

8 「第二のおそろしいてき」とは、だれのことですか。（10点）

（　　　）

9 「いかにも頭領《とうりょう》らしい、堂々《どうどう》たる態度《たいど》」にあたる残雪《ざんせつ》の様子に、〰〰を引きましょう。（10点）

10 残雪《ざんせつ》が、もう「じたばた」さわがなかったことを、大造《だいぞう》じいさんは、どう感じて、どう思ったのですか。（10点）

ガンの頭領《とうりょう》の残雪《ざんせつ》が、仲間を救《すく》うためにハヤブサと戦う場面だよ。戦った後の残雪《ざんせつ》の様子や、それを見る大造《だいぞう》じいさんの気持ちを読み取ろう。

5年生 答え

言葉と文のきまり

- 文や文章を使った問題では、文章中の言葉を正解《せいかい》としています。
- 例の答えでは、同じような内容《ないよう》が書けていれば正解《せいかい》です。
- 〈 〉は、ほかの答え方です。
- 漢字やローマ字の言葉を書く問題では、全部書けて、一つの正解《せいかい》です。

1 四年生の復習《ふくしゅう》① 1・2ページ

1 ❶借りる ❷以下 ❸下校 ❹人工 ❺成功

2 ❶手をかす ❷口が軽い ❸目にとまる ❹手が足りない ❺足がぼうになる

3 ❶―人に… ❷―手や… ❸―道や… ❹―水に…（手や…・言葉や…・人に…・水に…・道や…）

4 ❶{暑・熱} ❷{建・健}

5 ❶必ず ❷戦う ❸改める ❹試みる

2 四年生の復習《ふくしゅう》② 3・4ページ

1 ❶イ ❷ア ❸ウ

2 ❶外・暗・低 ❷体・路・化

3 ❶出た ❷男の子 ❸ついた

4 ❶おなかがすいたので、バナナを食べた。 ❷前日は早くねたけれど、朝早くには起きられなかった。

5 ❶お ❷○ ❸聞 ❹お ❺聞 ❻○

3 言葉の種類① 5・6ページ

1 ❶{わ・い・え・お・っ} ❷{かっ・く・く・い・けれ} ❸{だろ・だっ・に・な・なら}

2 ❶名前 ❷動き・ウ ❸い・だ

3 ❶飲も ❷遊ん ❸浅かっ ❹静かに

4 ❶㋑・㋔・㋖・㋙・㋜・㋝ ❷㋒・㋕・㋘・㋛・㋞ ❸㋐・㋓・㋗・㋚

※**4**は順序《じゅんじょ》がちがってもよい。

4 言葉の種類② 7・8ページ

1 ❶{泣い・泣か} ❷{飛ば・飛ん}

ポイント
❶「泣け(なかった)」、❷「飛べ(ない)」は、「泣ける」「飛べる」という別の言葉になるので注意しよう。

2 ❶{くわしく・くわしかっ} ❷{冷たく・冷たけれ}

3 {にぎやかに・にぎやかな}

4 ❶結ん ❷防い ❸散っ

5 ❶やさしけれ ❷なつかしく ❸あぶなかっ

6 ❶きれいに ❷じょうぶな

5 ローマ字 9・10ページ

1 ❶かさ ❷いぬ ❸うめ ❹さくら ❺めがね

2 ❶kame ❷kuma ❸hako ❹kimono

3 ❶( )(○) ❷(○)( ) ❸( )(○) ❹( )(○)

4 ❶つき ❷いし ❸おちゃ ❹ちば ❺ふじさん

5 ❶otôsan ❷teppan ❸hon'ya ❹omotya(omocha) ❺yûbinkyoku

6 ❶Nagoya ❷Kyûsyû(Kyûshû) ❸Hokkaidô

6 仕上げドリル① 11・12ページ

1
❶ ①rensyû (renshû) ②tokyôsô ③ittô
❷ ①ウ・カ・ク ②イ・エ・キ ③ア・オ
※❷は順序《じゅんじょ》がちがってもよい。

2
❶ ①itinensei (ichinensei) ②kangeikai ③syokubutuen (shokubutsuen) (shokubutuen) (syokubutsuen)
❷ (順に)なっ(て)・行き(ました)・もっ(て)・し(ました)・はなす(と)・はぐれる(ので)・つない(で)・歩き(ました)

7 いろいろな働きをする言葉① 13・14ページ

❸ (順に)今日・一年生・かんげい会・五年生・一年生・組・植物園・五年生・責任・一年生・世話・ぼく・相手・よしや君・子・目・手

1 ウ・オ
2 ❶決して ❷なぜ ❸まさか
3 ウ
4 ア
5 ❶たい ❷ない ❸ようだ
6 ❶ても ❷ない ❸ください ❹だろう〈でしょう〉

8 いろいろな働きをする言葉② 15・16ページ

1 ❶(○)( ) ❷( )(○) ❸( )(○)
2 ❶でも ❷まで ❸こそ ❹ほど
3 ❶は ❷きり ❸ばかり ❹さえ
4
❶ 例 水そうで泳いでいる魚は、一ぴきしかいなかった。
❷ 例 手にしたハムスターは、ソフトボールぐらいの大きさだった。
❸ 例 わたしは、プリンやケーキなどが大好きです。

9 反対の意味の言葉・似《に》た意味の言葉① 17・18ページ

1 ❶低い ❷温かい〈熱い〉 ❸すてる ❹以前 ❺年始
2 ❶失う ❷遠ざかる ❸ちぢむ ❹しりぞく
3 ❶( )(○) ❷(○)( ) ❸( )(○) ❹(○)( )
4
❶ 例 初めは易しい問題だったけれど、後にむずかしい問題があった。
❷ 例 人がたくさん増えたら、あめの数があっという間に減った。

ポイント

それぞれ例とちがっていても、二つの言葉をどちらも一回は使っていれば正解《せいかい》。❶は「易《やさ》しいとすぐに解《と》けるが、むずかしいと時間がかかる。」などでもよい。

10 反対の意味の言葉・似《に》た意味の言葉② 19・20ページ

1 ❶不足する ❷記入する ❸修理する ❹対面して

2 ❶短 ❷落 ❸少 ❹間

3 ❶自然 ❷低下 ❸反対 ❹安全

4 ❶協力して

❷たいへん

例 四人で協力して、大きな台を運んだ。

例 一位になって、たいへんうれしかった。

11 仕上げドリル② 21・22ページ

1 ❶まるで

❷ウ

❸①低い ②人工

2 ❶①宿屋 ②ふれる

❷①しません ②いったい

❸ウ

12 和語・漢語・外来語 23・24ページ

1 ❶和 ❷外 ❸漢

2 ❶外 ❷漢 ❸漢

❹和 ❺和 ❻外

3 ❶旅館 ❷ホテル

4 ❶ア ❷カ

❸エ ❹イ

❺オ ❻ウ

❼ア ❽カ

5 ❶フルーツ

❷スピード

❸登山

❹おどり

❺ベンチ

13 言葉の組み立て 25・26ページ

1 ❶焼き肉 ❷見上げる

❸海外旅行 ❹テニスボール

❺細長い ❻消しゴム

2 ❶やじるし ❷ふくろ

❸だるま ❹ふね ❺あめ

3 ❶かなもの ❷あまがさ

❸くだりざか ❹ちからづよい

❺おもくるしい ❻かんがえぶかい

4 はな＋ち、きく＋つらい

くすり＋はこ、ふく＋とる

※**4**は順序《じゅんじょ》がちがってもよい。

ポイント

「帰ってきた」や「持ってきて」は、「〜てきた(くる)」が動作の様子をくわしくしているだけの言葉なので、複合《ふくごう》語《ご》ではないんだよ。

14 決まった言い方をする言葉① 27・28ページ

1 ❶口をはさむ ❷耳にする ❸鼻を折る ❹手をやく

2 ❶息 ❷気 ❸図 ❹羽

3 ❶（○）（　）

❷（○）（　）

❸（　）（○）

4 ❶㋓ ❷㋐ ❸㋑

5 ❶例 部屋が散らかっていて、足のふみ場もない。

❷例 徒競走で負けて、くちびるをかむ〈かんだ〉。

15 決まった言い方をする言葉② 29・30ページ

1 ❶ウ ❷エ ❸ア

2 ❶馬 ❷ロ ❸仏

3 ❶二階 ❷二度

4 ❶ウ ❷ア ❸エ

16 仕上げドリル③ 31・32ページ

1
❶ ①イ　②ウ
❷ 読み取りマシン
❸ 確認
❹ 板について（きたね）

2
❶ ①もつ＋もの
②おもう＋うかぶ
③くすり＋はこ
④あめ＋かさ
❷ ウ

17 漢字の読み方と部首 33・34ページ

1
❶ 固・囲
❷ 選・達

2
❶ きゅうきゅうしゃ／すく
❷ えいよう／やしな
❸ こくはく／つ
❹ かくりつ／たし

3
なお・おさ／じ・ち

4
❶ 材・札
❷ 固・因
❸ 価・保・修
❹ 技・授・提

5
❶ 手
❷ 女性
❸ お金
❹ 家

18 形の似《に》た漢字 35・36ページ

1
❶ 委／季
❷ 氏／民
❸ 未／末
❹ 夫／失

2
❶ 技・枝
❷ 眼・限
❸ 格・略
❹ 情・精

3
❶ 仕／任
❷ 側／測
❸ 残／浅
❹ 卒／率

4
❶ 布|希 切れに綿|線を入れて、…。
❷ …、友人が快|決くかさを貸|貨してくれた。
❸ 燃|然えるごみかどうか迷|述ったので…。
❹ 現|規金を安全に輸|輪送するために、…。

19 同じ読み方の漢字 37・38ページ

1
❶ 以／意
❷ 節／説
❸ 冷／覚
❹ 立／建

2
❶ 刊
❷ 厚
❸ 災
❹ 織
❺ 興
❻ 留

3
❶ 防／貿
❷ 設／接
❸ 量／測
❹ 写／移

4
❶ 最初に基|寄本の…解|説くように…。
❷ 朝の天気予報|豊の…、…現|表れた。
❸ …決|対結して、…敗|破れてしまった。
❹ …務|努め、みごとな績|責を残した。

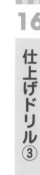

20 まちがえやすい漢字 ページ39・40

1
① 令 冷　② 果 課
③ 低 底　④ 票 標

2
① 板・版
② 波・破
③ 郡・群
④ 径・経

3
① 材 財　② 帳 張
③ 制 製　④ 復 複

4
① 国祭|際的な…、…昭|招待された。
② 想象|像していたとおり、…成積|績を…。
③ …国鏡|境の…、…き験|険なので、…。
④ …組識|織は、…講|構成された。

21 仕上げドリル④ ページ41・42

1
① (順に)伝続|統工芸・織|職人さんたち
待|特集・識|織物
銀|根気・枝|技術・在|財産
② 例 側・億・保・備・像・代・修
③ ① せだい　② よ　③ こうせい

2
① (順に)印像|象・浅|残って・競議|技・投|役わり
成積|績・共|協力・勝図|因・特|得点
② ① 経　② 総　③ 編
③ ① 務　② 敗

22 漢字辞典の使い方 ページ43・44

1
① 1 2 3
② 2 1 3
③ 2 4 1 3
④ 2 3 4 1

2
① イ　② ア　③ ウ
④ ア　⑤ イ　⑥ ウ

3
① 6　② 5　③ 4
④ 5　⑤ 7　⑥ 11

4
① 水　② 示　③ 人
④ 心　⑤ 火　⑥ 肉

5
① 攵・3　② 刂・5　③ 儿・4
④ 罒・8　⑤ 口・8　⑥ 見・11

23 漢字の成り立ち ページ45・46

1
① 魚　② 明　③ 鳥
④ 絵　⑤ 象　⑥ 週

2
① 各　② 寺　③ 古　④ 昭

3
① 貝・化　② 金・同
③ 木・反　④ 糸・責

4
① 山・門　② 上・末
③ 信・明　④ 花・府

※**4**は順序《じゅんじょ》がちがってもよい。

5
① 木・安・アン　② 亻・動・ドウ
③ 攵・求・キュウ　④ 米・分・フン

ポイント
④「分」には、「ブン」「ブ」という音読みもあるよ。

24 熟語《じゅくご》の組み立て①　47・48ページ

1 ❶量　❷要　❸体

2 ❶勝　❷低　❸旧　❹往

3 ❶冷　❷止　❸化　❹少

4 ❶不　❷無　❸非　❹未　❺未　❻非　❼無　❽不

5 ❶悲喜・損得　❷豊富・救助　❸早朝・海底　❹投球・登山　❺未知・無害

※5は順序《じゅんじょ》がちがってもよい。

25 熟語《じゅくご》の組み立て②　49・50ページ

1 ❶かいてん・例店を開ける　❷きょしき・例式を挙げる　❸じょうしゃ・例車に乗る　❹ちゃくせき・例席に着く

2 ❶大中小・衣食住・天地人　❷全世界・大成功・無関心　❸関係者・感動的・多数決

※2は順序《じゅんじょ》がちがってもよい。

3 ❶例大きな都市　❷例上の半身　❸例運動する場所　❹例内科の医者　❺例旅行の代金

4 ❶祭　❷毛　❸店　❹低　❺所　❻未　❼化　❽無

26 仕上げドリル⑤　51・52ページ

1 ❶①部首　②音訓　❷(順に)町内会・日曜日　❸例変化・進化・強化

ポイント
「民営化」など三字の熟語《じゅくご》でもよい。

2 ❶(順に)文化祭・初体験・大満足　❷①11　②9　❸①刀・5　②馬・8　❹例不満・不足・不正

ポイント
「不可能」など三字の熟語《じゅくご》でもよい。

27 送りがな　53・54ページ

1 ❶う　❷う　❸える　❹める

2 ❶残っ　❷続い　❸厚かっ

3 ❶{い／かい}　❷{る／める}　❸{れる／なる}　❹{める／える}

4 ❶導く　❷再び　❸喜ぶ　❹率いる　❺確かめる

5 ❶…勢おいよく…。（勢い）　❷…断わる。（断る）　❸…快よい。（快い）　❹…現われた。（現れ）

28 かなづかい　55・56ページ

1 ❶おおかみ　❷そこぢから　❸力づよい

2 ❶え・へ　❷お・を　❸え・い　❹う・お　❺は・わ

3 ❶○・気づいた　❷少しずつ・○　❸ねえさん・こおり

4 ❶…、うんどお会が…ゆう…。（う・い）　❷とおだいの…みかずきが…。（う・づ）　❸手ずくりの…したつずみを…。（づ・づ）　❹…つまづいて、湯飲みじゃわんを…。（ず・ぢ）　❺…かんずめは、一つづつ…。（づ・ず）

ポイント
❷「三日＋月(つき)」、❹「湯飲み＋茶わん(ちゃわん)」というふうに、言葉が組み合わさってできた複合語《ふくごうご》だよ。

29 符号《ふごう》の使い方　ページ57・58

1 ❶ア　❷ウ　❸エ　❹イ　❺オ

2
❶ぼくは、ゆっくり…。
❷ぼくは　すばやく、走り去る…。
❸わたしは、初めて…。

3
❶「明日の朝、つりに行こうか。」
❷「ある物事を…結果やききめ。」
❸「メスのうさぎの…おかしい。」

4
❶りんご・みかん・ぶどう
❷――早起きをする――
❸「みんなでがんばりたい。」

30 文の組み立て　ページ59・60

1 ❶イ　❷ア　❸エ　❹ウ

2
❶花が　さき、鳥が　鳴く。
❷三時間目が　国語で、四時間目が　算数だ。
❸…かさは　黒いし、かばんも　黒い。

3
❶風が　ふいたので、かれ葉が　まった。
❷天気が　よいと、富士山が　見える。
❸バスが　動くと、体が　ゆれた。

4 ❶㋑　❷㋒　❸㋐　❹㋒　❺㋑

31 こそあど言葉　ページ61・62

1 ❶そこ　❷その　❸あれ

2
❶市営バス
❷青くて美しい
❸小さなパン屋さん
❹市民のための運動会

3 ❶そこ　❷その　❸そんな

4
❶例緑色の毛糸で編んだセーター
❷①例サイレンを鳴らした消防車
②例駅前の高い建物

32 文をつなぐ言葉　ページ63・64

1
❶―しかも…
❷―では…
❸―ところが…
❹―それとも…
❺―それで…

2
❶朝から雨がふっていたので、野球の試合は中止になった。
❷ぼくは必死で走ったけれど、ゴール前でぬかれてしまった。

3 ❶それで　❷ところが　❸それに

4
❶例下校のときは雨がふっていた。
❷例家族みんなで食べ始めた。
❸例自分でも作ってみることにした。

ポイント

❶「セーター」、❷①「消防車」、②「建物」をくわしくしている部分も、さしていることがらになるよ。

33 仕上げドリル⑥　ページ65・66

1
❶①ちょうしょく　②りょうり
❷①示し　②覚ます　③喜ん
❸おにぎり・目玉焼き・サラダ・みそしる
❹「由美の手料理……ありがとう。」

2
❶①初めて　②飛ばし
❷①イ　②ウ
❸頂上
❹複文

ポイント

空が　晴れたので、→ 頂上が　見えた。

❹は、上のような形でできた文だよ。

34 いろいろな言い方① 67・68ページ

1
❶ イ　❷ ア
❸ エ　❹ ウ

2
❶ お　❷ ○　❸ ○
❹ 聞　❺ お　❻ 聞

3
❶ 池には、なまずがいるらしい。
❷ 明日、荷物がとどくようだ。
❸ 理科室には、実験用具があるだろう。
❹ 大きな動物は、動きがにぶそうだ。

4
❶ 例 庭のそうじをしていたのは、田中さんだそうだ。
❷ 例 駅前にできたビルは、十階建てだそうだ。
❸ 例 今週、市営プールは、工事で休みだそうだ。

ポイント
❹の文末を「にぶいそうだ」にすると、人から聞いた言い方(伝聞表現《でんぶんひょうげん》)になるから注意しよう!

35 いろいろな言い方② 69・70ページ

1
❶ （ ）（○）
❷ （ ）（○）

2
❶ 笑われる　❷ 投げられる
❸ 残される　❹ 育てられる

3
❶ 例 白いねこを飼いたい。
❷ 例 子犬の世話をしなさい〈しろ〉。
❸ 例 冷たいジュースを飲むか〈飲みますか〉。

4
❶ 午後の授業が終わった。
❷ 友達の名前を大声でよんだ。
❸ 昨日のテレビはおもしろかった。
❹ ガラスのコップを落としてしまった。

ポイント
❶～❸は、「そうだ」ではなく、「～ということだ」を使っても人から聞いた言い方になるよ。

5
❶ 子ねこが、親ねこに助けられる。
❷ ねこが、犬に追いかけられる。
❸ 大きな魚が、漁師につり上げられた。
❹ 昼休みに、わたしが、先生によばれた。

36 いろいろな言い方③ 71・72ページ

1
❶ （○）（ ）
❷ （○）（ ）

2
❶ 例 まるで
❷ 例 ような

3
❶ 共　❷ 方　❸ 共
❹ 両　❺ 方

4
❶ （○）（ ）
❷ （○）（ ）
❸ （ ）（○）
❹ （ ）（○）

5
❶ 生き物のように
❷ 米つぶのように
❸ 冷ぞう庫のように
❹ 青緑の絵の具を落としたかのように

ポイント
「～のように」の部分が、たとえている部分になるよ。

37 話し言葉と書き言葉 73・74ページ

1
❶ 書　❷ 話
❸ 書　❹ 話

2
❶ 話　❷ 書
❸ 話　❹ 書
❺ 話

3
❶
①（ ）（○）（ ）
②（ ）（ ）（○）
❷ （ ）（ ）（○）

ポイント
❷「等身大」とは、「人のからだと同じぐらいの大きさ。」という意味だよ。

38 敬語《けいご》の使い方①　75・76ページ

1 ❶ 鳴ります　❷ ガラス製です

2 ❶ お持ちする　❷ お分けする　❸ お願いする　❹ お伝えする

3 ❶ 言われる　❷ かけられる　❸ よばれる　❹ 述べられる

4 ❶ お待ちになる　❷ お受けになる　❸ お会いになる　❹ お調べになる

5 ❶ （　）（◎）　❷ （◎）（　）　❸ （◎）（　）　❹ （　）（◎）

6 ❶ （　）（◎）　❷ （◎）（　）　❸ （　）（◎）

7 ❶ 例 おっしゃった〈言われた〉
❷ 例 いらっしゃる〈おいでになる〉
❸ 例 ご報告します〈ご報告いたします〉

39 敬語《けいご》の使い方②　77・78ページ

1 ❶ ア　❷ ウ　❸ イ　❹ ウ　❺ イ

2 ❶ うかがう　❷ くださる　❸ いらっしゃる　❹ 申し上げる

3 ❶ おっしゃる　❷ 参る〈うかがう〉　❸ くださった　❹ いただいた

4 ❶ お持ちします
例 自分がすることにはけんじょう語を使うから。
❷ お読みになった〈読まれた〉
例 先生のすることには尊敬語を使うから。
❸ めし上がってください
例 目上の人に食べることをすすめるには尊敬語を使うから。

---

40 仕上げドリル⑦　79・80ページ

1 ❶ まるでわたあめのように
❷ ① 例 めし上がっていただく
② 例 いただきます
③ 例 おっしゃって
❸ 例 始められたそうです〈始められたということです〉

2 ❶ 「あのね、向こうで…。お姉ちゃん、いっしょに行こう。」
❷ らしい
❸ お姉ちゃん、いっしょに行こう。
❹ 祭りの日は、うだるような暑さだった。

ポイント
❷様子をおし量る言い方（推量表現《すいりょうひょうげん》）は、文末に「らしい」「ようだ」「だろう」「そうだ」などを使うことが多いよ。

ポイント
❹読点はなくても正解《せいかい》です。

41 テスト①　81・82ページ

1 ❶ 新学期になってすぐ
❷ 例 生まれ育ったこの町からどこかへ行くこと。
例 小さいころから一緒だった友達と別れること。
※順序《じゅんじょ》がちがってもよい。
❸ ぼくだけ、ここに残りたいな。
❹ 今年こそレギュラーになれそうだった。
❺ 例 つり（のこと）
❻ （ちょっと自転車で走ればやまべがぴゅっとつれる）サクルー川のような川
❼ 例 五年生になったら、えさでなく毛ばりを使うやり方を教えてくれる（約束）。
❽ ウ

42 テスト② 83・84ページ

1

① 例 仲のよい友達の先に、千人もの人がいる(と考える)。

② 例 仲のよい友達の先にいるすべての人たちと、直接やり取りすること。

③ 文字や写真、音声、動画(などの大量の情報)

④ 例 (実際に会うのがむずかしい人とも、)まるでとなりにいるかのように。

ポイント 「まるで〜ように」というたとえの言い方を使っているね。

⑤ 家族や親友のように、あなたが結び付きを強く感じているかけがえのない人たち

⑥ 強いつながり

⑦ ① 強 ② ゆ ③ 強 ④ 強 ⑤ ゆ

43 テスト③ 85・86ページ

1

① (救わねばならぬ)仲間のすがた

② ハヤブサ

③ 残雪

④ ふらふらと〈ふらふら〉

⑤ 白い花弁

ポイント 「花弁《かべん》」とは「花びら」のことだよ。

⑥ 残雪・ハヤブサ

※順序《じゅんじょ》がちがってもよい。

⑦ むねの辺りをくれないにそめて、ぐったりとしていました

ポイント 「くれないにそめる」とは、血の色で赤くなっている様子を表しているよ。

⑧ (大造)じいさん〈人間〉

⑨ 残りの力をふりしぼって、ぐっと長い首を持ち上げました。そして、じいさんを正面からにらみつけました。

ポイント 直前の「それ」がさしていることがらを読み取ろう。「そして」に注目すると、二つのことがらが書かれていることがわかるよ。

⑩ 例 最期の時を感じて、せめて頭領としてのいげんをきずつけまいと努力しているように思った。

ポイント 最後の文の「ようでも(ようだ)」は、おし量る言い方だったね。大造《だいぞう》じいさんがどのように感じたのかを読み取ろう。

お客さまの声をお聞かせください!

ウェブサイトでも
郵便はがきでも
OK!

郵便はがき

今後の商品開発や改訂の参考とさせていただきますので、「郵便はがき」にて、本商品に対するお声をお聞かせください。率直なご意見・ご感想をお待ちしております。

※郵便はがきアンケートをご返送頂いた場合、図書カードが当選する**抽選の対象**となります。

抽選で毎月100名様に「図書カード」1000円分をプレゼント!

くもん出版の商品情報はこちら!

くもん出版ウェブサイト
https://www.kumonshuppan.com

くもん出版　検索

くもん出版直営の通信販売サイトもございます。

Kumon shop　検索

くもん出版では、乳幼児・幼児向けの玩具・絵本・ドリルから、小中学生向けの児童書・学習参考書、一般向けの教育書や大人のドリルまで、幅広い商品ラインナップを取り揃えております。詳しくお知りになりたいお客さまは、ウェブサイトをご覧ください。

くもん出版　お客さま係
東京都港区高輪4-10-18 京急第1ビル13F
0120-373-415（受付時間／月～金 9:30～17:30 祝日除く）　**E-mail** info@kumonshuppan.com

『お客さまアンケート』個人情報保護について

『お客さまアンケート』にご記入いただいたお客さまの個人情報は、以下の目的にのみ使用し、他の目的には一切使用いたしません。
①弊社内での商品企画の参考にさせていただくため
②当選者の方へ「図書カード」をお届けするため
③ご希望の方へ、公文式教室への入会や、先生になるための資料をお届けするため
※資料の送付、教室のご案内に関しては公文教育研究会からご案内させていただきます。
なお、お客さまの個人情報の訂正・削除につきましては、お客さま係までお申し付けください。

きりとり線

郵便はがき

恐れ入りますが、切手をお貼りください。

108-8617

東京都港区高輪4-10-18
京急第1ビル 13F
（株）くもん出版
お客さま係 行

フリガナ	
お名前	
ご住所	〒□□□-□□□□ 都道府県 区市郡
ご連絡先	TEL　（　　　　）
Eメール	@

● 『公文式教室』へのご関心についてお聞かせください ●
1. すでに入会している　2. 以前通っていた　3. 入会資料がほしい　4. 今は関心がない

● 『公文式教室』の先生になることにご関心のある方へ ●
ホームページからお問い合わせいただけます → くもんの先生　検索
資料送付ご希望の方は○をご記入ください・・・希望する(　　)
資料送付の際のお宛名＿＿＿＿＿＿＿＿ ご年齢(　　)歳

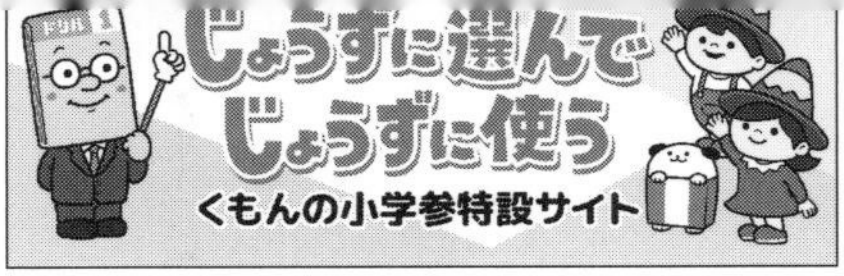

選んで、使って、いかがでしたか？

ウェブサイトへレビューをお寄せください

ウェブサイト

くもん出版ウェブサイト（小学参特設サイト）の「お客さまレビュー」では、
くもんのドリルや問題集を使ってみた感想を募集しています。
「こんなふうに使ってみたら楽しく取り組めた」「力がついた」というお話だけでなく、
「うまくいかなかった」といったお話もぜひお聞かせください。
ご協力をお願い申し上げます。

こちらから

くもんの小学参特設サイトにはこんなコンテンツが…

カンタン診断
10分でお子様の実力をチェックできます。（新小1・2・3年生対象）

お客さまレビュー
レビューの投稿・閲覧ができます。他のご家庭のリアルな声がぴったりのドリル選びに役立ちます。

マンガで解説！ くもんのドリルのひみつ
どうしてこうなっているの？ くもん独自のくふうを大公開。ドリルのじょうずな使い方もわかります。

<ご注意ください>
- 「お客さまアンケート」（はがきを郵送）と「お客さまレビュー」（ウェブサイトに投稿）は、アンケート内容や個人情報の取り扱いが異なります。

	図書カードが当たる抽選	個人情報	感想
はがき	対象	氏名・住所等記入欄あり	非公開（商品開発・サービスの参考にさせていただきます）
ウェブサイト	対象外	メールアドレス以外不要	公開（くもん出版小学参特設サイト上に掲載されます）

- ウェブサイトの「お客さまレビュー」は、1冊につき1投稿でお願いいたします。
- 「はがき」での回答と「ウェブサイト」への投稿は両方お出しいただくことが可能です。
- 投稿していただいた「お客さまレビュー」は、掲載までにお時間がかかる場合があります。また、健全な運営に反する内容と判断した場合は、掲載を見送らせていただきます。

きりとり線

57243 「小ド 5年生言葉と文のきまり」

ご記入日（　　年　　月）

お子さまの年齢・性別　（　　歳　　ヶ月）　男 ／ 女

この商品についてのご意見、ご感想をお聞かせください。

よかった点や、できるようになったことなど

よくなかった点や、つまずいた問題など

このドリル以外でどのような科目や内容のドリルをご希望ですか？

Q1 内容面では、いかがでしたか？
1. 期待以上　2. 期待どおり　3. どちらともいえない
4. 期待はずれ　5. まったく期待はずれ

Q2 それでは、価格的にみて、いかがでしたか？
1. 十分見合っている　2. 見合っている　3. どちらともいえない
4. 見合っていない　5. まったく見合っていない

Q3 学習のようすは、いかがでしたか？
1. 最後までらくらくできた　2. 時間はかかったが最後までできた
3. 途中でやめてしまった（理由：　　）

Q4 お子さまの習熟度は、いかがでしたか？
1. 力がついて役に立った　2. 期待したほど力がつかなかった

Q5 今後の企画に活用させていただくために、本書のご感想などについて弊社より電話や手紙でお話をうかがうことはできますか？
1. 情報提供に応じてもよい　2. 情報提供には応じたくない

ご協力どうもありがとうございました。

くもん出版